NOTICE HISTORIQUE
SUR LA VIE MILITAIRE
DU
COMMANDANT RAVERAT,
BARON DE L'EMPIRE,

Ancien Officier du 57me régiment d'infanterie de ligne, Commandant en 1814 et 1815 des gardes nationales actives de l'arrondissement de la Tour-du-Pin (Isère), membre de la Légion-d'Honneur, etc.

Par son fils le Bon Achille Raverat.

Un beau Volume in-8°, orné de deux Portraits.

PROSPECTUS.

Les deux invasions de 1814 et 1815 ont vu le baron Raverat jouer un rôle important dans la défense du département de l'Isère, son pays natal. Aussi, l'ouvrage que nous publions aujourd'hui offre un vif intérêt aux habitants du Dauphiné, puisqu'il retrace les hauts faits d'un de leurs compatriotes, qu'ils ne craignirent pas de nommer leur libérateur.

Raconter la vie militaire du baron Raverat, c'est écrire l'histoire du 57e régiment d'infanterie de ligne, dont il a constamment suivi les drapeaux et partagé la fortune, durant une longue période de gloire; et l'histoire de ce régiment se trouve elle-même rattachée à un grand nombre de ces combats fameux qui évoquent de si nobles souvenirs. Sur tous les champs de bataille, on voit le 57e se frayant à travers le feu et le fer une route vers la victoire; partout on le voit soutenir l'épithète de *Terrible* que Bonaparte lui avait donnée devant Mantoue, et justifier de plus en plus cette glorieuse qualification.

Et c'est parce que le héros de cet ouvrage est en droit de revendiquer une large part de la gloire que le 57e a conquise en tant de circonstances; c'est parce que ses nombreux et brillants faits d'armes ont exercé sur certaines opérations stratégiques une influence marquée; c'est parce que la plupart de ses actions d'éclat sont décrites de plusieurs façons par les historiens, et sont racontées encore aujourd'hui d'une manière inexacte par ses compatriotes; c'est pour toutes ces causes que ce livre a raison d'être.

En retraçant les phases de cette carrière si bien remplie, si riche en nobles souvenirs, le fils du baron Raverat ne s'était proposé qu'un but, celui d'acquitter la dette de la piété filiale. Son œuvre n'était primitivement destinée qu'à figurer dans les archives de sa famille; mais, cédant aux instances réitérées de ses amis, aux pressantes sollicitations des nombreux admirateurs de son père, il a mis de côté toute fausse modestie, tout amour

Et d'ailleurs, les événements politiques dont l'Europe est en ce moment le théâtre donnent à cette publication un caractère de circonstance et d'actualité.

La carrière militaire du baron Raverat, de celui que le 57e proclama, sur un champ de bataille et de victoire, le plus brave du régiment, de celui que l'Empereur distingua d'une manière si éclatante, n'est-elle pas un modèle à présenter à la nouvelle génération et aux jeunes soldats? ne leur fournit-elle pas à tous un bel exemple à imiter? Oui, quand la France, unie aujourd'hui à l'Angleterre, son ancienne rivale, combat pour l'opprimé contre l'oppresseur, lorsque nos légions intrépides marchent vers l'Orient et vers le Nord pour refouler les Cosaques et les Basquirs au fond de leurs déserts, pour renverser les espérances de conquête et d'envahissement dont se berçait naguère un autocrate orgueilleux, le moment est bien choisi pour remuer les fibres guerrières et patriotiques, en rappelant les hauts faits de l'un de ces héroïques soldats qui arborèrent le drapeau tricolore sur toutes les capitales de l'Europe. Redire ces actes d'intrépidité, réveiller sur eux l'attention publique, c'est exciter et provoquer l'admiration!

Voilà sous quels auspices et sous quelle inspiration le fils du baron Raverat a écrit la vie de son père. Il ose espérer que son livre sera favorablement accueilli par tous les lecteurs qui comptent encore pour quelque chose la gloire de leur pays.

Lyon, le 1er septembre 1854.

Bien des pages ont été écrites sur la vie publique et privée de l'empereur Napoléon Ier, sur celle des maréchaux et des grands dignitaires de l'Empire ; divers auteurs ont publié un grand nombre de volumes où sont décrites les phases de cette glorieuse époque ; mais, jusqu'à ce jour, aucun écrivain n'a raconté l'histoire particulière et pourtant non moins féconde en souvenirs héroïques, de l'un de ces hommes intrépides que l'on pourrait appeler le *peuple des armées*; de l'un de ces simples volontaires de la République, de ces valeureux soldats de l'Empire, qui ont fondé dans l'univers la gloire et la grandeur de la France.

René-Claude-Jean Raverat, de Crémieu (Isère), est l'un de ces hommes d'énergie et de dévouement dont le pays est fier avec raison. Né dans les derniers rangs du peuple, il vola sous les drapeaux au premier appel de la patrie en danger. Parti simple volontaire, il gagna tous ses grades sur les champs de bataille ; il les conquit par des actions d'éclat dont le succès tient du prodige, et ce fut à la suite de l'un de ces traits d'héroïsme qu'il fut décoré de la propre main de l'Empereur.

Plus tard, Napoléon, qui savait apprécier les hommes, et qui ne perdait pas de vue ceux que son œil d'aigle avait une fois distingués, ne crut pouvoir reconnaître suffisamment le courage chevaleresque de Raverat, qu'en lui conférant un titre nobiliaire, récompense réservée alors aux services les plus éminents.

NOTICE HISTORIQUE

SUR LA VIE MILITAIRE

DU BARON RAVERAT.

René RAVERAT,

Volontaire du deuxième bataillon de l'Isère.

1791

NOTICE HISTORIQUE

SUR LA VIE MILITAIRE

DU

BARON RAVERAT,

DE LA NOBLESSE IMPÉRIALE,

ANCIEN OFFICIER AU 57me RÉGIMENT D'INFANTERIE DE LIGNE,
COMMANDANT EN 1814 ET 1815 DES GARDES NATIONALES ACTIVES DE
L'ARRONDISSEMENT DE LA TOUR-DU-PIN (ISÈRE),
MEMBRE DE LA LÉGION-D'HONNEUR, ETC.,

Par le baron Achille Raverat, son fils.

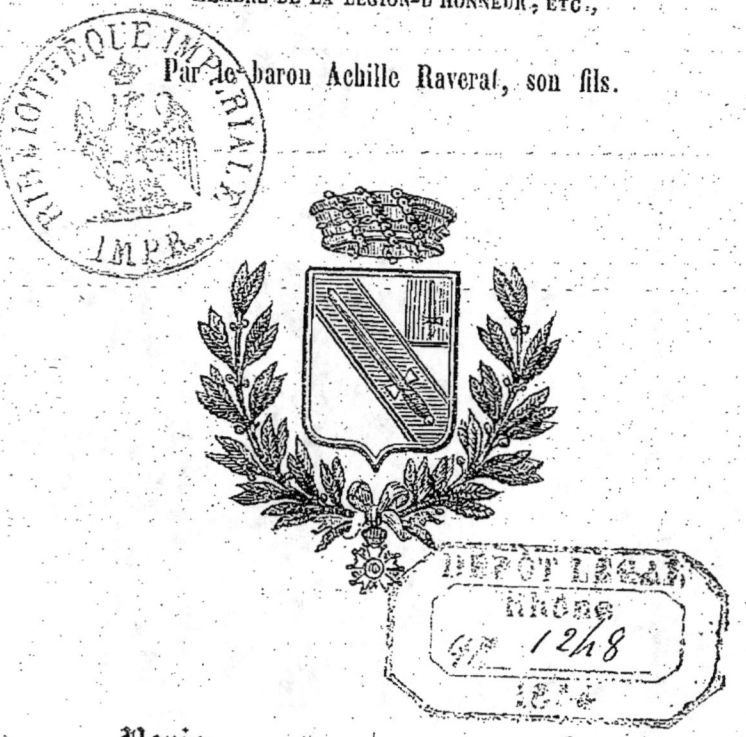

Paris	Lyon
SCHULZ & THUILLIÉ, LIBRAIRES	AYNÉ FILS, LIBRAIRE-ÉDITEUR
7, QUAI DES AUGUSTINS.	2, RUE SAINT-DOMINIQUE.

1855

AVANT-PROPOS.

Parmi les hommes qui, depuis 1789 jusqu'à nos jours, se sont illustrés dans la carrière des armes, il en est peu, sans doute, qui s'y soient présentés dans des conditions aussi défavorables que le commandant Raverat. Simple enfant du peuple, sans instruction, sans fortune, sans protecteurs, il ne dut son avancement qu'à son mérite personnel, son courage et son intelligence. Et cependant, si les nombreuses blessures qu'il avait reçues sur les divers champs de bataille de l'Europe ne l'eussent forcé de prendre sa retraite, alors qu'il était encore dans toute la force de l'âge, il n'est pas douteux qu'il ne fût parvenu dans l'armée aux grades supérieurs. Nous en avons pour preuve la haute capacité qu'il a montrée pendant les tristes périodes de 1814 et de 1815, lorsque les souverains coalisés fondirent sur notre malheureuse patrie, pour la contraindre à répudier le souverain de son choix, à se séparer de celui qui avait porté si haut et si loin la gloire du nom français.

Cependant, cette carrière militaire, si brillante quoique modeste, est à peine connue, et les traits de courage et d'héroïsme par lesquels le baron Raverat, mon père, a su fixer l'attention du grand Empereur, sont rapportés par les historiens avec si peu d'exactitude, que j'ai cru qu'il était de mon devoir de rectifier ces erreurs, de faire connaître les faits tels qu'ils se sont passés; enfin, de préserver de l'oubli ces actes de bravoure et de dévouement, afin d'attirer à la mémoire de mon père toute la vénération dont elle est digne.

Quelques-uns m'accuseront peut-être de témérité, et ils auront raison. Écrivain novice, j'ai éprouvé, en effet, de grandes difficultés quand j'ai entrepris de raconter, de façon à pouvoir me faire lire, tous ces combats dans lesquels mon père a joué un rôle plus ou moins actif, dans lesquels il a figuré avec plus ou moins d'éclat; lorsque j'ai voulu décrire ces marches, ces fatigues, ces privations, ces périls dont se compose la vie du soldat. Mais j'ai été soutenu dans mon difficile labeur par la conviction dont j'étais animé, que je remplissais un devoir, que j'acquittais la dette de la piété filiale.

Une plume plus exercée aurait certainement semé ces récits de réflexions et de comparaisons qui eussent jeté un peu de variété sur l'aridité de certains détails stratégiques; j'ai dû me les interdire, ainsi que les diverses allusions ou appréciations politiques, afin de ne pas m'exposer à un écueil contre lequel viennent souvent échouer les auteurs peu expérimentés. Il faut, pour pouvoir se livrer à ces digressions, non-seulement posséder à fond toutes les ressources du beau style, mais encore être doué d'un jugement assez sûr pour être à même d'apprécier et de juger sainement les faits et les personnages historiques.

Je me suis simplement appliqué à ne jamais m'écarter de la vérité ; aussi tous les événements que je raconte sont-ils rapportés d'après les propres récits de mon père ; ils ont été d'ailleurs complétés et même rectifiés au besoin, d'après des renseignements fournis par des contemporains et d'après les ouvrages des historiens modernes les plus impartiaux.

Je compte, pour me récompenser de mes veilles et de mes recherches, sur les sympathies des Dauphinois, les compatriotes de mon père, et sur celles des Lyonnais, qui le considéraient aussi comme appartenant à leur cité ; je compte également sur l'accueil que feront à mon livre les officiers et les soldats de notre jeune armée, qui marchent si dignement sur les traces de leurs pères, les héros d'Arcole et d'Auterlitz.

Achille RAVERAT.

Lyon, octobre 1854.

CHAPITRE I.

Sommaire : Origine et naissance de Raverat. — Ses premières années. — Les brûleurs de château et le pigeonnier de Saint-Jullin. — Les dix bataillons de volontaires de l'Isère. — Raverat s'enrôle à l'âge de quinze ans. — Ses premières garnisons. — Son bataillon entre en campagne. — Le bivouac de Sospello. — Les Barbets. — Raverat est fait prisonnier et tente de s'évader. — La sentinelle perdue. — Le baptême de feu. — Raverat reçoit sa première blessure. — Il est nommé caporal. — Un dîner d'avant-poste.

René-Claude-Jean Raverat naquit le 23 janvier 1776, à Crémieu, petite ville de l'ancienne province du Dauphiné. Son père, Jean-Baptiste Raverat, était né en Bourgogne, au petit hameau de Fain, près du village de Moûtiers-Saint-Jean, et une circonstance fortuite l'avait conduit à Crémieu.

Engagé à l'âge de vingt ans dans le régiment d'infanterie appelé *Régiment de Monsieur*, Jean-Baptiste Raverat faisait partie de l'armée commandée par le maréchal de Richelieu lors de la guerre de Hanovre. Le chevalier de Fleury, son capitaine, grièvement blessé dans une affaire, et se voyant en outre exposé à tomber d'un moment à l'autre au pouvoir de l'ennemi, crut prudent de renvoyer en

France ses deux chevaux et une partie de ses bagages. Il chargea Jean-Baptiste Raverat du soin de les ramener.

Le père du chevalier de Fleury habitait alors Crémieu. Charmé de l'exactitude que ce jeune soldat avait apportée dans l'accomplissement de sa mission et de la probité dont il avait fait preuve, favorablement prévenu d'ailleurs par son air de franchise et d'intelligence, il le garda d'abord quelque temps chez lui; puis il le maria et lui fit l'avance de la somme nécessaire pour l'acquisition d'une auberge à Crémieu.

En souvenir de la Bourgogne, son pays natal, Raverat donna à son modeste établissement le nom d'*Auberge de Bourgogne*.

Un an après, le capitaine de Fleury, guéri de sa blessure et revenu auprès de son père, voulut être le parrain du premier enfant de son ancien soldat.

Cet enfant, venu au monde sous de si heureux auspices, devint plus tard le baron Raverat, et c'est de lui dont nous allons retracer la carrière militaire.

René avait à peine douze ans lorsqu'il perdit son père; il était l'aîné de quatre garçons. A cette époque, l'instruction n'était pas, comme aujourd'hui, à la portée de toutes les conditions; les classes riches avaient seules la possibilité de faire instruire leurs enfants. Aussi, l'on comprendra que les faibles ressources de la veuve Raverat ne lui permirent pas d'envoyer aux écoles sa nombreuse famille;

mais, à défaut du savoir qu'elle ne pouvait procurer à ses enfants, cette brave femme s'efforça de leur inspirer de bonne heure des sentiments de probité, d'honneur et de justice. Le trait suivant prouvera combien était précoce l'intelligence du jeune Raverat, en même temps qu'il fera ressortir toute la noblesse de son âme.

Un soir du mois de juillet de l'année 1789, alors que les grands principes d'égalité, proclamés par la Révolution française, avaient déjà reçu de quelques hommes une si fausse interprétation, trois ou quatre voyageurs, d'allure assez suspecte, étaient descendus à l'*Auberge de Bourgogne*. Le jeune René Raverat, par quelques lambeaux de leur conversation, qu'il put saisir en rôdant autour d'eux, comprit que c'étaient des délégués des clubs de Lyon, venus dans le dessein de rallier à eux les mauvais sujets du pays pour aller dévaster les couvents et les châteaux des environs de Crémieu. Notre petit espiègle apprit même que le château de Saint-Jullin, habité par M. le comte de Chapponais, devait être attaqué dans le cours de la nuit suivante. Il conçut aussitôt le projet d'aller avertir M. le comte. Ni l'obscurité de la nuit, ni la longueur du chemin ne firent obstacle à son zèle. A onze heures du soir, il quittait l'auberge de sa mère pour accomplir sa généreuse résolution, sans mettre personne dans sa confidence.

Il ne tarda pas à être arrêté par quelques hommes armés qui lui demandèrent où il allait à une heure aussi avancée de la nuit. Il répondit sans hésiter, en montrant un panier dont il s'était muni, qu'il se rendait au château de Saint-Jullin, afin d'en rapporter des pigeons dont sa mère avait besoin pour un grand dîner qu'elle devait donner le lendemain à l'*Auberge de Bourgogne*. Cette réponse ne parut pas d'abord satisfaire les questionneurs ; l'un d'eux, cependant, ayant déclaré savoir qu'en effet la veuve Raverat avait affermé le pigeonnier de Saint-Jullin, ils ne retinrent pas plus long-temps notre jeune aventureux, qui put ainsi continuer son chemin.

Arrivé au château, René en trouva, comme on doit bien le penser, les portes closes, et ce ne fut qu'après avoir sonné à plusieurs reprises, et fait connaître le but de sa visite nocturne, qu'il fut introduit dans le château. Conduit auprès de M. de Chapponais, il lui raconta ce qu'il avait appris. Le comte témoigna à l'enfant toute sa reconnaissance pour son dévouement, et en le congédiant il lui glissa dans la main quelques pièces de monnaie.

Pour ne faire naître aucun soupçon, dans le cas où il retrouverait encore sur sa route ceux qui l'avaient déjà arrêté, le petit rusé eut soin, avant de sortir du château, de faire mettre quelques pigeons dans son panier. La précaution ne fut pas inutile, car il rencontra ces mêmes hommes ; mais leur ouvrant son panier : « Ah ! leur dit-il, ma mère ne sera pas trop contente, les pigeons ne sont pas gras ! Tenez, voyez plutôt.... »

Une demi-heure après, René rentrait dans la ville. Ne voulant pas réveiller sa mère, il alla se coucher sur le foin, dans la grange, où il dormit comme on dort à la suite d'une bonne action.

Le lendemain, le bruit se répandit à Crémieu que le couvent de Sallette avait été dévasté pendant la nuit, et qu'un château avait été incendié. René craignit que ce ne fût celui de Saint-Jullin; mais il n'en était rien : c'était celui de la famille Delphinet de Verna. Le comte de Chapponais, mettant à profit l'avertissement reçu si à propos, après avoir caché ses objets les plus précieux, avait pourvu à sa sûreté personnelle en se retirant dans une maison voisine.

Dans les premiers mois de 1794, l'Europe, alarmée des progrès de la Révolution française, envoyait contre nous de nombreuses armées, et la patrie en danger faisait appel à l'héroïsme de ses enfants. Le département de l'Isère fournit à lui seul dix bataillons de volontaires. René Raverat avait alors quinze ans. Partageant l'enthousiasme de ses compatriotes, il quitta la boutique de tailleur où il était apprenti, et se présenta aux officiers municipaux pour se faire enrôler; mais sa petite taille lui fit essuyer un refus. Cependant, trois mois plus tard, en mai 1794, deux officiers du pays, le capitaine Trichon et le lieutenant Pasquet, étant venus en recrutement à Crémieu, il réussit à se faire admettre au nombre des nouveaux engagés, grâce à une petite supercherie qui échappa aux officiers recruteurs. Un jeu de cartes, adroitement placé sous ses talons, en le haussant de quelques lignes, le fit déclarer bon pour le service.

Après avoir embrassé sa pauvre mère, qu'il ne devait revoir plus qu'une fois, après avoir fait ses adieux à ses parents et à ses amis, notre jeune volontaire, léger d'argent et de bagages, quitta la maison maternelle et vint prendre place dans les rangs de la petite troupe.

La première journée de marche se fit très gaiement ; à mesure qu'on avançait, de nouvelles recrues venaient grossir le détachement. On connaît le patriotisme des paysans dauphinois ; lorsqu'il s'agit de la défense du territoire, ils quittent volontiers la charrue pour s'armer du fusil.

La ville de Vienne avait été assignée comme point de réunion aux contingents de l'arrondissement de la Tour-du-Pin. Ce fut donc dans cette ville que nos jeunes volontaires firent un premier séjour ; de là ils furent dirigés sur Carpentras, où se trouvait le bataillon dans lequel ils devaient être incorporés.

Ce voyage fut pour nos conscrits une suite d'ovations et de fêtes. A l'entrée de chaque ville, les municipalités, dans des discours chaleureux, complimentaient les volontaires et leur montraient la nation reconnaissante du sacrifice qu'ils faisaient pour elle. Les réceptions et les harangues étaient presque toujours suivies d'un banquet civique et de fêtes données autour de l'arbre de la liberté.

Cependant, à mesure que le détachement s'approchait des contrées méridionales, les réceptions devenaient plus froides, et les habitants ne témoignaient plus autant de bienveillance aux jeunes volontaires. Les Provençaux, avec leur rudesse habituelle de langage et de manières, ne cachaient point le peu de sympathie qu'ils portaient à la Révolution et à ses partisans.

Arrivés à Carpentras vers la fin de juin, les enrôlés des cantons de Crémieu et de Bourgoin furent aussitôt incorporés dans une compagnie du deuxième bataillon des volontaires de l'Isère. Le capitaine Trichon, le lieutenant Pasquet et le sous-lieutenant Reverdy étaient les officiers de cette compagnie, uniquement composée de Dauphinois.

Après quelques semaines de séjour à Carpentras, lesquelles furent employées à apprendre l'exercice, le bataillon fut dirigé sur Avignon, où régnait une certaine agitation. Les habitants de cette ville étaient alors divisés en deux partis : l'un demandait la réunion du Comtat-Venaissin à la France, et l'autre s'opposait à cette adjonction.

Mais bientôt une décision de l'Assemblée constituante ayant déclaré que l'ancienne principauté des papes faisait définitivement partie intégrante du territoire français, les divisions n'eurent plus de motifs ; peu à peu elles s'effacèrent ; et d'ailleurs les événements importants qui s'accomplissaient en France, préoccupaient à tel point les esprits, qu'ils ne leur permettaient guère de s'arrêter à des questions d'un intérêt secondaire.

Le bataillon quitta ensuite Avignon pour venir tenir garnison à Aix-en-Provence. Ce fut dans cette ville que nos volontaires reçurent leurs premiers uniformes. Ainsi, jusque-là, et pendant quatre mois, ces jeunes gens, vêtus de costumes de couleur et de forme différentes, presque tous en mauvais état, ne présentaient guère l'aspect d'une troupe régulière; mais leur bonne mine et leur jeunesse prévenaient en leur faveur, et l'enthousiasme qui les animait faisait présager qu'ils deviendraient un jour de valeureux soldats.

Durant cette première période de la Révolution, la Provence était vivement agitée par les événements politiques qui se succédaient, du reste, avec une grande rapidité. Les partis y divisaient la population en plusieurs camps : les républicains modérés, en assez petit nombre, et les royalistes unis à quelques ultra-révolutionnaires. A Aix, nos volontaires étaient bien vus par le parti modéré, lequel comptait sur eux pour le protéger contre les attaques des exaltés. Mais, en revanche, ces derniers n'avaient pour nos jeunes soldats que de la haine et du mépris; ils allaient les injurier jusque devant la porte de leur caserne, et les maltraitaient même lorsqu'ils les rencontraient isolément. Les choses en étaient arrivées à un point qu'il y avait du danger pour nos volontaires à circuler dans quelques quartiers de la ville.

Un jour du mois de décembre 1791, Raverat, passant sur une place éloignée de la caserne, fut accosté par un de ces démocrates exaltés, qui, après lui avoir adressé des injures, le menaça de lui administrer ce qu'il appelait une correction. Sans se laisser intimider par la taille et la force supérieures de son agresseur, notre jeune Dauphinois s'élança sur lui et fut assez adroit pour le renverser dans le bassin d'une fontaine. Les nombreux spectateurs que cette petite lutte avait attirés, accueillirent par des rires et des huées la défaite du maladroit provocateur.

Cette aventure, racontée bientôt par toute la ville, contribua pour beaucoup à faire cesser les attaques et les injures dont le bataillon avait été jusqu'alors l'objet.

Dans le courant de l'hiver, plusieurs de nos volontaires contractèrent un engagement pour servir dans la marine. Vivement sollicité par les officiers recruteurs, et, poussé d'ailleurs par le goût des aventures, Raverat fut sur le point de quitter le bataillon; mais les conseils de ses chefs le firent renoncer à ce projet.

On sait qu'à cette époque, les grades dans l'armée se donnaient à l'élection. Le 27 mars 1792, tous les volontaires du deuxième bataillon de l'Isère furent réunis pour procéder à la nomination de leurs officiers. M. de Bruno, déjà capitaine dans le bataillon, en fut élu commandant. Quoique appartenant à une des familles nobles du Dauphiné, M. de Bruno, dont il sera question plus d'une fois dans le courant de cet ouvrage, avait embrassé franchement les idées nouvelles; il avait déjà servi dans les armées du roi; et ses connaissances militaires, ainsi que la loyauté de son caractère, l'avaient désigné d'avance au choix de ses compatriotes.

Les officiers de la compagnie dont Raverat faisait partie furent maintenus dans leurs grades ; nous les avons déjà désignés plus haut. Quant aux officiers des autres compagnies du bataillon, nous n'avons pas à nous en occuper, car ils n'ont pas eu de rapports directs avec le principal personnage de notre histoire.

A cette époque, l'émigration française, qui comptait à sa tête plusieurs princes de la famille royale, s'était répandue chez les principaux souverains de l'Europe, à l'effet de solliciter des secours pour aviser au moyen sinon de rétablir dans sa plénitude l'autorité royale, singulièrement amoindrie par l'Assemblée législative, du moins de soustraire le roi Louis XVI aux dangers qui le menaçaient. Les émigrés étaient parvenus à obtenir de quelques puissances des assurances formelles de coopération. Ainsi, le roi de Sardaigne, à la cour duquel s'était retiré le comte d'Artois, avait même envoyé sur les frontières des Alpes et du Var un corps de troupes destiné à seconder les émigrés dans leurs projets d'invasion. Mais le gouvernement français, instruit de ces dispositions, décida aussitôt la formation d'une armée destinée à couvrir nos frontières du côté du Piémont.

M. de Montesquiou, commandant en chef l'armée du Midi, prescrivit au général de division Anselme de former sur le Var trois camps d'observation, et de s'entendre avec le contre-amiral Truguet pour surveiller les émigrés français et les troupes que le gouvernement sarde entretenait dans le comté de Nice. Le deuxième bataillon de l'Isère fut dirigé sur le camp de Saint-Laurent et incorporé dans la brigade du général Brunet. Ce camp était situé à l'embouchure du Var; les troupes qui le composaient appartenaient presque toutes à des bataillons de volontaires des départements méridionaux.

Le 8 septembre 1792, une division française franchit le Var et s'empara de la ville de Nice. Cette prise de possession s'effectua sans résistance; car, à l'approche de nos troupes, la garnison avait évacué la ville et s'était retirée à Saorgio, petite place forte située à huit lieues de là. Nos troupes s'emparèrent également de Villefranche et du fort de Montalban.

Pendant qu'une colonne de notre armée envahissait la vallée de la Vesubia, une autre colonne, à laquelle appartenait le deuxième bataillon de l'Isère, fut envoyée à Sospello, petite ville située dans la vallée de la Bévera, à cinq lieues de Nice et à trois de la place forte de Saorgio. On établit un grand nombre de postes pour surveiller le pays. René Raverat et une douzaine de volontaires, sous les ordres d'un sergent, furent dirigés sur le point le plus avancé.

Nos volontaires s'abritèrent sous une grotte naturelle, formée par des excavations de rochers. A défaut de paille, ils avaient ramassé de la mousse et des feuilles sèches pour se former un coucher. Le poste, comme on le voit, n'était pas très commode; il était, de plus, très périlleux.

Partout, autour d'eux, nos jeunes gens entendaient les habitants du pays manifester, par leurs menaces, la haine qu'ils portaient aux Français. Un grand nombre de ces montagnards faisaient même la guerre en partisans. C'étaient, pour la plupart, d'adroits tireurs, et qui, indépendamment d'une carabine, étaient armés d'un long poignard, afin de pouvoir, à l'occasion, frapper sans bruit leurs adversaires. On les désignait communément sous le nom de *Barbets*, nous ne savons trop pour quel motif. Souvent un ennemi invisible faisait feu sur nos soldats lorsqu'ils étaient en faction, ou lorsqu'ils s'éloignaient du poste pour aller chercher l'eau ou le bois qui leur était nécessaire.

Raverat ayant été placé, une nuit, en sentinelle avancée, aperçut, à la clarté de la lune, et dans la direction de Saorgio, des Barbets occupant les hauteurs environnantes; ils étaient assez nombreux et paraissaient examiner attentivement le bivouac. En descendant de sa faction, notre volontaire informa son sergent de l'apparition de ces redoutables ennemis; et celui-ci jugea prudent d'en donner aussitôt avis à Sospello, où était cantonné, comme nous l'avons dit, le reste du bataillon.

Raverat fut chargé d'aller, dès la pointe du jour, auprès du capitaine de la compagnie, pour lui faire part des craintes que le poste éprouvait d'une attaque prochaine, attaque à laquelle il n'était pas assez nombreux pour pouvoir résister.

Cette mission était passablement périlleuse: les Barbets

rôdaient constamment autour de nos avant-postes, épiant tous leurs mouvements. Chemin faisant, notre jeune volontaire rencontra trois de ces partisans, qui le mirent aussitôt en joue; il essuya leur feu sans en être atteint, et hâta le pas afin de les devancer au passage d'un pont qu'il apercevait à quelque distance devant lui; mais il fut trompé dans son calcul; car ils y arrivèrent avant lui; cependant, comme ils n'avaient pas eu le temps de recharger leurs carabines, Raverat fit feu à son tour, en tua un; puis, la baïonnette en avant, il courut sur les deux autres et les mit en fuite. Au bruit des coups de fusil, quelques-uns de ses camarades accoururent, et lui permirent de continuer sa route sans être inquiété davantage.

Avant huit heures du matin, Raverat était arrivé à Sospello et avait fait son rapport à son capitaine. Cet officier lui enjoignit de retourner auprès de son sergent et de lui recommander de faire tous ses efforts pour se maintenir à son poste encore un jour, lui promettant l'envoi d'un renfort pour le lendemain.

Si quelques-uns de nos lecteurs trouvaient étrange que de semblables ordres de service fussent donnés verbalement, nous leur rappellerions qu'à cette époque l'instruction était si peu répandue dans la nouvelle armée, que très peu d'hommes savaient lire et écrire, et que, même parmi les officiers, il s'en trouvait beaucoup de complètement illettrés.

De retour au bivouac, Raverat rapporta à son sergent

la réponse du capitaine; et, à la chute du jour, comme il était accablé de lassitude et de sommeil, il se coucha dans la grotte et ne tarda pas à s'endormir. Ses camarades ne firent pas, à ce qu'il paraît, bien bonne garde; car, au milieu de la nuit, une troupe nombreuse de Barbets, profitant d'un violent orage qui avait fait rentrer tous les hommes dans la grotte, fit tout-à-coup irruption au milieu d'eux, après avoir assassiné les deux sentinelles avancées.

Nos malheureux volontaires furent aussitôt désarmés et en partie dépouillés de leurs vêtements; on ne leur laissa que leur chemise et leur pantalon. Les Barbets passèrent le reste de la nuit à manger et à boire les provisions de bouche qui se trouvaient au bivouac; et dès que le jour parut, ils se mirent en route avec leurs prisonniers, qu'ils conduisirent à Saorgio.

En traversant la ville, nos jeunes soldats étaient tout honteux de se montrer dans le piteux état où les Barbets les avaient mis; et ils se trouvèrent presque heureux une fois arrivés dans la forteresse où ils furent enfermés.

Un officier-général, qui, en l'absence du comte de Saint-André, remplissait les fonctions de gouverneur de la ville, recommanda que les prisonniers fussent traités avec douceur; il leur fit rendre leurs vêtements, et leur fit même entrevoir l'espoir d'une délivrance prochaine.

Dès le lendemain de leur captivité, nos volontaires furent appelés, chacun isolément, auprès du gouverneur. Celui-ci, qui était un émigré français, les pressa vivement de prendre du service dans les troupes du roi de Sardaigne ; mais aucun ne voulut consentir à porter les armes contre son pays. Raverat, mandé à son tour, répondit surtout par un refus énergique à ces infâmes propositions. Pour les punir de leur fidélité, le gouverneur donna l'ordre de les mettre au cachot. Toutefois, il se relâcha bientôt de sa première rigueur, et permit aux prisonniers de se promener sur les glacis et les terrasses de la forteresse. Comme un bonheur n'arrive jamais seul, des dames de Saorgio, mues par des sentiments d'humanité, leur apportaient tous les jours des vivres ; les malades, surtout, étaient l'objet de leurs soins assidus. Toutes ces marques de sympathie pour leur malheur avaient fait naître dans l'âme des captifs un vif sentiment de reconnaissance.

La position de Saorgio est formidable ; aussi, cette place était-elle le point central de toutes les opérations de l'armée sarde et son boulevard dans le comté de Nice. Située dans la vallée de la Roya, cette ville défend la principale route qui, par le col de Tende, relie ce comté au Piémont. Elle passait pour imprenable, défendue qu'elle était par un redoutable camp retranché. Un sous-officier sarde donnait tous ces détails à nos prisonniers, en leur montrant avec orgueil des inscriptions gravées sur les remparts. Suivant ces inscriptions, Saorgio n'aurait jamais été prise : elle était vierge de toute occupation étrangère.

Cependant, le général Brunet, qui s'était replié sur la

ville de Lescarena, le 17 novembre, jour où tous les avant-postes français furent attaqués à la fois, et où celui de Raverat fut enlevé, avait repris ses anciennes positions et poussé ses gardes avancées jusque sous le canon de Saorgio. De leurs fenêtres, les prisonniers apercevaient dans le lointain les bivouacs français. Un jour, leur attention fut éveillée par des détonations d'artillerie et par des chants patriotiques qui arrivaient jusqu'à eux. Notre armée célébrait par des fêtes la proclamation de la République française.

Dans les promenades qu'il faisait sur la terrasse, Raverat avait remarqué qu'une des fenêtres de la prison donnait sur un rempart situé derrière la ville. Ce rempart s'élevait sur des rochers presque à pic, et cet endroit écarté n'était pas l'objet d'une surveillance très active. Raverat comprit bientôt qu'un pareil concours de circonstances offrait de grandes chances de succès à une tentative d'évasion. Ses camarades, auxquels il fit part de ses observations et de son projet, approuvèrent son plan à l'unanimité.

Dès le jour même, aux approches de la nuit, un barreau de fer de la fenêtre est détaché, et le passage devient assez large pour un homme d'une grosseur ordinaire. On tire au sort l'ordre dans lequel chacun sortira. Déjà plusieurs des prisonniers ont recouvré leur liberté, et rejoint les avant-postes français. Le tour de Raverat est arrivé; mais un incident étrange vient renverser toutes ses espérances. Celui qui doit le précéder est d'une corpulence telle qu'il ne peut passer entre les barreaux, et que, malgré tous ses efforts, il lui est impossible d'aller plus avant. Ses compagnons cherchent à le retirer, mais il est si fortement engagé que toutes leurs tentatives n'aboutissent qu'à lui arracher des cris de douleur qui arrivent jusqu'à la sentinelle. En un instant l'alarme est donnée; la garde pénètre dans la prison, et tout espoir de délivrance est perdu!...

Les prisonniers furent liés, transférés dans une autre partie des bâtiments de la citadelle, et soumis à une surveillance beaucoup plus sévère. Mais leur captivité ne dura pas long-temps; il furent échangés contre des prisonniers piémontais, et recouvrèrent ainsi leur liberté.

A leur sortie de Saorgio, nos jeunes volontaires furent dirigés vers Sospello, où se trouvait cantonné le deuxième bataillon de l'Isère. Nous n'essaierons pas de décrire la joie qu'ils éprouvèrent en revoyant leurs camarades : il est de ces choses qui se comprennent mieux qu'elles ne peuvent s'exprimer! Ils reprirent leur place dans la compagnie du capitaine Trichon, laquelle occupait un point avancé dans la vallée de la Bévera, à peu de distance des postes ennemis et du camp de Molinet. Ce camp était une des positions les plus importantes que les Sardes possédassent alors dans cette partie du théâtre de la guerre.

La vallée de la Bévera présentait un aspect assez triste; des sapins et des mélèzes couvraient de hautes montagnes et formaient comme une chevelure hérissée sur le front des Alpes. Les Barbets, à la faveur des forêts, continuaient, contre nos soldats, cette guerre de partisans, si dangereuse dans les pays boisés. Deux sentinelles appartenant au poste dont Raverat faisait partie, furent assassinées, sans que l'on n'eût entendu ni un cri, ni un bruit attestant une lutte quelconque.

Ces meurtres commis par des mains invisibles inspiraient à nos volontaires une si vive terreur, qu'ils n'allaient qu'en tremblant faire leur tour de faction. Un soir, le caporal chargé de relever les factionnaires venait d'appeler un de ces jeunes soldats ; mais le pauvre diable était tellement effrayé du sort de ses deux camarades, qu'il était tombé dans une atonie complète, tant au physique qu'au moral. Raverat, dont le courage, loin de se laisser abattre par le danger, en recevait, au contraire, une surexcitation nouvelle, se présente aussitôt au chef de poste, et s'offre pour remplacer son trop pusillanime compatriote. Sa proposition est acceptée ; il part accompagné du caporal, qui le place en faction au pied d'une croix, près du débouché d'un petit pont jeté sur la Bévera.

On était à une heure assez avancée de la nuit ; l'obscurité était complète; partout régnaient le calme et le silence, qui n'étaient troublés que par le murmure de l'eau et le bruissement des feuilles agitées par le vent.

Raverat, l'oreille tendue, retenant parfois sa respiration, cherchait à pénétrer du regard les épaisses ténèbres qui l'entouraient. Une demi-heure s'était déjà écoulée, et rien n'avait encore justifié ses inquiétudes. Tout-à-coup son attention est attirée par une lumière qui scintille dans le lointain et semble s'avancer vers lui. Bientôt cette lumière disparaît pour briller de nouveau un peu plus loin. En ce moment, un léger bruit se fait entendre tout près de lui, il se retourne et distingue dans l'ombre un homme qui s'avance le poignard à la main. Raverat, plus prompt que l'éclair, le met en joue, fait feu, et lui envoie une balle en pleine poitrine.

Au bruit de la détonation, les hommes du poste accourent auprès de notre jeune brave, qui leur raconte tous les détails de la ruse que les Barbets avaient jusque-là employée avec succès pour frapper nos factionnaires. Afin de détourner l'attention des sentinelles, un de ces montagnards promenait dans le lointain une branche de pin allumée, pendant qu'un autre, épiant le moment favorable, se jetait sur le volontaire et le poignardait. Les autres postes avancés du cantonnement, qui eux aussi avaient eu des hommes assassinés de la même manière, furent aussitôt informés du stratagème à l'aide duquel les Barbets attiraient l'attention des factionnaires, pour les frapper plus à leur aise. Nos soldats, une fois avertis, purent se tenir sur leurs gardes contre toutes les ruses semblables que les Piémontais tenteraient employer contre eux.

Dans les premiers jours de l'hiver de 1792 à 1793, la

neige qui était tombée en abondance avait intercepté les routes et rendu les communications difficiles entre les différents corps de l'armée française. Leurs mouvements étant devenus à peu près impossibles, toutes les opérations militaires avaient été suspendues. Le général Brunet fit replier sa brigade qui occupait les vallées de la Roya et de la Bévera, pour la concentrer à Sospello. Mais craignant ne pouvoir conserver cette ville, ce général se décida bientôt à l'évacuer et à se reporter encore un peu arrière, sur la ville de Lescarena.

Au mois de février 1793, le général Biron vint remplacer le général Anselme dans le commandement en chef de cette partie de l'armée des Alpes, laquelle prit alors le nom d'armée d'Italie. Il se porta sur Saorgio, en même temps que le général Brunet était chargé de reprendre Sospello.

Le 13 février, à la suite d'un combat opiniâtre, ce dernier se rendit maître de cette ville, et sa brigade remonta la vallée de la Bévera, à l'extrémité de laquelle était établi le camp de Molinet. A la fin de cette journée, nos troupes s'engagèrent dans une forêt d'une grande étendue. Elles eurent beaucoup de peine à la traverser, une neige épaisse ayant couvert tous les sentiers. Plusieurs détachements qui s'étaient égarés, ne purent être rendus le lendemain matin au point fixé pour la réunion. Le général Brunet, quoique privé par ce contre-temps de la moitié de son monde, se décida néanmoins à risquer l'attaque du camp.

Le deuxième bataillon des volontaires de l'Isère fut chargé d'enlever une redoute avancée, afin de favoriser le mouvement du reste des troupes sur le village et sur le camp. Nos volontaires se trouvaient en face de la colline de Saint-Georges ; protégés par des sapins épais et par un ravin profond, ils arrivèrent au pied de la redoute.

L'ordre de gravir la colline est aussitôt donné, et nos intrépides volontaires s'élancent sans hésiter ; ils essuyent un feu terrible ; cependant ils avancent toujours, et se seraient infailliblement rendus maîtres de la position, si des renforts ne fussent arrivés à l'ennemi. Obligés de battre en retraite, ils ne le firent qu'après une vigoureuse résistance.

Dès le commencement de cette affaire, notre bataillon avait été rudement éprouvé ; aussi la consternation régnait-elle dans ses rangs. La plupart de ces jeunes soldats voyaient le feu pour la première fois ; ils éprouvaient cette émotion bien naturelle que produit toujours un pareil baptême. Une redoute hérissée de baïonnettes et couronnée d'une nombreuse artillerie, les boulets renversant des files entières, les obus éclatant au milieu des compagnies et frappant vingt victimes à la fois : tout cela eût impressionné des hommes plus aguerris qu'ils ne l'étaient.

Cependant le commandant de Bruno est fermement résolu à forcer son bataillon à se relever de l'échec qu'il vient d'essuyer ; il le ramène à l'assaut, en faisant comprendre à ses soldats qu'un dernier effort leur assure le succès.

Les volontaires marchent de nouveau vers la redoute; une décharge terrible et meurtrière vient encore une fois jeter le désordre dans les rangs ; les officiers ne peuvent plus retenir leurs soldats : bon nombre d'entre eux cherchent leur salut dans la fuite ; d'autres, plus courageux, — et de ce nombre se trouve Raverat, — se rallient à la voix de leurs chefs, s'élancent sur la redoute, y pénètrent et tuent tout ce qui leur oppose de la résistance. Entraînés même par leur ardeur, ils se mettent à la poursuite des fuyards.

Pendant que le deuxième bataillon de l'Isère enlevait cette position, le général Brunet s'emparait du village de Molinet ; mais, attaqué bientôt par les troupes accourues du camp ennemi, ne comptant plus sur la réunion des détachements restés en arrière, et comprenant que l'entreprise était avortée, il se décida à rappeler notre bataillon et à se retirer sur Sospello.

Ce fut vers la fin de cette affaire que Raverat reçut sa première blessure. Il fut atteint au-dessous de l'oreille gauche par une balle qui alla se loger au-dessous de l'oreille droite, en contournant, pour ainsi dire, le cou, sans toutefois attaquer les muscles. On le transporta à l'ambulance, complétement évanoui. Le chirurgien-major du bataillon visita la blessure, la déclara mortelle et passa outre. Toutefois, l'aide-major, nommé Richard, compatriote de Raverat, opéra l'extraction de la balle, qui n'était que faiblement engagée sous la peau; et dès lors, on conçut quelque espérance de guérison.

Tous les blessés de la brigade furent dirigés sur l'hôpital de Nice. Le capitaine Trichon se trouvait sur le passage du convoi; il s'informa avec sollicitude de l'état des blessés qui appartenaient à sa compagnie, et particulièrement de celui de Raverat. Il lui adressa quelques paroles d'encouragement, et lui glissa dans la main un écu de trois livres.

La blessure du jeune volontaire fut longue à guérir; elle le retint plus de quatre mois à l'hôpital. Même après sa guérison, elle lui causait de fréquents étourdissements, dont il eut encore à souffrir durant tout le cours de sa vie.

Pendant sa convalescence, il reçut la visite du commandant de son bataillon, qui vint lui-même lui annoncer sa promotion au grade de caporal, qui datait du 14 avril 1793. M. de Bruno avait été blessé à la jambe gauche par un coup de feu, dans le combat livré le 12 juin devant Bréglio, combat à la suite duquel l'armée française avait été contrainte de battre en retraite.

Un autre enfant du Dauphiné, le général de Lapoype, alors chef d'état-major de l'armée d'Italie, se trouvait à Nice en même temps que nos blessés; Raverat et plusieurs de ses compatriotes allèrent lui rendre visite. Ils en reçurent le plus bienveillant accueil.

Une fois guéri, le caporal Raverat profita, pour rejoindre son bataillon, du départ d'un convoi qui se dirigeait vers les lignes avancées. Ce convoi se composait d'une trentaine d'hommes mal armés, appartenant à divers corps, et sortant des hôpitaux. Arrivé à l'endroit même où, quelques mois auparavant, Raverat avait été attaqué par trois Barbets, le convoi fut assailli par une bande nombreuse de ces partisans qui occupaient l'autre bord du torrent, et qui tuèrent ou blessèrent quelques hommes. Par bonheur, un petit détachement de troupes françaises arriva fort à propos pour dégager le convoi.

Pendant tout le temps du séjour de Raverat à l'hôpital de Nice, de grands changements avaient eu lieu dans notre armée.

Après plusieurs tentatives sur Saorgio, le général Biron avait été rappelé en France; et le général Brunet, qui lui avait succédé, avait été mandé à Paris, à la barre de la Convention nationale. Le général Kellermann, arrivé de l'armée des Alpes, avait rétabli l'ordre dans l'armée d'Italie, démoralisée par plusieurs défaites successives, et lui avait fait prendre de nouvelles positions.

Notre armée était dans un état de dénuement vraiment déplorable. Le service des vivres se faisait mal, ou plutôt ne se faisait pas du tout; les fourgons ne pouvaient arriver jusque dans les montagnes de Sainte-Marthe, au milieu desquelles se trouvait le deuxième bataillon de l'Isère. Les muletiers eux-mêmes avaient beaucoup de peine à y arriver. Nos volontaires en étaient réduits le plus souvent à dérober aux paysans le pain et les châtaignes qui formaient toute leur nourriture. Les Barbets, au contraire, étaient parfaitement approvisionnés; aussi, tandis que leurs postes retentissaient de chants joyeux, tout était silencieux et morne dans nos bivouacs. Les Français et leurs ennemis n'étant séparés que par la Bévera, on échangeait des injures en même temps que des coups de fusil. Les Barbets insultaient à la misère de nos volontaires. Par allusion aux assignats, au jugement de Louis XVI, au manque de vivres et à la fermeture des églises, ils les appelaient *soldats de papier, assassins de roi, morts de faim* et *fondeurs de cloches*.

Un jour que les vivres avaient complétement manqué à l'avant-poste occupé par le détachement dont faisait partie Raverat, quelques volontaires déterminés, las de se voir continuellement nargués par les Piémontais, qui, non contents de leur montrer la fumée de leur cuisine, venaient encore manger leur soupe, pour ainsi dire, à leur nez ; quelques volontaires, disons-nous, firent tout-à-coup irruption sur le bivouac ennemi, et en chassèrent les hommes qui l'occupaient. Ils se mirent alors à manger leur dîner, à boire leur vin, et ne se retirèrent que lorsqu'ils eurent consommé toutes leurs provisions. A leur retour, les Piémontais ne trouvèrent plus dans leur marmite d'autre vestige de leur dîner que le produit de la digestion de nos hardis volontaires.

Plusieurs mois s'écoulèrent dans cette alternative de bons et de mauvais jours. Obligés de marauder pour subvenir à leurs besoins, nos soldats firent plus d'un jeûne forcé. La position devenait de plus en plus mauvaise : la compagnie du capitaine Trichon était comme assiégée dans les montagnes qui séparent la vallée de la Roya de celle de la Bévera. A peu près complétement privée de communications avec le reste de l'armée, elle ne se soutenait qu'à force de privations et de constance. Les Barbets faisaient des incursions continuelles dans la vallée. Nos volontaires les voyaient descendre de leurs rochers ; ils les connaissaient facilement à leurs chapeaux en forme de pain de sucre, à leurs longues ceintures rouges et à leurs guêtres de cuir. Malgré toutes les précautions, chaque jour quelque volontaire se laissait surprendre ; on en trouvait souvent de pendus aux arbres du chemin. Par représailles, les Barbets qui tombaient entre les mains de nos soldats, étaient traités de la même manière.

CHAPITRE II.

Sommaire. — Combats entre l'armée française et les troupes Austro-Sardes. — Raverat est blessé pour la deuxième fois. — Les maraudeurs et le repas de noces. — Raverat, cassé de son grade de caporal, y est réintégré. — Etat pitoyable des soldats de l'armée d'Italie. — Le général Bonaparte. — Prise de Saorgio. — Le deuxième bataillon des volontaires de l'Isère sert à former la quatre-vingt-troisième demi-brigade. — Raverat passe dans la compagnie de grenadiers. — Combat naval entre les escadres anglaise et française. — Une émeute à Toulon. — Les ducs de Beaujolais et de Penthièvre au fort St-Nicolas, à Marseille. — La famille Bonaparte et le colonel de la 83me.

Vers le milieu de brumaire (1) an II (novembre 1793), l'armée piémontaise, s'étant accrue d'un corps de troupes

---

(1) On sait qu'au mois d'octobre 1793 la Convention nationale promulgua un décret par lequel elle substitua au calendrier Grégorien le calendrier Républicain. C'est ce dernier que nous emploierons dès à présent pour la date des faits que nous avons à rapporter. Cependant, pour faciliter les lecteurs, nous mettrons toujours en regard les dates correspondantes du calendrier Grégorien.

autrichiennes, reprit l'offensive. Elle espérait, grâce à l'affaiblissement de notre armée, pouvoir opérer sa jonction avec les Anglais et les Espagnols, qui étaient déjà maîtres de Toulon. Le général piémontais Colli commença, dans ce but, à faire descendre ses troupes du passage de Fénestre dans la vallée de la Vésubia, tandis que les Autrichiens se disposaient à le rallier en débouchant du passage de Figaretto.

Le deuxième bataillon de l'Isère, réuni au reste de la brigade, reçut l'ordre de se porter sur la gauche, vers Boléna, afin de donner la main à la brigade commandée par le général Masséna, chargé de marcher à la rencontre de l'ennemi.

Le 9 frimaire (29 novembre), nos volontaires se mirent en route; ils avaient à traverser des montagnes escarpées, où la hauteur des rochers le disputait à la profondeur des abîmes. Les chemins étaient si rudes et si difficiles, qu'on ne pouvait se faire accompagner des fourgons. On prit quelques mulets, et les soldats se munirent de vivres pour plusieurs jours. Ces vivres consistaient en pain noir, et en châtaignes sèches, d'assez mauvaise qualité. Si quelque accident mettait un mulet hors de service, il était sur-le-champ abattu, dépecé et mis à la marmite.

Les gardes avancées eurent bientôt signalé l'approche de l'armée autrichienne; et, dès que le général en chef Kellermann eut sous la main des forces suffisantes, il l'aborda et la poursuivit sur les flancs escarpés de ces contreforts naturels. Le deuxième bataillon de l'Isère, déjà si bien habitué à ce genre de guerre, était toujours en avant, la baïonnette aux reins de l'ennemi.

Les Autrichiens continuaient, depuis deux jours, leur mouvement de retraite, lorsque, arrivés près de Boléna, ils s'arrêtèrent, prirent position, et essayèrent de défendre les passages qui livrent accès dans la vallée de la Vésubia, où opérait le général Masséna. Nos volontaires les attaquèrent avec vigueur; et la compagnie du caporal Raverat fut chargée de débusquer un détachement qui s'était retranché sur une colline. Grâce à l'énergie du sous-lieutenant Reverdy, la position fut bientôt enlevée. Malheureusement, vers la fin du combat, ce brave officier fut frappé à mort par une balle qui l'atteignit au front.

Chassés de ce point, les Autrichiens s'établirent non loin de là, sur une autre colline; mais nos volontaires les y poursuivirent de nouveau et les mirent en fuite.

Dès le commencement de cette affaire, Raverat fut blessé pour la deuxième fois. Atteint d'une balle à la tête, il eût été tué infailliblement si le projectile ne se fût amorti contre la cuillère de fer qu'il portait dans l'une des cornes de son chapeau. Le coup fut pourtant assez violent pour qu'il tombât sans connaissance. Ses camarades, le croyant mort, ne prirent même pas la peine de le transporter à l'ambulance; ils le déposèrent seulement sur le bord du sentier, afin qu'il n'embarrassât pas la marche du bataillon, qui continuait de poursuivre l'ennemi.

Le long du sentier où gisait Raverat, coulait un petit ruisseau, dans lequel trempait une de ses mains. Au bout de quelques heures, la fraîcheur de l'eau lui ayant fait reprendre connaissance, il se porta aussitôt la main à la tête, et, s'étant assuré que la vive douleur qu'il y ressentait n'était que le résultat d'une forte contusion, il se releva. Après avoir erré quelque temps dans l'obscurité de la nuit, au milieu des morts et des blessés, il fut assez heureux pour rejoindre sa compagnie.

Après une série de combats, dans lesquels l'armée française fut constamment victorieuse, les Austro-Sardes furent repoussés jusqu'à Roccabiglière, de l'autre côté du col de Fénestre. Mais une fois arrivées là, nos troupes rétrogradèrent et vinrent reprendre leurs anciennes positions.

L'hiver de l'an II (1793-1794) fut encore plus rude que celui de l'année précédente. Les neiges qui comblaient les vallées ne permettaient pas l'arrivée des provisions. Nos soldats en étaient réduits, pour vivre, à aller marauder chez les rares habitants de ce triste pays.

Il fallait que nos maraudeurs fussent armés; car, ils se rencontraient fréquemment avec ceux de l'ennemi. Souvent on se battait dans les fermes ou dans les hameaux, sous les yeux des habitants, qui restaient indifférents à la lutte, persuadés que, quelle qu'en fût l'issue, le résultat serait toujours le même pour eux. Parfois aussi, lorsque les paysans n'avaient affaire qu'à l'un des deux partis, ils se réunissaient pour faire meilleure résistance, et parvenaient à donner la chasse aux maraudeurs.

Dans un certain rayon autour du bivouac occupé par la compagnie de Raverat, tout avait été pillé, dévasté. Il fallait donc se porter à quelque distance pour pouvoir trouver du butin. Raverat et quelques volontaires avaient été, un jour, commandés pour aller à la maraude ; ils arrivèrent devant une grosse métairie, située au fond d'une vallée. Les portes et les fenêtres étaient fermées ; et cependant on voyait la fumée s'échapper des cheminées. On heurta ; mais les aboiements des chiens répondirent seuls. On s'apprêtait à enfoncer la porte, lorsqu'une paysanne vint parlementer à travers le guichet ; elle était seule, disait-elle, dans la maison, où il n'y avait d'autres vivres qu'un peu de pain et de laitage. Son air embarrassé inspirant peu de confiance, nos soldats forcèrent la porte et pénétrèrent dans la cour. Ce fut une heureuse inspiration et une bonne aubaine pour nos maraudeurs : le maître du logis mariait sa fille ce jour-là, et nos volontaires se trouvèrent en présence d'un repas plantureux.

Après un premier à-compte prélevé sur le festin de noce, nos soldats, profitant de l'absence des invités, qui, à l'exception de quelques femmes chargées de faire la cuisine, se trouvaient en ce moment réunis à l'église, emportèrent tout ce qu'ils purent, et retournèrent au bivouac, pliant sous le poids des provisions, qu'ils partagèrent avec les hommes du poste. Raverat offrit à son capitaine un petit flacon de vin et quelques gâteaux appelés *painoles;* son cadeau fut très bien accueilli.

Malheureusement, la maraude n'était pas toujours aussi fructueuse, et plus d'une fois on revenait les mains vides.

Ce fut à la suite de l'heureuse expédition que nous venons de raconter, que Raverat fut réintégré dans son grade de caporal, dont il avait été cassé quelques jours auparavant.

Le motif de sa destitution est assez bizarre pour qu'il mérite d'être raconté.

A cette époque, comme on le sait, les soldats de nos armées portaient les cheveux longs. Mais, en campagne, n'ayant que très peu de temps à donner à leur toilette, ils avaient beaucoup à souffrir des hôtes incommodes qui envahissaient leur chevelure. Pour se soustraire à ce désagrément, le caporal Raverat et l'un de ses camarades se rendirent un matin loin du bivouac, et s'étant assis derrière un buisson, ils se coupèrent les cheveux. Le lendemain, le capitaine passant l'inspection de la compagnie remarqua cette infraction à l'ordonnance, — qu'il était du reste assez difficile de ne pas apercevoir; — il se fâcha beaucoup, et pour punir nos jeunes gens de leur étourderie, il retira à Raverat ses galons de caporal, et mit son camarade à la garde du camp.

Comme on a pu en juger par ce qui précède, la situation de nos soldats était vraiment pitoyable, et leur dénuement à peu près complet. Aussi les habitants du pays les avaient-

CHAPITRE II. 41

ils surnommés *guenillards* et *affamés*, épithètes qui n'étaient que trop bien justifiées par le déplorable état de leurs vêtements, ainsi que par le peu de soin que le gouvernement prenait pour assurer leurs subsistances. Vêtus, en toute saison, d'un mauvais pantalon de toile rayée, d'un habit bleu rapiécé avec des morceaux de différentes couleurs, ces malheureux volontaires se voyaient quelquefois réduits à remplacer le chapeau absent ou avarié, par un vieux mouchoir roulé autour de leur tête. Les plus favorisés avaient des souliers, mais la plupart avaient les pieds enveloppés de tresses de paille, de morceaux de feutre ou de vieux chiffons. Leurs longues guêtres, à défaut de boutons, étaient fixées autour de leurs jambes par des cordes ; et de misérables lambeaux de linge remplaçaient les chemises. Ajoutez à cela la maigreur résultant de tant de fatigues et de privations, un teint hâlé, une barbe inculte, une chevelure longue et malpropre, dont une partie était nouée en queue derrière la tête, tandis que l'autre retombait sur les faces en *oreilles de chien*, suivant l'expression du temps : et vous aurez le portrait d'un soldat de l'armée d'Italie.

Toujours bataillant et maraudant, nos volontaires passèrent dans ces montagnes le reste de cet affreux hiver. Ils y étaient encore au milieu de germinal (commencement d'avril), lorsqu'un soir, deux généraux et deux représentants du peuple, accompagnés de quelques cavaliers, parurent devant le campement, et descendirent dans une petite maison occupée par le capitaine Pasquet, précédemment lieutenant de la compagnie, et qui avait été promu à ce grade depuis quelque temps, en remplacement du capitaine Trichon, nommé chef de bataillon.

Après une courte conférence, le plus jeune des généraux demanda quelques hommes d'escorte, pour l'accompagner le lendemain dans les diverses reconnaissances qu'il se proposait de pousser aux environs, en compagnie des trois autres personnes qui l'accompagnaient. Le caporal Raverat et les hommes de son escouade furent commandés pour ce service. Ils durent se tenir prêts pour le lendemain matin.

On se mit en route aux premières lueurs du jour. Vu l'âpreté des sentiers, on marchait à pied. Le plus âgé des deux généraux paraissait malade ; il avait peine à suivre son collègue, qui, jeune, petit, maigre et agile, se faisait remarquer par son teint olivâtre et son accent italien. Ayant su que Raverat avait été prisonnier à Saorgio, ce général le pressa de questions, et lui demanda des renseignements sur l'intérieur de la place. Malheureusement, notre caporal ne put lui en donner de précis, car il ne connaissait la ville que pour l'avoir traversée pendant le trajet qu'il avait fait lorsqu'il fut conduit à la forteresse.

Le plus jeune de ces deux officiers était le général d'artillerie Bonaparte ; l'autre était le général Dumerbion, qui depuis peu de temps avait remplacé le général Dugommier dans le commandement en chef de l'armée d'Italie ; quant aux deux autres personnages, c'étaient les représentants du peuple Ricord et Robespierre jeune.

La petite expédition ne s'arrêta que lorsqu'elle eut atteint la cîme la plus élevée des montagnes de Sainte-Marthe, d'où l'œil embrassait un vaste horizon.

Sous les pieds du spectateur, la vallée de la Roya s'étendait en contours sinueux depuis le col de Tende jusqu'à la mer; à gauche, on voyait dans le lointain les remparts de Saorgio.

Des cartes topographiques furent déroulées sur le sol. Le général Dumerbion et les deux représentants se mirent à les consulter, en suivant de l'œil les indications que leur donnait Bonaparte. Le caporal Raverat, qui se tenait à l'écart avec les hommes de l'escorte, comprit aux gestes expressifs et à la physionomie animée du jeune général, qu'il s'efforçait de faire adopter par ses collègues un plan pour l'attaque de Saorgio.

Bientôt les cartes furent repliées, et l'on donna ordre de descendre. Bonaparte marchait d'un pas sûr et rapide; le général Dumerbion le suivait, soutenu dans les passages difficiles par les hommes de son escorte. De retour au bivouac, Bonaparte fit rassembler nos volontaires et leur retraça en termes brefs et concis les devoirs du soldat. Tout en parlant, il frappa familièrement Raverat sur l'épaule, et lui dit : « Au revoir, mon ami!.... »

Plus tard, et dans tout le cours de sa vie, Raverat se plaisait à raconter cette circonstance dans laquelle il avait eu le bonheur de voir pour la première fois le plus grand capitaine des temps modernes.

« Je ne me doutais guère alors, disait-il, qu'un jour ce petit officier maigre et basané dicterait des lois à l'Europe, et rendrait à la monarchie un prestige dont elle semblait dépouillée à jamais ! »

Peu de jours après cette reconnaissance, l'armée d'Italie s'était renforcée d'une division d'infanterie que la prise de la ville de Toulon avait rendue disponible. Au moyen de ce renfort, le général Dumerbion résolut de mettre à exécution le plan conçu par Bonaparte, pour réduire cette place de Saorgio, soi-disant imprenable, qui depuis si longtemps arrêtait nos troupes.

A cet effet, la division du centre, dont faisait partie le deuxième bataillon des volontaires de l'Isère, sortit du camp de Bruis et s'avança jusqu'à la Ghiandola. Le général Serrurier avait mission de contenir l'ennemi au col de Fénestre, pendant que le général Masséna franchirait le col Ardente, et prendrait Saorgio à revers, en même temps que le général Macquart, commandant la division du centre, attaquerait la ville de front.

Le 19 floréal (8 mai), après quelques combats de peu d'importance, la division du centre s'empara du camp de Marthe et du camp des Fourches, refoula les forces combinées du duc d'Aoste et du général Colli, et parut le lendemain devant cette place importante. Pendant que le général Bonaparte chassait les Anglais de la ville d'Oneille et que le général Masséna descendait du col Ardente, le général Dumerbion arrivait avec la réserve d'artillerie, disposait ses pièces en batterie, et commençait à canonner la place.

On se souvient sans doute que pendant que Raverat et quelques-uns de ses camarades étaient prisonniers dans la citadelle de Saorgio, ils avaient tenté une évasion par la partie des remparts élevés sur des rochers taillés à pic, et qui au premier aspect semblaient inaccessibles, soit du dedans, soit du dehors. Nos volontaires se trouvaient donc pour la seconde fois en présence de ces rochers, que quelques-uns même d'entre eux avaient déjà franchis. Ils signalèrent au capitaine Pasquet les passages par lesquels s'était effectuée leur descente. Cet officier, pensant que l'on pouvait profiter de la connaissance des lieux pour tenter un coup de main, en fit part aux officiers supérieurs.

Quatre pièces d'artillerie furent braquées contre cette partie des remparts, et bien que d'un petit calibre elles ne tardèrent pas à faire brèche dans les murailles. Quelques volontaires s'élancèrent aussitôt sur les rochers, qu'ils gravirent avec leur agilité habituelle. Cependant, tous n'arrivèrent pas jusqu'au sommet; plusieurs, soit qu'ils eussent été atteints par les balles ennemies, soit que le pied leur eût manqué dans cette ascension périlleuse, firent une chute horrible et se mutilèrent en tombant sur les aspérités des rochers; mais un plus grand nombre parvint à pénétrer dans la place. A leur aspect, les Sardes épouvantés jetèrent leurs armes, tandis que sur autre point les décharges d'artillerie, la chute des remparts et les cris de triomphe annonçaient que les troupes de Dubermion et de Masséna étaient maîtresses de la ville.

Malgré toutes les recommandations des officiers, on eut à regretter quelques scènes de pillage. Exaspérés par trois ans de privations, des soldats, abandonnant leurs compagnies, parcouraient les différents quartiers de la ville, pénétraient dans les maisons et s'y livraient à toutes sortes d'excès.

Raverat, comme on le pense bien, ne prit aucune part à ces actes de sauvagerie; il s'efforça, au contraire, de les faire cesser. Aidé de quelques-uns de ses anciens compagnons de captivité, il fut assez heureux pour venir au secours de quelques dames de la ville, poursuivies par une soldatesque furieuse, ivre de vin et de sang. Par un hasard providentiel, dans le nombre de celles qu'il parvint à sauver, se trouvaient quelques-unes des dames de charité qui lui avaient témoigné tant d'intérêt lors de sa captivité dans la forteresse.

L'artillerie avait causé de grands ravages dans Saorgio. Non-seulement les fortifications étaient en ruines, mais beaucoup de maisons étaient criblées par les boulets. Les fastueuses inscriptions qui proclamaient cette place imprenable furent effacées par nos volontaires. Les habitants de la ville et des campagnes voisines aidèrent nos soldats à transporter les blessés et à enterrer les morts. Quelques cadavres étaient tellement défigurés, que l'on ne pouvait les reconnaître ; les boutons de leur uniforme indiquaient seuls le bataillon auquel ils appartenaient. C'étaient ceux des volontaires qui, la veille, étaient tombés en escaladant le rempart par le chemin taillé à pic dans les rochers.

On trouva dans la place des magasins contenant, outre une grande quantité d'effets de campement, une riche provision de draps, que l'on employa plus tard à renouveler les uniformes de nos soldats, dont la plupart étaient dans un état pitoyable.

Aussitôt après la prise de Saorgio, le général Macquart se porta en avant pour remonter la vallée de la Roya, afin de chasser du col de Tende les troupes piémontaises et autrichiennes qui l'occupaient.

Le général avait donné à nos soldats l'ordre de forcer la marche, dans le but de s'emparer du chevalier de Saint-Amour, gouverneur de Saorgio, qui, à notre entrée dans cette ville, était parvenu à s'échapper avec quelques centaines d'hommes. Nos volontaires, placés à l'avant-garde, n'allaient pas aussi vite qu'ils l'auraient voulu, non qu'ils fussent abattus, mais parce que leur chaussure était dans un état déplorable : quelques-uns même en manquaient totalement et marchaient nu-pieds ; d'autres, sans être réduits à cette extrémité, n'avaient pour préserver leurs pieds endoloris par la marche que des lambeaux de cuir ou de feutre. De ce nombre, se trouvait Raverat. Depuis plusieurs jours, ses souliers étaient veufs de semelles; il s'en était fabriqué avec de la paille tressée, fixée tant bien que mal avec des bandes de chiffons. Cependant ses pieds étaient ensanglantés, et la vive douleur qu'il éprouvait en marchant ne lui permettait pas de tenir sa place ordinaire en tête de la compagnie. Le commandant du deuxième bataillon, qui cheminait pédestrement sur les flancs de la colonne, et s'efforçait de stimuler l'ardeur de ses hommes, remarqua l'absence de Raverat. Il se dirigea vers lui, et d'un ton de bienveillance, il lui dit:

« Allons, mon ami, un peu de courage; nous nous reposerons bientôt.

— Ah! commandant, répondit Raverat, ce n'est pas le courage qui manque; ce sont les souliers; voyez mes pieds!....

— Quant à ça, répliqua M. de Bruno en forme de consolation, crois-tu donc avoir seul le droit de te plaindre? »

Et il lui montrait ses bottes, dont les nombreuses avaries attestaient un service prolongé au-delà des limites du possible.

Après quelques heures de marche, notre division arriva enfin au col de Tende. Les retranchements qui défendaient ce passage furent enlevés à la baïonnette. Sur aucun point, l'ennemi ne put résister à l'ardeur de nos soldats. Le deuxième bataillon de l'Isère se trouva à l'une des attaques les plus meurtrières. Chargés de s'emparer d'une batterie établie sur un rocher escarpé, nos volontaires, déposant leurs sacs pour être plus agiles, s'élancent sur les pentes sillonnées par les boulets, et les gravissent au pas de course. Bientôt, ils pénètrent dans la redoute, et les Piémontais, voyant l'impossibilité de résister à notre attaque, prennent la fuite dans le plus grand désordre.

Quant au gouverneur de Saorgio, à la capture duquel on attachait beaucoup d'importance, il paraît qu'il s'évada à la faveur d'un déguisement.

Vers la fin de cette journée, un de ces orages si fréquents sur les Alpes vint surprendre nos volontaires. Cependant, malgré une pluie torrentielle, ils durent s'arrêter pour établir leur bivouac au sein de ces montagnes arides, qui ne leur offraient nul abri. Après avoir mis leurs fusils en faisceau, et accroché leurs sacs aux baïonnettes, ils se dispersèrent pour chercher du bois; mais ils ne purent ramasser que quelques branches de groseillers et de genévriers, seuls arbrisseaux qui croissent dans les crevasses de ces rochers. En peu d'instants, le feu fut allumé, et l'on s'occupa de préparer la soupe. Nos soldats, mouillés jusqu'aux os, formaient autour du foyer un cercle, qui s'élargissait à mesure qu'un traînard rejoignait le bataillon. C'est ainsi qu'ils passèrent le reste de la nuit; et leur lassitude était telle, que plusieurs s'endormirent aussi bien que s'ils eussent été couchés dans un bon lit.

Le lendemain, la division se mit de nouveau à la poursuite des alliés, et le soir elle campa dans une vallée, au bas du Monte-Pipo, sur les versants des montagnes qui regardent le Piémont.

Par l'exécution des plans du général Bonaparte, notre armée se trouvait ainsi maîtresse de la grande chaîne des Alpes.

Le deuxième bataillon des volontaires de l'Isère, cantonné à Limone, se reposait de ses fatigues, dans une inaction à peu près complète, et se bornait à surveiller les avant-postes ennemis qui gardaient les abords de Roccavione.

Aucun fait important ne se passa à l'armée d'Italie jusqu'au mois de thermidor (juillet et août), époque à laquelle nos troupes reprirent l'offensive. La division Macquart fut chargée de tenir en échec les troupes piémontaises, qui auraient pu contrarier les nouvelles opérations de Bonaparte. Elle devait, en outre, empêcher un corps autrichien, campé aux environs de Gênes, de se réunir à un corps de troupes anglaises, qu'une escadre venait de débarquer à Vado, petite ville forte sur le bord de la mer.

Le général Macquart poussa plusieurs reconnaissances tout autour de ses cantonnements; et cette heureuse diversion permit au général Bonaparte d'isoler l'armée autrichienne, de la séparer surtout des Anglais, et de la culbuter complétement.

Les armées alliées ayant évacué le comté de Nice, notre deuxième bataillon de volontaires descendit des montagnes où il était resté si long-temps, et vint tenir garnison successivement dans les villes de Menton et de Monaco. La douceur du climat et l'abondance des approvisionnements qu'ils trouvèrent dans ce nouveau campement leur firent bientôt oublier les misères et les privations qu'ils avaient endurées dans l'interieur du pays.

Le 11 brumaire an II (1er novembre 1793), la Convention nationale rendit un décret par lequel les volontaires étaient assimilés aux soldats de la ligne, dont les régiments devaient être réorganisés en demi-brigades. En conformité de cette nouvelle décision, le premier bataillon du 42e de ligne (ci-devant *régiment Limosin*), le deuxième bataillon des volontaires de l'Isère, et le quatrième de la Drôme formèrent la 83e demi-brigade. Ce premier bataillon du 42e arrivait d'Ajaccio, où il avait séjourné long-temps. Il se composait presque entièrement de Corses. Quant aux volontaires de la Drôme, ils étaient déjà connus des volontaires de l'Isère; car ils avaient fait ensemble toutes les campagnes du comté de Nice.

Le caporal Raverat, dont la taille et les forces s'étaient singulièrement développées, grâce à la vie active qu'il menait depuis qu'il était entré au service, fut admis dans la compagnie des grenadiers du premier bataillon de la 83e demi-brigade. Dans ce bataillon, où les Dauphinois étaient en majorité, tous les grades donnés à l'élection furent dévolus de préférence aux volontaires de l'Isère. Le commandant de Bruno fut élu colonel de cette demi-brigade.

Après avoir tenu successivement garnison à Antibes et aux îles Sainte-Marguerite, la 83e fut envoyée à Toulon vers la fin de pluviôse an III (mi-février 1795). Divers corps, tirés de l'armée d'Italie, étaient réunis dans cette ville, en vue d'une expédition maritime projetée par le gouvernement.

Une flotte assez nombreuse devait tenter le débarquement de 4,000 hommes de troupes dans l'île de Corse, alors au pouvoir des Anglais, et où les partisans de Paoli paraissaient disposés à seconder nos efforts pour rétablir l'autorité française. Cette même flotte devait ensuite croiser dans la Méditerranée, et se diriger sur Rome, où le chargé d'affaires français, Basseville, venait d'être assassiné.

Le premier bataillon de la 83e fut embarqué à bord du vaisseau le *Tonnant*, armé de 80 canons, et les deux autres sur le *Çà-Ira* et le *Duquesne*.

Le 13 ventôse (3 mars), la flotte mit à la voile, sous les ordres de l'amiral Martin, qui était accompagné du représentant du peuple Letourneur. L'expédition avait dépassé les îles d'Hyères, et depuis trois jours elle naviguait dans les eaux du golfe de Gênes, lorsqu'elle aperçut la flotte anglaise, forte de vingt-trois voiles. Malheureusement, l'amiral Martin n'avait que sept vaisseaux à opposer à l'ennemi, un coup de vent de nord-est ayant dispersé les autres. Forcé d'accepter le combat pour soutenir le *Çà-Ira*, qui, par suite d'une fausse manœuvre, se trouvait aux prises avec deux vaisseaux anglais, notre amiral ordonna à sa flotte de virer de bord.

Chacun était à son poste. Le caporal Raverat, qui se trouvait à bord du *Tonnant*, était placé, avec son escouade, au panneau qui recouvrait la soute aux poudres; il était chargé de faire passer des munitions pour le service des caronnades établies en barbette sur le pont. Les soldats étaient disposés en tirailleurs, derrière les bastingages. A côté des pièces, se tenaient les servants, la mèche fumante à la main. Du haut des hunes, les gabiers et les vigies signalaient les mouvements de l'ennemi. Quant au capitaine, il était en observation sur le gaillard d'arrière.

Le *Çà-Ira* se défendait bravement, et tenait tête à ses deux adversaires; mais il éprouva de si fortes avaries, que l'amiral français ordonna à *la Vestale* de le remorquer, et au *Censeur* de soutenir cette manœuvre. Ces vaisseaux étaient engagés, lorsque la nuit arriva.

Le lendemain, quoique le gros de notre flotte eût cherché à demeurer en panne, les trois vaisseaux se trouvaient fort loin en arrière; et l'amiral anglais s'avançait pour s'en emparer. L'amiral français chercha à prendre position entre eux et la flotte anglaise; mais le *Duquesne*, *la Victoire* et le *Tonnant* ayant serré le vent trop tôt, firent manquer ce mouvement, et masquèrent le feu du vaisseau amiral. Pour comble de malheur, le calme qui survint empêcha toute espèce de manœuvre.

Cependant le *Tonnant* étant parvenu à se rapprocher du *Çà-Ira*, se vit bientôt attaqué par le vaisseau anglais l'*Agamemnon* et le vaisseau napolitain le *Tancrède*. Le capitaine du *Tonnant* donna alors le signal du branle-bas. Ses quatre-vingts pièces éclatent à la fois. Les deux bâtiments ennemis répondent à son feu. L'atmosphère est obscurcie par la fumée. Les flancs du *Tonnant* sont labourés par les boulets ; ses bastingages sont brisés. La mitraille siffle dans ses agrès et porte la mort sur son tillac. Plusieurs grenadiers de l'escouade de Raverat sont tués ou blessés. Mais l'intrépide caporal n'en reste pas moins à son poste, quoique blessé à la tête par un éclat de bois.

Tout à coup, au milieu d'un épais nuage de fumée, on aperçoit un bâtiment dévoré par les flammes. A ce spectacle, nos équipages, ne doutant pas que ce ne fût un vaisseau anglais, font retentir les airs du cri de : *Vive la République!* Mais cette joie fut de courte durée : le vaisseau embrasé était le *Ça-Ira!*.... (1).

Tout espoir de sauver ce navire est perdu ; mais pour venger l'honneur de notre drapeau, le *Tonnant* essaie de prendre le vent sur ses deux adversaires ; il y réussit, écrase de son feu l'*Agamemnon*, et lance contre le *Tan*-

---

(1) Des soldats de la 85e qui se trouvaient sur le *Ça-Ira*, craignant que le feu ne prît à la sainte-barbe, et voulant se mettre à l'abri de l'explosion, se jetèrent à la mer, où, à l'aide de planches et de pièces de bois, ils se maintinrent sur l'eau jusqu'à ce qu'ils furent recueillis par les Anglais, qui les emmenèrent prisonniers en Corse. Quelque temps après, par suite d'un échange, ils rentrèrent dans leur demi-brigade.

crède une bordée si terrible, que ce dernier, afin d'éviter l'abordage, est contraint d'amener son pavillon.

La nuit seule mit fin à ce glorieux combat. Les deux flottes, également maltraitées, se séparèrent. L'amiral anglais dirigea une partie de ses navires sur la Corse, et l'autre dans le golfe de la Spezzia. L'amiral Martin se retira vers les îles d'Hyères, où il parvint à rallier ses vaisseaux dispersés.

Le représentant Letourneur, jugeant que l'expédition projetée ne pouvait plus avoir lieu, fit, quelques jours après, débarquer les troupes à Toulon.

Après un séjour de deux mois dans cette ville, la 83e fut de nouveau dirigée sur l'armée d'Italie. Elle était déjà en marche, lorsque l'ordre arriva de revenir brusquement à Toulon, où une insurrection sérieuse venait d'éclater. Voici à quel propos :

Un bâtiment français, de croisière dans la Méditerranée, ayant capturé une goëlette espagnole, sur laquelle se trouvaient quelques émigrés français, avait ramené sa prise dans le port de Toulon. En apprenant cet événement, des ouvriers de l'arsenal, ainsi que des portefaix de la ville, se portèrent contre ces malheureux prisonniers et les massacrèrent. L'autorité ayant voulu réprimer ces actes de férocité, ces bandes, composées presqu'exclusivement de la lie du peuple, se mirent en insurrection ouverte, et parvinrent à se rendre maîtresses de la ville, après avoir bloqué la garnison dans ses casernes. A son arrivée, la 83ᵉ demi-brigade eut bientôt renversé la domination de l'émeute, et rétabli l'autorité régulière ; elle dispersa les révoltés, délivra la garnison et continua d'occuper la ville jusqu'à ce qu'elle fut complètement pacifiée.

Dans le courant de vendémiaire an IV (septembre 1795), le troisième bataillon de notre demi-brigade fut dirigé sur Nice, le deuxième resta à Toulon, et le premier se rendit à Marseille, où le parti royaliste, qui était très nombreux dans cette ville, inspirait quelques craintes au gouvernement républicain (1).

En arrivant à Marseille, ce bataillon fut caserné au fort Saint-Nicolas. Un jour que le caporal Raverat était de garde au fort Saint-Jean, deux inconnus paraissant appartenir à la classe aisée arrivèrent à lui, et lui proposèrent une somme d'argent s'il voulait favoriser l'évasion de deux

---

(1) Notre intention n'étant pas de raconter toutes les évolutions de chacun des bataillons de la 85ᵉ, nous bornerons, à l'avenir, notre récit à ce qui concerne la 1ʳᵉ compagnie de grenadiers, dans laquelle servait le caporal Raverat. Ainsi, par suite de la formation des bataillons de grenadiers-réunis, que le ministre de la guerre d'alors avait décrétée, cette compagnie fut incorporée tantôt dans un bataillon, tantôt dans un autre, et envoyée à des distances considérables des autres compagnies de la 85ᵉ demi-brigade. Nous ne citerons donc que les événements dans lesquels cette compagnie a figuré. Cet état de choses n'a d'ailleurs duré que jusqu'au 26 nivôse an V (15 janvier 1797), époque à laquelle toutes les fractions de la demi-brigade se réunirent pour ne plus se séparer.

prisonniers enfermés dans la fort. Pour concilier ses devoirs de soldat avec les égards dus au malheur, Raverat refusa l'argent, mais il promit que s'il ne favorisait pas l'évasion projetée, il ne ferait du moins rien pour l'empêcher.

Par ce qui se passa plus tard, on est fondé à croire que les négociateurs avaient obtenu un succès plus complet auprès du sergent du poste. Quant au concierge de la prison, il est hors de doute que son concours était acquis à l'entreprise.

Un peu avant la nuit, un cri se fit tout-à-coup entendre dans l'intérieur du fort. Les soldats sortirent aussitôt du corps-de-garde, malgré l'avis du sergent qui s'efforçait de les retenir. Attirés par des gémissements, nos grenadiers accoururent près des bords d'une terrasse et aperçurent sur les rochers qui bordent la mer un jeune homme faisant de vains efforts pour en soulever un autre. Ils descendirent et ramenèrent dans le fort les deux prisonniers dont l'un s'était cassé la cuisse en essayant de s'évader.

Ces jeunes gens étaient les ducs de Beaujolais et de Penthièvre, fils du duc d'Orléans, et frères du duc de Chartres, qui en 1830 devint le roi Louis-Philippe.

Indépendamment des agitations politiques qui régnaient en Provence, cette contrée était en outre désolée par la disette dont presque toute la France souffrait à cette époque. Bien que les soldats de la garnison de Marseille ne reçussent que la moitié de la ration ordinaire, ils trouvaient encore les moyens de soulager quelques malheureux.

On sait que la mère du général Bonaparte avait été bannie de la Corse par les Anglais, après avoir vu ses propriétés pillées et incendiées. Elle s'était réfugiée en France, et habitait Marseille avec quelques-uns de ses enfants. Le colonel de la 83e ayant appris l'état de gêne dans lequel cette famille était plongée, lui faisait passer chaque jour quelques provisions, et plus d'une fois le caporal Raverat fut l'intermédiaire des bonnes œuvres de son colonel.

Ce fut sans doute en souvenir des services rendus à sa famille dans ces temps difficiles, que Napoléon conserva toujours pour M. de Bruno une vive et sincère affection.

Pendant six mois que notre bataillon tint garnison à Marseille, il eut maintes fois à envoyer des détachements dans les différentes villes voisines où éclataient fréquemment de petites insurrections causées par l'exaltation des opinions politiques.

Dans les contrées méridionales de la France, l'ardeur du climat agit autant sur le moral que sur le physique des habitants. De même que les tempéraments lymphatiques y sont plus rares, ainsi les convictions religieuses ou politiques y sont plus vives, et rarement savent-elles garder un juste-milieu.

CHAPITRE III.

SOMMAIRE. — Coup-d'œil sur les premières opérations de l'armée d'Italie. — Les bataillons de grenadiers-réunis. — Prise de Bassano. — Un triste épisode. — Combat de Saint-Georges. — Raverat met hors de service une pièce de canon. — Bataille d'Arcole. — Les sans-culottes. — Formation de la 57ᵉ demi-brigade. — Le tailleur en plein vent. — Bonaparte, après la bataille de la Favorite, donne à la 57ᵉ demi-brigade l'épithète de *terrible*. — Reddition de Mantoue.

Depuis que le général Bonaparte avait pris le commandement en chef de l'armée d'Italie, il avait franchi, dans l'espace de quelques jours, cette chaîne des Alpes qui, pendant quatre années, avait arrêté nos troupes.

D'un seul coup il avait brisé l'alliance formée entre le Piémont et l'Autriche, et contraint les souverains de la Péninsule à garder la neutralité. Le jeune et habile général, après avoir détruit successivement plusieurs armées ennemies, se voyait maître de la plus grande partie du Piémont et de la Lombardie. Mais l'Autriche faisant marcher sans cesse de nouvelles troupes vers l'Italie, le gouvernement français dut envoyer aussi des renforts à notre armée.

Nous avons dit dans le chapitre précédent que la 83ᵉ demi-brigade avait ses trois bataillons disséminés ; le premier tenait garnison à Marseille, le deuxième à Toulon, et le troisième dans le comté de Nice.

Au mois de pluviôse an IV (mars 1796), le deuxième et le troisième bataillons reçurent l'ordre de se rendre à Marseille, et dès-lors la demi-brigade se trouva complètement réunie. Deux mois après, les trois compagnies de grenadiers furent détachées de la demi-brigade pour entrer dans les bataillons de grenadiers-réunis, récemment formés et destinés à renforcer l'armée d'Italie. Le caporal Raverat, appartenant, comme on le sait, à la première compagnie de grenadiers, fut appelé à faire partie de ce corps d'élite, qui se mit en route le 15 messidor (3 juillet).

Après une marche de trente jours à travers les montagnes du Piémont et les plaines de la Lombardie, ces trois compagnies arrivèrent à Brescia. Incorporées d'abord dans le 5ᵉ bataillon de grenadiers-réunis, elles passèrent bientôt après dans le 8ᵉ, qui se trouvait alors à Desenzano. Ce corps était attaché à la réserve du quartier général ; plus tard, il fut réuni à la brigade Rampon, appartenant à la division Masséna, laquelle était à la veille d'entrer en campagne.

Les pertes éprouvées par l'armée autrichienne depuis le commencement de la guerre, l'avaient forcée à jeter une partie de ses troupes dans les montagnes du Tyrol, tandis que l'autre partie s'était refugiée dans la ville forte de Mantoue, que le général Bonaparte avait aussitôt fait investir.

Dans le but de débloquer cette place et de reconquérir la Lombardie, le feld-maréchal Wurmser qui venait de remplacer le feld-maréchal de Beaulieu dans le commandement des forces de l'Autriche, réunit toutes ses troupes pour se porter sur l'Italie; mais Bonaparte qui avait deviné les projets du généralissime, concentra une armée nombreuse dans la vallée de l'Adige.

Le 17 fructidor an IV (3 septembre 1796), la brigade Rampon s'ébranla, descendit des hauteurs de Rivoli et ouvrit la marche en remontant l'Adige. Ayant rencontré les avant-postes ennemis, elle les culbuta, s'empara de plusieurs redoutes et entra à Roveredo presque en même temps que les Autrichiens.

Un peu au-delà de Roveredo se trouve le défilé de Calliano, lequel est entièrement fermé par le château-fort de la Piétra que la route traverse. Cette position paraissait inexpugnable, et l'ennemi ne doutait pas qu'elle n'arrêtât la marche de notre armée.

Cependant, la division commandée par Masséna commence bientôt l'attaque; l'artillerie ouvre son feu sur le défilé et contre la muraille qui s'étend de la montagne à la rivière. Presque en même temps, le 8ᵉ bataillon de grenadiers-réunis est appelé à fournir une compagnie pour s'emparer des rochers à pic qui dominent le château, et que défendent des chasseurs tyroliens. Cette compagnie était celle dont faisait partie Raverat.

Sans se laisser arrêter par les balles et les pierres que l'ennemi fait pleuvoir sur eux, nos grenadiers escaladent les rochers en s'aidant des pieds et des mains, ils s'accrochent aux racines et aux broussailles, et parviennent ainsi sur les hauteurs d'où ils débusquent les Tyroliens. Une fois maîtres de la position, ils dirigent un feu meurtrier dans l'intérieur du château-fort. En même temps, le général Masséna attaque la place par-devant avec le gros de ses forces. L'ennemi ne peut résister plus long-temps ; il se décide bientôt à la retraite, et se dirige en toute hâte vers la ville de Trente, que, dès le lendemain, il est encore contraint de nous abandonner ; car rien ne peut résister à l'élan de nos troupes lancées à sa poursuite.

Les Autrichiens furent ainsi battus dans toutes les rencontres, et forcés dans toutes leurs positions ; notre avant-garde était, pour ainsi dire, constamment sur les talons de l'arrière-garde ennemie.

On était alors au gros de l'été ; la chaleur concentrée dans cette aride vallée était si intense, que Français et Autrichiens succombaient à la lassitude. Nos troupes étant exténuées de la course rapide qu'elles venaient de faire sans prendre aucune nourriture, Bonaparte leur accorda quelques heures de repos pendant la nuit, en vue des Autrichiens qui, eux aussi, épuisés, hors d'haleine, avaient été forcés de s'arrêter.

CHAPITRE III.

Le lendemain, 22 fructidor (8 septembre), la poursuite recommença. Cotoyant le cours sinueux et encaissé de la Brenta, nos grenadiers débouchèrent des gorges et se portèrent sur la ville de Bassano, devant laquelle Wurmser avait réuni toutes ses forces ; mais à sept heures du matin, la 32e demi-brigade et le 8e bataillon de grenadiers-réunis, conduits par les généraux Masséna et Rampon, se précipitèrent en colonne serrée sur le pont de la Brenta que défendait une formidable artillerie, pendant que sur la rive gauche la division Augereau livrait l'assaut à la place.

Les Autrichiens pris ainsi entre deux feux, ne s'échappèrent de la ville qu'en abandonnant la moitié de leurs hommes, et la plus grande partie de leurs équipages.

Reconnaissant l'impossibilité d'arrêter la marche des Français, le feld-maréchal Wurmser manœuvra pour se jeter dans Mantoue, afin de sauver les débris de son armée.

L'affaire de Bassano fut courte, mais meurtrière ; le champ de bataille présentait un horrible spectacle ; il était couvert de morts et de blessés, de l'une et l'autre armée ; l'artillerie avait fait de grands ravages des deux côtés.

Après le combat, Raverat fut informé qu'un de ses camarades, grièvement blessé, le faisait demander. Il se rendit en toute hâte au lieu indiqué, où il rencontra en effet un de ses compatriotes qui avait été atteint par un éclat d'obus. Ce malheureux, persuadé qu'il ne survivrait pas à sa blessure, pria Raverat de prendre dans son sac un peu d'argent et quelques assignats qui s'y trouvaient, pour les faire parvenir à sa mère. Notre caporal s'efforça de calmer les craintes de son compatriote ; toutefois, il consentit à prendre son petit pécule, de peur qu'il ne lui fût soustrait pendant qu'il resterait dans les hôpitaux; mais les prévisions de cet infortuné ne l'avaient pas trompé, il expira pendant qu'on le transportait à l'ambulance.

Quelques semaines plus tard, à la fin de la campagne, le premier soin de Raverat fut de confier cette petite somme à un de ses camarades qui retournait à Crémieu.

Après la bataille de Bassano, le général Bonaparte pressait la marche de ses troupes, espérant devancer Wurmser sur les bords de l'Adige inférieure. Par malheur, nos soldats, exténués de faim et de fatigue, étaient dans l'impossibilité d'aller plus loin. Ils s'affaissaient le long de la route. Force fut donc de s'arrêter pour passer la nuit. Heureux alors celui qui put trouver un morceau de pain dans le fond de son sac, ou un peu d'eau-de-vie dans sa gourde ! Les officiers et les généraux eux-mêmes étaient tout aussi fatigués et affamés que les simples soldats. Bonaparte, réduit à partager le pain d'un grenadier, s'endormit la tête sur un sac, au milieu du bataillon.

Si la marche des Français avait été rapide, celle des Autrichiens l'avait été plus encore. Après une tentative infructueuse sur Vérone, le feld-maréchal surprit la ville de Legnago, occupée par une faible garnison française. Mais il s'y arrêta peu, il traversa l'Adige, et brûla le pont derrière lui, sans s'inquiéter de ses traînards et de ses bagages.

Toutefois, Bonaparte ne désespérant pas d'atteindre l'armée autrichienne, ordonna aux généraux Murat et Masséna de se porter sur la rive droite de l'Adige. La brigade Rampon traversa la rivière à Albaredo, et après une marche forcée, parvint près du bourg de Sanguinetto, où elle se mit en bataille. Wurmser y arriva presqu'en même temps, après avoir culbuté la cavalerie du général Murat, trop faible pour s'opposer à la fuite du feld-maréchal. La 32e se trouva un instant compromise et ne dut son salut qu'à la valeur du 8e bataillon de grenadiers-réunis.

Cependant l'armée française, toujours à la poursuite des Autrichiens, espérait les atteindre lorsqu'ils seraient arrêtés au passage des rivières par les troupes occupées au blocus de Mantoue. Mais Wurmser, ayant réussi à tromper le général Sahuguet, s'était réfugié sous le feu des remparts de cette ville.

Le 17 fructidor (13 septembre), l'armée française arriva en vue de Mantoue. Cette place, la plus forte de l'Italie, s'élève au milieu des marais formés par les eaux du Mincio, et communique avec la terre ferme, au moyen de plusieurs chaussées.

Divers engagements eurent lieu entre les troupes françaises et les troupes autrichiennes. Campées hors des murs de Mantoue, ces dernières étaient protégées par la citadelle et par les ouvrages extérieurs. Un fort détachement de la brigade Rampon s'avança vers le camp ennemi, sans être aperçu. Il avait profité d'une nuit obscure et de l'absence de la cavalerie, qui était allée aux fourrages. Les Autrichiens, pris à l'improviste, étaient déjà prêts à se rendre, et le camp allait tomber en notre pouvoir, lorsque les fourrageurs, revenant au galop, repoussèrent notre détachement. Le général Rampon, qui arriva en ce moment avec quelques pièces d'artillerie légère, essaya de rallier nos soldats; mais la cavalerie autrichienne, poursuivant sa course, s'empara d'une de nos pièces. Furieux de cet échec, le 8° de grenadiers se jeta tête baissée sur les cavaliers, et les força d'abandonner leur prise.

Ayant reconnu l'impossibilité de s'emparer de Mantoue de vive force, le général Bonaparte ne chercha plus qu'à contraindre Wurmser à lui offrir la bataille; il y réussit. Le 19 fructidor (15 septembre), les Autrichiens firent une sortie générale du camp et de la ville. Ils occupaient le château de la Favorite et le faubourg de Saint-Georges. C'est là que se livra le combat auquel on a donné le nom de combat de Saint-Georges. Le succès que nos troupes obtinrent dans cette affaire est dû à la division Masséna. Placée au centre, à Due-Castelli, et masquée par des avant-postes, cette division, s'étant formée en colonne serrée, fondit impétueusement sur l'armée autrichienne, qu'elle obligea à se replier et à chercher un refuge sous le canon de la citadelle. Le château de la Favorite et le faubourg de Saint-Georges tombèrent au pouvoir des Français.

A la suite de cette brillante affaire, où le 8ᵉ bataillon de grenadiers-réunis s'était couvert de gloire, ce corps quitta momentanément la division Masséna pour passer dans les troupes qui formaient le blocus. Etabli dans les postes de la Chartreuse et de Saint-Antoine, ce bataillon eut pour mission de soutenir nos soldats et nos sapeurs occupés à élever des chevaux de frise et à tracer les lignes de circonvallation. Toutefois, il ne resta qu'une quinzaine de jours dans cette situation. Il reçut l'ordre de partir pour Villa-Franca, et de se réunir au corps d'infanterie de réserve. Là, les trois compagnies de grenadiers de la 83ᵉ furent extraites du 8ᵉ bataillon, et rentrèrent une seconde fois dans la brigade Rampon. Elles formèrent le 1ᵉʳ bataillon de grenadiers-réunis.

Deux jours après, la division Masséna se porta sur Bassano et occupa tout le pays situé entre la Brenta et la Piave. La compagnie de Raverat fut dirigée sur la rive droite de cette dernière rivière, dans une position très-avancée, au milieu d'une province dont les coteaux étaient couverts de vignes, et les plaines coupées en tous sens par des canaux, des marais et des rizières.

Telle était l'influence pernicieuse du climat, qu'un grand nombre de nos grenadiers furent atteints de la fièvre; de plus, comme on était à l'époque des vendanges, les soldats se répandaient dans les vignes et mangeaient des raisins avec si peu de retenue, qu'ils se rendirent malades; joignons à cela l'état d'hostilité continuel dans lequel ils se trouvaient vis-à-vis des populations des provinces vénitiennes, le voisinage d'une nouvelle armée autrichienne, et l'on aura une idée de la triste situation de cette compagnie. Cependant le courage de nos braves ne se laissa pas abattre; et quoique la ligne dont la surveillance leur était confiée fût assez étendue, jamais le service ne souffrit de l'état maladif où se trouvait la majeure partie de nos hommes.

Vers les premiers jours de brumaire (fin octobre), quelques grenadiers occupaient sur les bords de la rivière un poste destiné à la garde d'un gué. A voir le teint livide de ces pauvres diables, leurs traits amaigris, leurs yeux brillant du feu de la fièvre, on eût dit qu'ils étaient là plutôt pour exciter la pitié que pour garder une position. Cette poignée d'hommes fiévreux et exténués avaient pourtant à soutenir les attaques continuelles d'un fort détachement autrichien, posté à peu de distance de leur bivouac. L'ennemi avait placé en batterie, sur une éminence, une pièce de canon, qui, de la rive gauche, battait le poste français. Plusieurs fois, nos grenadiers avaient essayé vainement d'en débusquer les artilleurs. Enfin, Raverat conçut le projet de tenter un nouveau coup de main pour se débarrasser de ce dangereux voisinage.

Profitant d'une nuit sombre et pluvieuse, il se mit en route avec deux sous-officiers de la compagnie, et ils arrivèrent bientôt au gué. Après s'être assuré que les Autrichiens étaient sans défiance, Raverat, quoiqu'il fût alors en proie à une fièvre dévorante, entra le premier dans la Piave, comme pour servir de guide à ses compagnons. Parvenus sur l'autre rive, tous trois s'élancent sur la pièce qui n'était gardée que par quelques artilleurs. Ceux-ci croyant avoir à faire au poste tout entier, prennent la fuite, et vont semer l'alarme parmi les leurs. Avec l'aide de ses amis, Raverat amène un caisson auprès de la pièce, et y met le feu au moyen d'une longue traînée de poudre, après avoir pris la précaution de se coucher à terre afin d'éviter les éclats. Bientôt une détonation épouvantable fait trembler le monticule et ses alentours; le caisson en sautant avait brisé l'affût et mis la pièce hors de service.

Cette petite expédition releva le moral du détachement. Le général Rampon, comprenant l'excellent effet qu'elle devait produire sur les soldats, félicita lui-même publiquement notre caporal de la bravoure qu'il avait déployée en cette occasion.

L'ennemi paraissant se disposer à franchir la Piave, le poste dont Raverat faisait partie dut se replier sur le bataillon, et le général Masséna, incapable de lutter en ce moment contre les forces supérieures dont disposait l'armée autrichienne, évacua toutes ses positions, traversa la Brenta, brûla les ponts derrière lui, et retrograda lentement sur Vicence, où le général Bonaparte ne tarda pas à venir le renforcer d'une partie de la division Angereau.

Le 22 brumaire (12 novembre), par suite d'un changegement opéré dans le système de défense, le 1er bataillon de grenadiers-réunis fut dirigé sur Caldiero, où l'armée autrichienne s'était fortifiée. Ce corps devait s'emparer d'une hauteur qui flanquait la droite de l'ennemi. Pour seconder l'attaque, notre artillerie battit la position. Il fallait escalader des pentes rapides, glissantes et couvertes de vignobles, sous une pluie glaciale qu'un violent orage soufflait dans le visage des assaillants. Le chapeau enfoncé jusque sur les yeux, nos grenadiers franchissent les retranchements, chargent à la baïonnette, et, renversant tous les obstacles, parviennent à débusquer l'ennemi. Mais celui-ci ayant bientôt reçu des renforts, une nouvelle lutte s'engage, et notre bataillon est forcé de céder au nombre. Bonaparte accourant, ordonne de tenter un second assaut. A son commandement, nos braves s'élancent de nouveau ; mais cette fois l'ennemi fait un feu si bien nourri qu'à peine nos hommes peuvent arriver jusqu'à la moitié du chemin ; ils se retirent, laissant le tiers des leurs sur le terrain.

La nuit qui survint bientôt suspendit le combat de part et d'autre. Nos soldats exténués campèrent au pied des hauteurs de Caldiero, où ils ne trouvèrent pour se reposer qu'un terrain détrempé par la pluie.

Le bivouac, qu'aucun feu n'éclairait, dans la crainte des boulets ennemis, ressemblait plutôt à un champ de mort qu'à un campement. Le courage des plus braves était abattu : un morne silence régnait dans tous les rangs. Sans pain, sans eau-de-vie, l'armée était à moitié démoralisée ; Bonaparte seul conservait toute son énergie : « Encore

CHAPITRE III.

quelques efforts, répétait-il sans cesse, Alvinzi est vaincu, et l'Italie définitivement conquise !.... »

Ces paroles suffirent pour apaiser les murmures et ranimer les courages abattus.

Au milieu de cette nuit, on eût pu voir, à la pâle clarté d'un petit feu caché dans un pli du terrain, le général en chef, adossé à un arbre, les bras croisés sur la poitrine et la figure pensive, combinant le plan hardi qui devait sauver l'armée et lui faire reprendre l'offensive.

Avant que le jour parût, l'ordre fut donné de réveiller les soldats, et de faire sans bruit les préparatifs du départ. Après avoir traversé Vérone, les troupes franchirent une seconde fois l'Adige à Ronco, et se trouvèrent au milieu d'un pays marécageux, à peu près impraticable, et traversé seulement par deux chaussées qui rejoignaient la grande route aux environs de Caldiero.

La terrible bataille d'Arcole est assez connue pour que nous n'en rapportions pas toutes les phases ; nous ne citerons que celles dans lesquelles notre personnage s'est trouvé personnellement engagé.

Le 25 brumaire au soir (15 novembre), pendant que le général Augereau s'avançait sur la chaussée de droite, dans la direction du pont d'Arcole, le 1er bataillon de grenadiers-réunis et la 32e demi-brigade précédant la division Masséna, suivaient la chaussée de gauche ; ils avaient déjà dépassé le village de Bionde, lorsqu'ils se trouvèrent en présence d'un détachement autrichien, avec lesquels ils échangèrent quelques coups de canon. Ce détachement était l'avant-garde d'une division entière qui se développait sur la chaussée en une immense et formidable colonne. Le général Masséna accourut aussitôt. Comprenant tout le parti qu'il pouvait tirer de la sécurité dans laquelle l'ennemi paraissait se reposer, il fit replier la brigade Rampon, dont la moitié alla se tapir au milieu des joncs et des roseaux, dans les canaux marécageux qui bordaient la chaussée. Cette disposition prise, Masséna feignit de battre en retraite avec l'autre moitié, afin d'attirer sur lui la division ennemie.

Blottie dans les fossés, nos soldats entendirent défiler sur la chaussée la cavalerie et l'infanterie du général autrichien Provera. Grâce à l'obscurité de la nuit et aux brouillards qui s'élevaient de ces eaux fangeuses, ils étaient si près des Autrichiens, qu'ils les entendaient parler. La position était extrêmement périlleuse : le moindre bruit pouvait trahir la position de nos soldats, et faire échouer le plan du général Masséna, lequel consistait à les rappeler sur la chaussée dès que l'ennemi se serait avancé assez loin dans la direction de Ronco.

Il y eut un moment de terrible anxiété. Une sentinelle autrichienne, ayant cru entendre quelque bruit, apercevoir quelque mouvement dans les marais où étaient blottis nos hommes, tira un coup de fusil ; mais quelques oiseaux aquatiques, habitants de ces lieux, qui, au bruit de cette détonation, s'étaient envolés en poussant leur cri habituel, firent supposer aux Autrichiens que leurs craintes étaient chimériques.

Plusieurs heures s'étaient écoulées depuis que nos soldats se trouvaient dans ces eaux glaciales, lorsqu'ils reçurent enfin l'ordre d'attaquer. Ils s'élancent aussitôt sur la chaussée. De son côté, le général Masséna fait volte-face et présente à l'ennemi une ligne profonde. Assaillie par devant et par derrière, la colonne du général Provera se trouvant prise entre deux feux, est refoulée et écrasée. Quelques cavaliers se lancent à fond de train sur les baïonnettes pour essayer de faire une trouée. Leur impétuosité est telle qu'ils pénètrent jusqu'au milieu de nos rangs, où ils tombent percés de coups. C'est en vain que le canon fait brèche dans nos lignes ; elles se reforment aussitôt à la voix des officiers, et présentent de nouveau un rempart infranchissable.

Fantassins et cavaliers se jetèrent alors en désespérés à travers les marais. Le général Provera et quelques débris de sa division réussirent à les traverser ; mais le plus grand nombre y trouva la mort.

Dans la nuit même où se passa cette sanglante affaire, l'escouade du caporal Raverat se trouvait sur la chaussée, un peu en avant du bataillon. Se croyant en pleine sécurité, nos braves avaient allumé un petit feu de roseaux, et s'occupaient à faire sécher leurs vêtements, encore tout imbibés de l'eau bourbeuse des marais, quand soudain ils voient fondre sur eux quelques hulans, sans doute égarés après la déroute de la division Provera, et qui allaient rejoindre leur corps. Ces cavaliers commencèrent par disperser les fusils réunis en faisceaux ; mais nos grenadiers, quoique privés de leurs armes et à moitié vêtus, se jettent à la bride des chevaux, se prennent corps à corps avec les hulans, et, non sans avoir reçu quelques coups de sabre, parviennent à les mettre en fuite.

Dans cette alerte, le caporal Raverat fut légèrement blessé à la main droite.

Cette escarmouche provoqua le jeu de mots suivant, qui égaya beaucoup le bivouac. « L'ennemi, fit Raverat,
» pourra dire cette fois, avec raison, qu'il a eu affaire à
» de vrais *sans-culottes !* »

Le lendemain, 26 brumaire (16 novembre), aux approches de la nuit, le général en chef retira ses colonnes des chaussées et les ramena à Ronco, sur la rive droite de l'Adige. Un fort détachement du 1er bataillon de grenadiers-réunis se trouvait sur la rive gauche et gardait le pont de bateaux. Au moment où les dernières troupes le franchissaient, un des bateaux s'enfonça, et nos grenadiers restèrent seuls pour soutenir tout le choc des Autrichiens. Grâce au courage et à l'énergie de ce bataillon, ainsi qu'à l'artillerie qui de la rive droite prenait l'ennemi d'écharpe, on put réparer le pont de Ronco et refouler les assaillants.

Bonaparte, qui avait le plus grand intérêt à franchir le pont d'Arcole pour rejoindre à temps Alvinzi qui, menacé sur un de ses flancs et sur ses derrières, s'apprêtait déjà à quitter les hauteurs de Caldiero, se porta au secours du général Augereau, dont tous les efforts avaient échoué aux deux attaques successives dirigées contre ce pont.

Le 27 brumaire (17 novembre), après avoir envoyé quelques troupes pour contourner le village d'Arcole, le général en chef n'ayant plus rien à craindre sur la chaussée de gauche, balayée jusqu'à Porcil par le général Masséna, le rappela sur celle de droite ; puis il traversa ce pont, devenu si célèbre, à la tête du 1er bataillon de grenadiers-réunis et de la 32e demi-brigade. La division Mitrouski qui occupait la plaine se retira devant nous, et le feld-maréchal Alvinzi se voyant débordé, fut obligé, pour n'être pas coupé dans sa retraite, d'abandonner ses formidables positions de Caldiero, et de se retirer derrière la Brenta.

Citons ici un triste épisode de ces trois jours de combats immortels. Dans l'attaque du premier jour, un grenadier de la compagnie de Raverat fut renversé par un biscaïen qui l'avait atteint au bas-ventre. Malgré la défense formelle qui avait été faite de s'arrêter pour enlever les blessés, Raverat, soulevant son camarade, le déposa au bas du talus de la chaussée. Lorsque plus tard les grenadiers rétrogradèrent, ils entendirent les cris de ce malheureux, mais sans pouvoir lui porter aucun secours. Le matin du troisième jour, en poussant une reconnaissance du côté de Porcil, Raverat trouva son pauvre blessé qui respirait encore. L'infortuné, apercevant son caporal, rassembla ses forces et réussit à se faire entendre. Pour se garantir du froid, il avait attiré à lui les fragments de roseaux et de joncs qui se trouvaient à sa portée. Sa figure livide et décomposée par la souffrance, n'était plus animée que par des yeux hagards qui semblaient sortir de leurs orbites; ses membres agités d'un tremblement convulsif, semblaient se débattre sous les étreintes de la mort. Raverat se mettant à genoux, lui souleva la tête, et essaya de lui faire boire quelques gouttes d'eau-de-vie; mais le moribond s'y refusa en lui disant : « Ami, achève-moi! je souffre trop; rien » autre que le coup de grâce...... »

Notre caporal ne put se décider à accéder à la demande de ce malheureux. Mais un vieux sergent corse voyant la répugnance de Raverat, ne craignit pas de rendre au moribond cet horrible service.

A la suite de la bataille d'Arcole, la division Masséna rentra à Vérone, où le 1ᵉʳ bataillon de grenadiers-réunis ne tarda pas à revenir à son tour, après être resté en observation sur la route qu'avait prise l'armée autrichienne.

A cette époque, ce bataillon fut dissous par suite du remaniement du partie de l'armée. Le 29 brumaire (19 novembre), les compagnies de grenadiers de la 83ᵉ reçurent l'ordre de se rendre dans la division Augereau, qui occupait les villes d'Anghiari et de Legnago, et dans laquelle se trouvait alors leur demi-brigade, récemment arrivée de France. Ce corps était réorganisé sur des bases nouvelles; il portait un nouveau numéro qui lui était échu lors du tirage au sort.

En vertu d'un décret du Directoire, rendu le 1ᵉʳ messidor an IV (19 juillet 1796), la 83ᵉ demi-brigade, formée, comme on le sait, du premier bataillon du 42ᵉ régiment (ex-*Limosin*), du deuxième bataillon des volontaires de l'Isère et du quatrième de la Drôme, reçut dans ses cadres la 122ᵉ demi-brigade, composée du deuxième bataillon du 61ᵉ régiment (ex-*Vermandois*), des deuxième et troisième bataillons des volontaires de la Haute-Garonne ; le troisième bataillon de la 209ᵉ demi-brigade, provenant des premier et deuxième bataillons des grenadiers des Bouches-du-Rhône et du quatrième du Gard ; les premier et troisième bataillons de la 3ᵉ demi-brigade provisoire, composée des deuxième et troisième bataillons des Pyrénées-Orientales, du troisième de l'Ariége, du premier de Loir-et-Cher, et du dixième de l'Isère.

La réunion de ces divers bataillons de volontaires constitua la 57ᵉ demi-brigade. Comme ce corps va figurer avec honneur dans tous les faits d'armes que nous allons rapporter, nous avons cru qu'il n'était pas inutile de donner quelques détails sur les éléments constitutifs de sa formation.

Presque entièrement recrutée parmi les montagnards des Pyrénées, des Cévennes et des Alpes, parmi les Corses de l'ancien 42ᵉ, et les volontaires languedociens, provençaux, gascons et dauphinois, les soldats qui composaient cette demi-brigade étaient en général jeunes, vifs et ardents ; tous brûlaient de se distinguer. Néanmoins, la nature de ces hommes, de races si distinctes, ne pouvait manquer de différer sur plusieurs points. Les Corses étaient alertes et plus propres à la guerre d'embuscade qu'à la guerre régulière ; les Languedociens et les Provençaux se montraient impétueux, excellents pour un coup de main, mais inconstants et capricieux ; les Gascons, intelligents, admirables tant que le succès leur souriait, se démoralisaient au premier revers ; les Dauphinois, aussi bouillants et non moins doués d'intelligence, avaient de plus une constance à toute épreuve, et faisaient également bien la guerre de plaine et celle de montagne. Chez eux, l'amour de la gloire s'alliait à l'amour de la patrie.

Les trois compagnies de grenadiers de l'ancienne 83ᵉ arrivèrent bientôt à Legnago, où elles rejoignirent les premier et deuxième bataillons de leur demi-brigade. Le troisième était encore en route, et se trouvait alors à Bergame. Notre première compagnie reprit sa place dans le premier bataillon, et fut reçue avec joie par ses anciens camarades. Parmi les nouveaux venus, Raverat remarqua un jeune homme qui entra comme sergent dans sa compagnie. C'était un garçon gai et spirituel ; il se nommait Vialla, et sortait du quatrième bataillon des volontaires du Gard. Ces deux jeunes militaires se lièrent bientôt d'une étroite amitié.

Vers les premiers jours de nivôse (fin décembre), le troisième bataillon rejoignit les deux autres. Les jeunes soldats qui arrivaient de France étaient assez bien équipés ; mais les anciens, qui depuis six mois tenaient la campagne, étaient, quant aux vêtements, dans un état déplorable. On en jugera par le fait suivant:

Un jour, le caporal Raverat ayant réussi à se procurer quelques morceaux de drap, se retira à l'écart, et, se dépouillant de ce vêtement que la pudeur des dames anglaises ne désigne que par une circonlocution, se mit à y ajouter des pièces dont la couleur ne s'accordait pas toujours avec celle de l'étoffe primitive. Ce travail n'était pas nouveau pour lui. On se rappelle qu'avant d'embrasser la carrière militaire, il avait été apprenti tailleur. Les jambes et les cuisses au vent, il se livrait à cette opération, lorsque le lieutenant Bouchu, son compatriote, à peu près aussi mal équipé que lui, s'approcha pour le prier de réparer aussi quelques avaries survenues à son vêtement indispensable. Par complaisance, notre caporal suspendit aussitôt son travail pour s'occuper de la culotte de son lieutenant. Les deux Dauphinois se trouvaient dans cette espèce de déshabillé, lorsque le général Augereau, les ayant aperçus, s'avança vers eux, et leur dit de ce ton brusque qui lui était ordinaire :

« — Eh bien ! que f..tez-vous donc là, dans une semblable
» tenue ?

» — Ma foi, citoyen général, répondit Raverat sans hé-
» siter, nous f..tons des pièces à nos culottes. Puisque la
» République ne peut pas nous en donner de neuves, il
» faut bien que nous raccommodions les vieilles ! »

Le général Augereau rit beaucoup de cette répartie. Il

s'assit à côté de Bouchu et de Raverat, et tout en fumant sa pipe, qu'il ne quittait que les jours de bataille, il se mit à causer familièrement avec eux.

Quelques jours après cette petite aventure, le général en chef, visitant les avant-postes, vit nos grenadiers qui, pour se mettre à l'abri de la rigueur de la saison, avaient utilisé tout ce qui leur était tombé sous la main. S'approchant de notre caporal, qui s'était confectionné une espèce de pardessus avec une mauvaise couverture de laine, Bonaparte le plaisanta sur la singularité de son costume.

« Que voulez-vous, mon général, il faut bien se cou-
» vrir de quelque chose, » répondit le caporal en écartant sa couverture, pour montrer son uniforme en lambeaux.

« Grenadiers, prenez patience, reprit Bonaparte;
» j'ai donné des ordres. Dans peu vous aurez des habits
» neufs. C'est moi qui vous le promets. Adieu, mes amis;
» prenez patience! »

Cette promesse fut accueillie par les cris de *Vive Bonaparte!* A cette époque, disons-le en passant, les cris de *Vive la République!* ne se faisaient déjà plus guère entendre à l'armée d'Italie.

« Celui-là, du moins, pense à ses soldats! disaient
» nos grenadiers, tandis que le Directoire semble ne pas
» se douter que nous existons! Ma foi, vive Bonaparte!
» vive notre général!.... »

Le lendemain, les soldats de la 57e furent envoyés par

petits détachements à Vérone, pour y être équipés. Le général en chef veillait à ce que rien ne manquât à ses troupes. Les administrations furent contrôlées, et des condamnations sévères prononcées contre les fournisseurs infidèles qui faisaient des fortunes scandaleuses aux dépens de la santé et du bien-être des soldats. On fusilla même quelques-uns de ces déprédateurs, entre autres un inspecteur-général des vivres, nommé A.... R...., natif du Pont-de-Beauvoisin (Isère). Bonaparte appelait cela *faire la guerre aux voleurs*.

Dès le mois de nivôse (fin décembre), le général en chef apprit qu'une nouvelle coalition s'était formée contre les Français entre l'Autriche et la cour de Rome, et que l'armée papale se montrait du côté de Bologne, en même temps que l'armée autrichienne se portait contre nos lignes de l'Adige, sur plusieurs points à la fois. Mais il découvrit bientôt que ces attaques simultanées n'avaient pour but que de lui donner le change, et de masquer les véritables desseins du feld-maréchal Alvinzi. Prenant aussitôt ses mesures afin de parer à tous les événements, il négligea l'armée papale pour porter toute son attention sur l'armée autrichienne.

Avant de partir pour la vallée de la haute Adige, où sa présence était le plus nécessaire, le général Bonaparte retira la 57ᵉ de la division Augereau ; et lui adjoignant la 18ᵉ, il en forma une colonne mobile destinée à tenir la campagne entre l'Adige et le Mincio, à couvrir les troupes du blocus, ou, si besoin était, à renforcer les divisions Augereau et Masséna. Ce corps d'élite était sous les ordres du général Victor.

Après quelques jours de marches et de contre-marches, cette colonne se trouvait à Castel-Nuovo, lorsque, dans la nuit du 25 au 26 nivôse an V (14-15 janvier 1797), Bonaparte, qui venait d'anéantir l'armée d'Alvinzi sur le plateau de Rivoli, y arriva à son tour, accompagné d'une partie de la division Masséna.

Ordre fut donné à notre colonne de suivre le général en chef jusqu'à Mantoue. Telle était la rapidité de la course que, bien qu'on fût alors en plein hiver, nos soldats étaient couverts de sueur. Pour être plus alertes, ils avaient mis habit bas. Bonaparte marchait dans les rangs, et sa présence exerçait sur tous son ascendant ordinaire.

Le 26 nivôse (15 janvier), on arriva devant Mantoue. Une division de 12,000 hommes, commandée par le général Provera, attaquait en ce moment le faubourg de Saint-Georges, et cherchait à y pénétrer, malgré la belle défense du général Miollis.

Nous ajouterons que cette division opérait contre Vérone, pendant qu'Alvinzi était à Rivoli, et qu'elle avait traversé l'Adige à l'insu du général Augereau.

Bonaparte avait bien jugé qu'une fois le feld-maréchal vaincu, Provera ne manquerait pas de se jeter dans la place de Mantoue pour la ravitailler et en augmenter la garnison. En effet, Wurmser se tenait déjà prêt à faire une sortie, dans le but de faciliter à Provera l'entrée de la ville.

Par suite des combinaisons de Bonaparte, pour empêcher l'ennemi d'exécuter son projet, la 57ᵉ se porta sur la chaussée qui conduit de la Favorite à Saint-Georges, et couvrit la division Serrurier, maîtresse de ce faubourg. Notre demi-brigade se trouvait donc placée entre Wurmser et Provera, et ses avant-postes n'étaient séparés de ceux de ce général, que par la Fossa-Magna, espèce de canal qui va se jeter dans le lac, en face de Mantoue.

Dès que la 57ᵉ fut établie sur la chaussée, le colonel distribua les postes suivant les instructions qu'il avait reçues. Pendant la nuit, le froid se fit sentir d'une manière d'autant plus pénible pour nos soldats, que, dans la crainte de révéler leur position à l'ennemi, il leur avait été expressément défendu d'allumer des feux. Le colonel de Bruno en était réduit, comme eux, à se souffler dans les doigts ou à battre la semelle pour se réchauffer. Ici se place une petite anecdote que plus tard Raverat se plaisait à raconter.

Pendant la marche rapide que la demi-brigade venait d'exécuter, M. de Bruno, qui était doué d'un embonpoint assez remarquable, était accablé par la chaleur; afin de s'alléger un peu, il avait pris le parti de quitter un gilet de laine qu'il portait sous son habit, et l'avait jeté sur un buisson le long du chemin. Raverat, qui s'était aperçu de cela, ramassa ce vêtement, et après l'avoir roulé le mit dans son sac, pensant qu'il pourrait être utile plus tard.

En effet, lorsqu'on fut arrivé sur la chaussée, voyant son colonel grelottant de froid, il s'approcha et lui dit en souriant:

« — Je crois, mon colonel, que vous ne seriez pas fâché
» d'avoir le gilet que vous avez jeté ce matin.

» — C'est, parbleu, vrai, répondit M. de Bruno; mais
» aussi qui diable se serait douté qu'après avoir grillé ce
» matin, nous gèlerions ce soir?

» — Que donneriez-vous à celui qui vous en apporterait
» un semblable?

» — Je donnerais tout ce que peut donner un colonel
» en pareille circonstance, mon amitié d'abord, un remer-
» ciement ensuite, et enfin cet assignat de trois livres
» pour boire à ma santé!

» — Eh bien! tenez, le voici, dit Raverat, en lui présen-
» tant le gilet qu'il venait de retirer de son sac. »

Le lendemain, avant la pointe du jour, le canon se fit entendre. Le feld-maréchal Wurmser sortait de la place et dirigeait une attaque contre le général Serrurier, contre le château de la Favorite et les dernières lignes de la 57e, pendant que le général Provera, traversant la Fossa-Magna, se portait sur Saint-Antoine et sur les premières lignes de notre demi-brigade. La 57e resta inébranlable à son poste; mais le général Serrurier, attaqué en flanc, ne put résister aux forces ennemies. Il était même sur le point d'abandonner le faubourg, quand le général Victor, laissant la 18e à la Favorite, vint se mettre à la tête de la

57e, et, avec cette seule demi-brigade, fit face en même temps à Wurmser et à Provera. Le premier fut rejeté dans la citadelle; le second, repoussé à la baïonnette.

Coupé dans sa retraite par la division Augereau qui s'avançait sur ses derrières, par les généraux Miollis et Masséna qui menaçaient ses flancs, Provera, faisant un effort désespéré, essaya de se réfugier aussi dans la citadelle ; il se décida à disputer une seconde fois le passage à la 57e ; mais notre demi-brigade, donnant une nouvelle preuve de son inébranlable fermeté, opposa une résistance héroïque aux coups redoublés du malheureux général. Enfin, cerné de tous les côtés, Provera fut *écrasé comme par le marteau sur une enclume*, pour nous servir des expressions de Raverat, acteur dans ce drame mémorable. Notre terrible demi-brigade ayant abordé l'ennemi au pas de charge, en fit un horrible carnage. En vain les Autrichiens veulent fuir ; toute retraite est impossible. Bientôt la terre est jonchée de leurs cadavres; et ce qui reste des 12,000 hommes de Provera, jette leurs armes en se mettant à la discrétion du vainqueur.

Parmi les trophées de la victoire se trouvait un drapeau brodé de la main de l'impératrice d'Allemagne.

Dans cette mémorable affaire, connue sous le nom de bataille de la Favorite, la 57e fut admirable de courage, de sang-froid et d'impétuosité ; aussi, dans la revue qui suivit cette victoire, Bonaparte lui paya-t-il un légitime tribut d'éloges.

« Soldats, dit-il, vous avez dépassé en constance et en
» courage tout ce que les Romains ont fait de plus glo-
» rieux; la postérité aura peine à croire à vos travaux.
» Je veux, pour les éterniser, que l'on écrive en lettres
» d'or sur votre drapeau : *La terrible 57ᵉ demi-brigade*
» *que rien n'arrête!....* »

A ces flatteuses paroles, les soldats répondirent par le cri habituel de *vive Bonaparte!....*

A dater de cette époque, nous verrons cette demi-brigade occuper les positions les plus importantes, et se montrer digne de ses glorieux antécédents.

Le lendemain, à l'occasion du titre décerné par le général en chef à la 57ᵉ, tous les soldats de cette demi-brigade furent conviés, par les capitaines de chaque compagnie, à un grand banquet. Une table immense fut dressée sur la chaussée même qui avait vu la défaite de Provera. Au-dessus de cette table flottait le drapeau de la demi-brigade sur lequel avait été inscrite sa nouvelle devise. Le général, le colonel, le major et les commandants étaient au nombre des invités. Une députation, composée d'un homme de chaque grade, ayant été chargée d'aller auprès du général en chef pour l'engager à venir prendre part au festin, Bonaparte lui témoigna tout le regret qu'il éprouvait à ne pouvoir se rendre sur-le-champ à leur désir, les assurant du plaisir qu'il éprouverait à choquer le verre avec les braves de la 57ᵉ; il promit néanmoins de faire ses efforts pour assister au banquet.

Dans cette attente, on avait réservé au général la place d'honneur. On était aux trois quarts du repas, et déjà on désespérait de le voir arriver, lorsqu'il parut tout-à-coup. Il fut salué par d'unanimes bravos. Le général s'excusa de son retard, fit le tour de la table, et, avec ce tact qui le caractérisait, commençant par les grenadiers les plus obscurs, il leur parla à tous, rappela à plusieurs des faits personnels, et les honora de ce sourire qu'il savait rendre si bienveillant et qui contrastait avec sa gravité habituelle. Sa présence avait échauffé les cœurs; on porta des toasts à nos derniers succès, à la gloire des armées françaises, au général en chef et aux principaux officiers. Bonaparte voulut terminer le banquet par un toast à la République.

« Oui, oui, à la République ! s'écria-t-on, mais aussi » à Bonaparte qui la rend si glorieuse, au général en » chef de l'armée d'Italie !.... »

Le général, touché de ces témoignages enthousiastes d'affection, prit le verre d'un grenadier, le remplit de vin, et, d'un ton solennel, porta le toast suivant : « *A la terrible* » *57ᵉ demi-brigade que rien n'arrête !*..... »

Un tonnerre d'applaudissements éclata à la suite de ces paroles, et se mêla aux détonations des pièces d'artillerie qui foudroyaient la citadelle.

Ce repas fut plus gai que copieux, car les provisions sont toujours rares aux environs d'une place assiégée. Il dut cependant faire éprouver le supplice de Tantale à l'armée de Wurmser, dont les soldats, souffrant de la faim, voyaient du haut des remparts les nôtres savourer les plaisirs de la table.

A la suite de nos derniers succès, Mantoue privée de tout secours, et serrée étroitement par nos troupes, comprit qu'elle ne pouvait résister plus long-temps ; aussi elle capitula le 13 pluviôse an V (1er février 1797).

CHAPITRE IV.

Sommaire. — L'armée française s'avance contre les Etats-Romains. — Les soldats du Pape. — Raverat est envoyé en députation auprès du général Bonaparte. — La Casa-Santa. — Rencontre extraordinaire; souvenirs d'enfance. — Une famille de braves. — Mort de Baptiste et de François Raverat. — Le sac du soldat, la malle du capitaine et le fourgon du général. — La compagnie de Raverat refuse d'obéir. — Les Pâques véronaises. — L'armée de Sambre-et-Meuse et l'armée d'Italie. — Le caporal Raverat et le général Provera.— Un bon conseil. — Le drapeau de la 57e.

Après la bataille de la Favorite, la 57e se mit en marche pour les Etats-Pontificaux. Elle franchit le Pô à Borgo-Forte et arriva à Bologne, où était rassemblé le corps d'expédition destiné à punir le Saint-Siége de la duplicité de sa politique.

Pendant que la division Victor, à laquelle appartenait la 57e, prenait la route d'Ancône et de Lorette, une autre division se dirigeait par la route de Sienne et de Pérouse, sur Foligno, où toutes deux réunies devaient ensuite marcher ensemble sur Rome.

Arrivée au-delà d'Imola, notre division aperçut l'armée papale retranchée derrière le Senio. A l'exception de 8,000 hommes de troupes régulières, sous les ordres du général Colli, le reste ne se composait guère que de bandes armées, commandées par le cardinal Busca. Des moines fanatiques avaient persuadé à ces espèces de guérillas qu'à leur aspect les Français n'oseraient pas aller plus loin. « Dieu, leur disaient-ils, ne permettra jamais que ces im- » pies foulent aux pieds le patrimoine de saint Pierre. » Le Saint-Père, d'ailleurs, a excommunié Bonaparte et » les brigands qui composent son armée. Ainsi, vous » n'avez rien à craindre. »

L'arrivée de nos soldats provoqua parmi ces bandes de paysans des cris de menaces et des gestes de défi. Bientôt un officier d'ordonnance du cardinal Busca, précédé d'un trompette, traversa la rivière et remit à Bonaparte une lettre dans laquelle le cardinal déclarait que, si les Français avançaient encore, l'armée du Saint-Siége était assez forte pour les faire repentir de leur audace.

Ces menaces, comme on le pense bien, n'intimidèrent pas le général en chef. Pour toute réponse, il annonça à l'envoyé qu'il allait ordonner immédiatement l'attaque. Notre infanterie aborda aussitôt de front l'ennemi, pendant que la cavalerie tournait la position. L'armée papale fléchit sur tous les points, et se décida à battre en retraite.

ce qu'elle fit dans le plus grand désordre. Nos soldats purent alors juger eux-mêmes de la valeur proverbiale de ces défenseurs des Etats de l'Église.

Les fuyards s'étaient dirigés sur Faenza, espérant se mettre à l'abri de nos coups ; mais la 57ᵉ pénétra dans la ville presque en même temps qu'eux. Les habitants avaient pris les armes. Le tocsin sonnait au clocher de toutes les églises et de tous les couvents. La demi-brigade, engagée dans les rues, eut à soutenir un feu terrible, dirigé sur elle par les Romagnols retranchés dans les maisons. Elle fut un instant arrêtée par cette résistance énergique, et perdit un grand nombre d'hommes. Ayant vu tomber un de leurs officiers, les grenadiers du premier bataillon s'élancèrent sur la maison d'où le coup était parti ; ils y pénétrèrent après en avoir enfoncé les portes, et passèrent par les armes tous ceux qu'ils y trouvèrent.

Au milieu de cette horrible scène, un homme armé d'un pistolet et d'un poignard s'avance sur Raverat pour le frapper ; mais celui-ci évite le coup et de sa baïonnette va percer son ennemi ; lorsqu'une femme, portant un enfant dans ses bras, se jette à ses genoux en le suppliant de laisser la vie à son mari. A la vue de cette mère éplorée et de cet enfant qui tend vers lui ses deux petites mains, le cœur du brave est attendri, et son bras est désarmé.

Sur tous les autres points de la ville, la défense fut aussi opiniâtre. Les Français furent obligés de faire, pour ainsi dire, le siége de chaque maison, de chaque palais et de chaque couvent, transformés en autant de petites forteresses. Cependant, partout les Romagnols furent réduits à implorer la clémence des vainqueurs.

A la suite de cette affaire sanglante, nos soldats avaient demandé qu'on leur permît le pillage de la ville pendant quelques heures; mais Bonaparte s'y refusa énergiquement. Un grenadier ayant transgressé la défense, fut immédiatement arrêté et traduit devant un conseil de guerre, qui le condamna à mort.

Attristé de la terrible sentence prononcée contre un camarade, un compatriote, Raverat, usant de la liberté qui régnait à cette époque, se mit à la tête de quelques grenadiers pour aller implorer auprès du général en chef la grâce du condamné. Bonaparte se montra inexorable.

« Le premier devoir d'un soldat, dit-il, est d'obéir; et
» je veux, par un exemple, raffermir la discipline... Vous
» affirmez que ce malheureux est un bon sujet, un brave
» militaire, eh bien! tant mieux, l'exemple n'en sera que
» plus profitable... Mais, une chose m'étonne, ajouta-t-il en
» fronçant le sourcil, et en lançant un regard sévère sur
» Raverat, c'est que tu te sois chargé d'une pareille mis-
» sion. Va dire à tes camarades que Bonaparte est inflexi-
» ble lorsqu'il s'agit de punir les infractions à la discipline! »

Le lendemain matin, le condamné fut fusillé...

Après avoir laissé une petite garnison à Faenza, Bonaparte dirigea son armée sur Ancône. La 57ᵉ traversa plusieurs petites villes; puis elle pénétra dans un pays montagneux et boisé. Afin d'éviter les surprises, le colonel de Bruno disposa sur le flanc de la demi-brigade des pelotons de grenadiers chargés d'éclairer la marche. Un de ces pelotons, composé d'une vingtaine d'hommes, sous les ordres du lieutenant Bouchu, fut assailli sur les bords d'un torrent par une bande de paysans, commandés par des moines. Dans le mouvement rétrograde que le détachement dut opérer, Bouchu et trois grenadiers restèrent au pouvoir de l'ennemi.

Le caporal Raverat courut aussitôt chercher du renfort dans les rangs de la demi-brigade. Puis, avec quelques hommes, il se porta sur l'autre côté du torrent, afin de tourner la position, pendant qu'un autre détachement devait l'attaquer de front. Le succès de cette manœuvre réussit complétement, et nos hommes arrivèrent assez à temps pour sauver les prisonniers, que déjà les paysans se préparaient à fusiller.

Il paraît qu'un débat s'était engagé entre ceux-ci, dont les uns voulaient donner à leurs prisonniers le temps de se confesser, tandis que les plus acharnés insistaient pour leur exécution immédiate. C'est à ce débat que nos grenadiers avaient dû leur salut. Le lieutenant Bouchu, qu'on avait fait agenouiller sur le bord du torrent, se jeta à l'eau dès qu'il aperçut Raverat. Plusieurs coups de feu furent tirés sur lui; mais il ne fut pas atteint, et il put rejoindre sain et sauf ses libérateurs.

De cette époque, data pour Bouchu et Raverat une amitié et un atachement réciproques, qui ne s'éteignirent qu'avec la vie (1).

Le détachement rejoignit ensuite la demi-brigade, qui traversa Sinigaglia pour aller camper devant Ancône, où elle entra après s'être emparé de la citadelle. Le premier bataillon de la 57ᵉ fut ensuite dirigé sur la petite ville de Lorette, si célèbre dans la chrétienté par la chapelle dédiée à la Sainte-Vierge. Le capitaine de la compagnie de grenadiers y fut nommé commandant de place.

La chapelle où se trouve la statue de la Vierge s'élève sur un monticule qui domine la contrée et la mer Adriatique. A l'extérieur, cette chapelle n'est remarquable que par son extrême simplicité; l'intérieur est garni d'*ex-voto*, de petits navires, de béquilles, de figurines en cire, etc. Les marches circulaires qui conduisent à l'autel se sont usées sous les genoux des pèlerins.

A leur arrivée dans la Casa-Santa, nos soldats cherchèrent des yeux la fameuse statue en or massif, et les reliques

---

(1). François Bouchu, né à Vienne (Isère) en 1772, avait servi avant la Révolution dans le 61ᵉ régiment (*ex-Vermandois*). En l'an VIII, il quitta la 57ᵉ demi-brigade pour passer capitaine dans la 91ᵉ. Ayant été grièvement blessé à Durango, en Espagne, il fut forcé de prendre sa retraite et se retira à Vienne, sa ville natale, où il est mort en 1851.

L'auteur de cet ouvrage a l'honneur d'être le filleul de ce brave officier de la 57ᵉ demi-brigade.

précieuses, enrichies de pierreries, que la renommée leur avait annoncées. Ils n'aperçurent au-dessus de l'autel qu'une statue en bois doré, et dans un reliquaire, un vêtement en étoffe de laine que l'on disait être la véritable robe de la Sainte-Vierge ; puis le portrait de Marie, peint par saint Luc, et quelques pièces de vaisselle commune, provenant, suivant la chronique, du ménage de la Mère du Sauveur. Quant aux objets en métal précieux, les religieux qui desservaient la chapelle avaient eu soin de les soustraire à l'avidité des vainqueurs.

Pendant son séjour à Lorette, la 57e, qui était logée chez les habitants, perdit plusieurs de ses soldats, tombés victimes d'assassinats ; car leurs corps furent retrouvés couverts d'horribles mutilations. Quelques autres disparurent sans que l'on ait jamais connu le sort qu'ils avaient éprouvé.

Pour prévenir le retour de semblables atrocités, le commandant prit différentes mesures de prudence : les monastères et les églises, transformés en casernes, offrirent aux soldats un asile plus sûr que les maisons des habitants.

Le 24 pluviôse an V (12 février 1797), la demi-brigade fut dirigée sur Macerata. Dans cette ville, elle rencontra un grand nombre de prêtres français émigrés, qui leur témoignèrent tout le plaisir qu'ils éprouvaient à revoir des compatriotes. C'étaient pour la plupart de pauvres curés qui avaient préféré l'exil à la prestation du serment exigé alors par l'Assemblée nationale.

De leur côté, nos soldats furent très agréablement surpris d'une semblable rencontre. Quelques-uns même retrouvèrent les anciens curés de leurs villages. Raverat reconnut parmi eux le vieux dom procureur des dames chartreusines de Salette, couvent situé au village de la Balme, sur les bords du Rhône, à peu de distance de Crémieu.

Avant la Révolution, ce père Chartreux, en sa qualité de dom procureur, était chargé de l'administration des biens de l'abbaye et de la perception des dîmes. Presque tous les mois il venait à Crémieu, les jours de marché, pour surveiller la vente de ses récoltes. Descendant habituellement à l'*Auberge de Bourgogne*, il avait eu l'occasion de voir le petit René, qu'il avait pris en affection, et qu'il avait même plusieurs fois emmené dans son couvent.

Entre autres souvenirs d'enfance, Raverat lui rappela celui-ci :

Un jour qu'il faisait très froid, le bon père revenait sur la carriole de l'abbaye, avec le jeune enfant, et pour le réchauffer il avait eu la précaution de l'envelopper dans sa robe et de lui couvrir la tête avec son capuchon.

Ces petits détails, que le dom procureur avait entièrement oubliés, le firent sourire, et lui rappelèrent des jours plus heureux.

Dans un entretien assez long qu'il eut avec Raverat, ce religieux lui apprit par quel concours de circonstances il était venu se réfugier jusque dans les États Pontificaux.

Après la suppression des couvents en France, il était

allé demander un refuge à la terre étrangère, d'abord en Savoie, ensuite en Piémont, puis dans les États-Romains. Mais la cour de Rome se lassant de fournir des subsides aux émigrés, avait profité de l'approche de Bonaparte pour les renvoyer, sous prétexte que les pays occupés par les armées de la République ne devaient garder aucun émigré français. Dans une position aussi déplorable, ces malheureux avait été réduits à mendier de couvent en couvent, et bien souvent il s'étaient vus durement repoussés.

Toutefois, la cordialité que ces pauvres prêtres exilés avaient trouvée auprès de nos soldats, qui s'étaient empressés de partager avec eux le pain et la soupe du bivouac, ramena les moines romagnols à des sentiments plus humains. Les portes des monastères leur furent rouvertes. D'ailleurs, le général en chef avait été si touché de leur position que, par une proclamation, il avait ordonné aux couvents du Saint-Siége d'avoir à loger et à nourrir les prêtres émigrés.

En quittant Macerata, la 57e séjourna à Tolentino, franchit les Apennins et se rabattit sur Foligno, lieu désigné comme point de réunion aux deux divisions envoyées pour s'emparer des États de l'Eglise.

Voyant les Français si près de Rome, le pape Pie VI, effrayé, dépêcha à Bonaparte un cardinal chargé d'entamer des négociations de paix. Le général en chef, comprenant que sa présence était nécessaire dans le nord de l'Italie, pour arrêter une nouvelle armée autrichienne, accepta les propositions de la cour de Rome, et signa le traité de Tolentino.

En partant, Bonaparte laissa au général Victor le commandement du corps d'armée dans les provinces pontificales, et se dirigea sur les Alpes Noriques afin de porter la guerre au cœur de états héréditaires de l'empereur d'Allemagne.

Quelques jours après le départ du général en chef, la 57ᵉ alla tenir garnison à Civita-Castellana, au-delà du Tibre, à une dixaine de lieues de Rome. Remplaçant dans ce poste quelques bataillons des légions lombardes, elle était chargée de contenir la population de cette contrée, toujours prête à se révolter contre la domination française.

Là, comme à Lorette, l'autorité militaire, afin de soustraire nos soldats aux dangers auxquels ils étaient exposés en logeant chez les habitants, les avait casernés dans les monastères. Un jour, pendant que Raverat était occupé à nettoyer son fourniment, une jeune et jolie fille qui ne s'exprimait qu'en italien vint l'inviter à la suivre jusqu'à sa demeure, où son frère, disait-elle, avait une communication importante à lui faire. Rendu méfiant par le souvenir des nombreux guet-apens dans lesquels quelques-uns de ses camarades avaient succombé, et surtout retenu par les conseils que le chirurgien-major de la demi-brigade lui avait donnés, sur les dangers que courrait sa santé s'il acceptait de semblables invitations, Raverat hésita d'abord; mais l'air de franchise et d'innocence de la jeune fille ayant bientôt dissipé ses soupçons, il se laissa conduire jusqu'à la maison désignée. Il y trouva, en effet, un soldat malade, lequel lui dit appartenir à une légion lombarde. Suivant le récit de ce militaire, un des frères de Raverat, nommé François, se trouvait en ce moment retenu à l'hôpital de Vérone par une légère blessure.

On verra plus tard que le rapport du soldat lombard était parfaitement exact.

A peu près vers la même époque, Raverat reçut également des nouvelles d'un autre de ses frères, nommé Baptiste, lequel servait en qualité de fifre dans une demi-brigade dirigée en ce moment vers le Frioul.

Lors de son départ de Marseille pour l'Italie, Raverat avait déjà eu le bonheur de rencontrer son frère François à Albenga. Quant à son frère Baptiste, il l'avait vu aussi peu d'heures avant la bataille de la Favorite. Ce fut à cette époque que ce jeune militaire raconta à son frère aîné en quelles circonstances il s'était engagé.

Dans le courant de l'an III (1795), un détachement de troupes qui passait par Crémieu s'était arrêté plusieurs jours en cette ville avant de continuer sa route vers l'Italie. Le petit Baptiste, alors âgé de treize à quatorze ans, suivait avec attention les exercices des soldats. Il accompagnait surtout les fifres et les tambours, dont le costume bariolé excitait son admiration. Epris bientôt d'une passion décidée pour la carrière militaire, il alla trouver le commandant du détachement, et lui exprima le désir de se faire soldat. Celui-ci lui objecta d'abord qu'il était trop jeune, et qu'il n'avait pas la taille ; mais l'enfant se montra si déterminé, que le commandant, ne pouvant résister à ses prières, se décida à l'emmener avec lui. Mais comme ce jeune volontaire n'était pas assez fort pour porter le fusil, il avait pris place parmi les fifres, qui, à cette époque, accompagnaient les tambours.

Notre caporal avait un troisième frère, nommé Antoine, qu'il rencontra plus tard en Bavière, dans les environs de Hohenlinden.

On voit que la famille Raverat comptait à la fois quatre de ses membres sous les drapeaux, et qu'elle paya noblement sa dette à la patrie. Il est, certes, bien peu de familles en France qui aient fourni à l'armée un pareil contingent de défenseurs. De cette famille de braves, deux seulement, René et Antoine, eurent la consolation de revoir leurs foyers. Quant à François et à Baptiste, ils trouvèrent la mort sur la terre étrangère, et, quoique soldats obscurs, ils ne méritent pas moins d'être signalés à la reconnaissance du pays.

Le séjour de la 57ᵉ dans la Romagne se prolongeait, et rien n'en faisait présager le terme, lorsque, vers la fin de germinal (mi-avril), la générale battit un matin, et l'ordre fut donné de se tenir prêt pour le départ. Nos soldats furent frappés de l'air soucieux dont était empreinte la figure de leur colonel, à la lecture des dépêches qu'il venait de recevoir. Ces nouvelles étaient, en effet, des plus alarmantes.

Le sénat de Venise, tout en promettant de garder une stricte neutralité, avait profité de l'éloignement de Bonaparte pour faire des armements contre les Français, et pour exciter la fermentation parmi le peuple de ses états de terre ferme. De leur côté, quelques membres du clergé s'étaient servi de leur influence pour faire prendre les armes aux montagnards. Combinant l'insurrection avec la marche d'un corps autrichien, le sénat, levant tout-à-fait le masque, fit répandre le bruit que l'armée française avait été battue et anéantie dans le cœur des Alpes Noriques. Le sénateur Pésaro, inquisiteur d'Etat, écrivit à tous les provéditeurs et podestats de faire afficher des proclamations pour appeler les populations aux armes. Les soulèvements étaient soutenus par les troupes esclavonnes au service de Venise.

Déjà l'insurrection avait éclaté sur plusieurs points, et le général Kilmaine, qui commandait dans la Haute-Italie, avait aussitôt fait marcher contre elle le peu de troupes dont il pouvait disposer, mais sans réussir à en arrêter les progrès. Dans cette position critique, et craignant pour Vérone, il avait envoyé au général Victor l'ordre d'accourir sans délai, afin de contenir les provinces insurgées, et de sauver, s'il était possible, cette ville remplie de munitions, et dont les hôpitaux regorgeaient de malades et de blessés.

Ce fut par suite de ces nouvelles complications, que la 57e quitta les Apennins et les bords du Tibre, pour se diriger sur l'Adige. Précédant la division Victor, elle arriva à Pérouse, où elle ne fit qu'une courte halte. Nos grenadiers hâtaient le pas dans l'espoir d'arriver à temps pour secourir leurs camarades. Raverat, dont l'impatience était plus grande que celle de tout autre, parce qu'il pensait à son frère, avait remarqué qu'un des meilleurs marcheurs de la compagnie restait en arrière. Il alla à lui, et lui dit en riant :

« — Il paraît, camarade, que tes jambes refusent le
» service aujourd'hui. Serais-tu malade ? »

Reconnaissant bientôt que le sac de notre grenadier paraissait plus lourd que ne le comportait l'ordonnance :

« — Mais, que diable, ajouta-t-il, peut-il y avoir de si lourd
» là-dedans ? Est-ce le trésor de quelque couvent dont tu
» as débarrassé les révérends pères ?... Si c'est ça, et que
» tu viennes à être découvert, tu risques fort de te faire
» fusiller... Je te conseille d'aller sur-le-champ le verser à
» la caisse de la demi-brigade. En restant ainsi en arrière,
» tu t'exposes à être assassiné par les paysans... »

Après un assez long débat, le grenadier se rendit aux conseils de son caporal, non sans lui avoir fait remarquer un mulet chargé de butin qui marchait à la suite du bataillon, et qui appartenait au chef de la compagnie. Ce capitaine, imitant les exemples des déprédations qui ne se commettaient que trop fréquemment à cette époque dans nos armées, s'était attribué une bonne part des fruits de la conquête. Il avait mis à profit son séjour à Lorette pour s'approprier tout ce que le clergé de la chapelle n'avait pu cacher. Il avait même levé pour son compte des contributions de guerre. Le colonel de Bruno, auquel la soif de l'or n'aurait jamais pu faire commettre une bassesse, fit quelques reproches au capitaine, et l'engagea à remettre le produit de cet impôt forcé entre les mains du quartier-maître. Alors eut lieu une répétition de la scène que nous venons de raconter plus haut. De même que le grenadier avait montré au caporal le mulet du capitaine, ce dernier, à son tour, avait montré au colonel un fourgon appartenant au général. En définitive, le capitaine ayant refusé formellement d'abandonner son butin, le colonel le fit mettre aux arrêts.

Lorsque la compagnie de grenadiers apprit la punition infligée à son capitaine, elle fit entendre des murmures d'improbation.

Pendant que ces diverses scènes se passaient, la 57e continuait sa marche. Ayant traversé le Pô et l'Adige, elle entra dans Monselico, et le premier bataillon alla camper sur la principale place de la ville. Après deux heures de repos, la demi-brigade reçut l'ordre de se remettre en route. Déjà les soldats avaient repris les armes, et les compagnies du centre attendaient que la compagnie de grenadiers ouvrît la marche. Mais ceux-ci, voyant leur capitaine à la garde du camp, firent de nouveau éclater leurs murmures, et déclarèrent qu'ils ne marcheraient pas sans lui.

L'affection personnelle qu'il portait à son capitaine, autant que la sympathie qu'il éprouvait pour les sentiments de ses camarades, déterminèrent le caporal Raverat à s'offrir pour aller à la tête d'une députation de grenadiers prier le colonel de lever les arrêts. Mais celui-ci n'ayant pas voulu accéder à cette demande, la compagnie refusa de marcher. Sur ces entrefaites, les troupes esclavonnes, accourues pour arrêter la marche de la demi-brigade, se montraient déjà dans les environs, et se préparaient à entourer la ville. Une plus longue inaction devenait périlleuse. Le général de brigade Bournet, qui à son tour était venu en personne intimer aux grenadiers l'ordre de marcher, n'avait pu réussir à se faire obéir.

En ce moment, Raverat, qui sans doute n'avait pas compris toute la gravité de cette mutinerie, sortit des rangs et prit encore la parole au nom de ses camarades :

« Général, dit-il, la compagnie ne peut marcher sans son
» capitaine. C'est lui qui nous a enrôlés ; c'est lui qui nous
» a menés au feu pour la première fois ; c'est lui qui tou-
» jours nous a conduits à la victoire. Si notre démarche
» vous paraît coupable, punissez-nous en nous envoyant
» seuls à l'ennemi ; mais rendez-nous notre capitaine !.... »

Le général Bournet, soit qu'il fût touché de l'attachement de ces grenadiers pour leur chef, soit qu'il comprît le danger de la position, fit réintégrer le capitaine dans son commandement.

Aussitôt, à la tête du bataillon, la compagnie s'élança

sur les Esclavons rangés en bataille sur les bords du canal de Monselico; et culbutant tout ce qui s'opposait à sa sortie de la ville, elle continua sa marche en avant.

A mesure que la 57e s'enfonçait dans les états vénitiens, le danger devenait plus sérieux : les paysans embusqués le long des routes, dans les fossés, derrière les arbres et les buissons, guerroyaient en partisans et faisaient de nombreuses victimes dans les rangs de la demi-brigade. Nos soldats étaient traqués comme des bêtes fauves; sur leur passage, les habitants avaient barricadé l'entrée des villages, fermé les ponts et les défilés; ils avaient enfoui les subsistances, et poussé la barbarie jusqu'à empoisonner les sources et à combler les puits. Malheur aux soldats qui s'écartaient de la colonne! ils s'exposaient à être assassinés ou pendus aux arbres de la grande route.

La division Victor s'arrêta enfin à Padoue et à Vicence, puis elle occupa Trévise. Elle eut beaucoup à faire pour tenir tête à l'effervescence qui régnait au sein des populations. Le 4 floréal (23 avril), elle se dirigea à marches forcées sur Vérone. A son arrivée devant cette ville, elle apprit que le lundi de Pâques, au premier son des cloches, les conjurés s'étaient jetés sur les Français et sur leurs partisans, et en avaient fait un horrible massacre; que des bandes armées parcourant les rues avaient dévasté et incendié les maisons où logeaient nos compatriotes; que ces mêmes bandes s'étant portées ensuite sur les hôpitaux, et y avaient égorgé les malades et les blessés.

L'histoire a donné à ces assassinats, le nom de *Pâques véronaises*.

Plus de quarante mille paysans armés, soutenus par huit mille hommes de troupes esclavonnes défendaient les approches de la ville contre la division Victor. Mais malgré le petit nombre de combattants dont il pouvait disposer, ce général n'hésita pas à commencer l'attaque. Après une résistance peu prolongée, les conjurés se virent obligés de céder sur tous les points, et réduits à chercher leur salut dans la fuite. Tous ceux qui tombèrent entre les mains de nos soldats furent passés par les armes.

Les événements que nous venons de relater se passaient le 6 floréal an V (25 avril 1797). Après le combat, Raverat eut la douleur d'apprendre que son frère François, qui, comme nous l'avons dit plus haut, se trouvait au nombre des blessés à l'hôpital de Vérone, était tombé, après une lutte désespérée, sous le fer des assassins, et que son corps avait été jeté dans l'Adige, de même que tous ceux de ses infortunés compatriotes.

A quelques jours de là, une nouvelle non moins triste vint encore affliger le cœur de Raverat : il apprit la mort de son frère Baptiste. Cet héroïque enfant avait été emporté par un boulet, à la prise d'une redoute, dans le Frioul ; c'est à la tête de sa compagnie qu'il avait été tué.

Le général Victor ayant opéré sa jonction avec le général Kilmaine et dompté l'insurrection dans la ville de Vérone, retourna à Vicence et à Padoue. Il rétablit les communications interceptées entre les troupes de Bonaparte et l'Italie; puis, sa division ayant été remplacée dans ces deux villes par la division Masséna, il alla s'établir à Rovigo, dans la Polésine, afin de dissiper les rassemblements d'insurgés qui s'étaient formés dans cette province.

Bonaparte, après une série de combats héroïques, livrés au milieu des neiges et des glaciers des Alpes Noriques, s'était avancé jusqu'auprès de la ville de Vienne. C'est alors que la cour d'Autriche, effrayée de cette marche victorieuse, envoya solliciter un armistice. Des conférences furent ouvertes, dans lesquelles, sous le nom de préliminaires de Léoben, on posa les bases du traité de Campo-Formio.

En apprenant les événements qui s'étaient accomplis à Vérone pendant son absence, Bonaparte descendit à grands pas sur l'Italie ; il avait juré de briser la vieille aristocratie de l'orgueilleuse et perfide république vénitienne. En vain, pour l'apaiser, les envoyés du Sénat lui proposèrent-ils des sommes considérables : il les refusa, en disant que tous les trésors du monde ne pourraient racheter le sang d'un seul ses soldats : « Le lion de Venise, ajouta Bona-
» parte, a substitué à sa générosité naturelle la cruauté
» du tigre et la perfidie du renard !.... »

La 57ᵉ reçut aussitôt l'ordre de se porter sur l'Adriatique ; la guerre était déclarée à la république de Venise. Après deux ou trois jours de marche, la demi-brigade arrivait dans les lagunes, d'où l'œil voit briller les coupoles dorées de l'église de Saint-Marc. Bien que par sa position, Venise fut regardée sinon comme imprenable, du moins comme pouvant être facilement défendue, le Sénat ne voulant pas courir les chances de la guerre, demanda à traiter; mais Bonaparte ne voulut accepter aucune proposition, et les Français entrèrent dans la ville le 27 floréal (26 mai). Cette vieille république avait cessé d'exister; ses fameuses prisons d'État furent démolies, et son Livre d'or brûlé au pied de l'arbre de la liberté.

Après cette conquête, la 57ᵉ revint à Milan. Dix mois auparavant, elle avait traversé cette ville, mais sans être connue, pour ainsi dire; elle y rentrait avec une réputation de bravoure des mieux établie et le prestige de ses hauts faits. Une autre demi-brigade, venue de l'armée de Sambre-et-Meuse, pour renforcer l'armée d'Italie, se trouvait aussi en garnison dans cette ville. Fiers de leurs exploits et de la glorieuse inscription que portait leur drapeau, les soldats de la 57ᵉ se regardaient comme bien supérieurs à leurs frères d'armes, qui n'avaient pas eu de lauriers à cueillir dans les plaines de la Belgique. Les vieux uniformes et le jargon républicain des nouveaux venus contrastaient singulièrement avec la tenue brillante et le bonapartisme exclusif de la 57ᵉ. Ce dédain, nos soldats l'affichaient avec une franchise insolente; ils appelaient *citoyens* et *démocrates*, les soldats de Sambre-et-Meuse; et ceux-ci les qualifiaient de *messieurs* et d'*aristocrates*. Avec une pareille disposition des esprits, il suffisait de la plus légère circonstance pour amener une collision générale. C'est ce qui ne tarda pas à arriver.

Un soldat de la 57ᵉ ayant désigné un homme de la demi-brigade rivale par le nom de *contingent*, pour faire allusion aux recrues dont ce corps était composé en grande partie, des provocations furent échangées. Il y eut des duels, dans lesquels le sang coula; puis, enfin, il y eut un semblant de réconciliation.

Des querelles s'étant aussi engagées entre la 57ᵉ et d'autres corps de l'armée d'Italie, le colonel de Bruno avait jugé prudent de faire donner des leçons d'escrime à tous les hommes de sa demi-brigade; et, dans ce but, il avait augmenté le nombre des maîtres d'armes et des prévôts. Ce fut à cette époque que le caporal Raverat acquit dans les armes une certaine habileté, grâce aux leçons d'un vieux sergent de sa compagnie.

A cette époque, la manie du duel était si générale, que les motifs les plus futiles suffisaient souvent pour amener un échange de coups de sabre. L'anecdote suivante fournit la preuve de la facilité avec laquelle on mettait les armes à la main.

Quelques soldats de la 57ᵉ, ayant remarqué l'analogie qui existe entre le nom de Raverat et celui du général Provera, avaient pris l'habitude de faire à ce sujet des plaisanteries plus ou moins spirituelles. Raverat n'y prêta d'abord aucune attention; mais comme ces jeux de mots se prolongeaient indéfiniment, il finit par s'en fâcher. Un jour, ses camarades s'étant permis de dire que ceux qui avaient mis en déroute un général autrichien étaient bien de force à battre un caporal français, Raverat demanda raison de cette provocation, et l'on se rendit sur le terrain, où deux de ces mauvais plaisants furent désarmés.

Pendant que l'armée française se reposait de ses travaux, le général en chef s'occupait d'organiser les gouvernements de l'Italie. Il avait fixé sa résidence au palais Serbelloni, à Milan, où Mme Bonaparte vint rejoindre son mari.

Raverat eut l'occasion de remarquer l'aménité de celle qui fut plus tard l'impératrice Joséphine. Un jour, après s'être entretenu familièrement avec les grenadiers de planton au palais, Mme Bonaparte leur servit elle-même des rafraîchissements, voulant, disait-elle avec grâce, faire les honneurs de sa maison.

Quelques jours plus tard, Raverat, se trouvant encore de service au palais, Bonaparte s'approcha de lui, et lui dit, après l'avoir fixé un moment :

« — Comment se fait-il que tu ne sois encore que ca-
» poral ?... Je t'ai cependant remarqué plusieurs fois...
» Tu as l'air d'être un brave garçon et un bon soldat ; il
» me semble que tu n'as pas fait ton chemin !... »

Emu, interdit, le caporal, hardi jusqu'à la témérité quand il s'agissait de parler pour les autres, ne trouvait rien à répondre ; le général, qui aimait les réparties promptes, allait passer outre, lorsque le colonel de Bruno prit la parole, et expliqua le motif qui s'était opposé à l'avancement de son jeune compatriote : le pauvre garçon ne savait pas lire.

« — Eh bien! reprit vivement Bonaparte, il faut ap-
» prendre à lire et à écrire. J'aime les soldats qui donnent
» de bons coups de sabre; mais j'aime aussi ceux qui sont
» en état de rédiger un rapport... Penses-y, Raverat (1). »

Après ces mots, prononcés avec une brusquerie empreinte d'une bienveillance paternelle, le général s'éloigna, et les regards des officiers d'état-major se portèrent pendant quelques instants sur notre caporal, qui se prit à méditer en silence sur le sage conseil qui venait de lui être donné.

A l'occasion de l'anniversaire de la prise de la Bastille, toutes les demi-brigades de l'armée d'Italie envoyèrent, le 24 messidor an V (14 juillet 1797), des députations à Montebello, où devait être passée une grande revue. Le général en chef, voulant fêter en même temps l'établissement du gouvernement cisalpin, et confondre dans un même intérêt les Français et les Italiens, appela à cette solennité les troupes de la nouvelle république. Une pyramide, ornée des trophées de la victoire, s'élevait au centre de la place d'armes. On y voyait inscrits les noms des

---

(1) Napoléon, on le sait, de même que la plupart des hommes supérieurs, était doué d'une mémoire prodigieuse; il n'oubliait jamais les noms et les physionomies qu'il avait une fois remarqués.

officiers et des soldats morts pendant la campagne. La revue, passée par Bonaparte, fut suivie d'un banquet dans lequel on porta des toasts à la mémoire des braves qui avaient versé leur sang pour la patrie.

On avait envoyé de Paris de nouveaux drapeaux. Une transposition de chiffres, résultat d'une erreur de l'employé chargé de l'expédition, avait fait donner à notre demi-brigade le drapeau de l'*Invincible* 75e, et à la 75e celui de la *Terrible* 57e. L'échange s'opéra bientôt; il fournit l'occasion d'un nouveau banquet. Ce fut dans cette revue que notre demi-brigade déploya son drapeau pour la première fois. En arrivant devant ce glorieux étendard, Bonaparte se découvrit et adressa aux soldats une allocution des plus flatteuses. La 57e, saisie d'enthousiasme, y répondit par le cri de *vive Bonaparte!*

A peine quelques semaines s'étaient-elles écoulées depuis cette revue, que notre demi-brigade fut dirigée avec d'autres forces sur Udine, cette ville étant devenue le siége de conférences diplomatiques. Il y avait là plusieurs régiments autrichiens remarquables par leur belle tenue. On fit bon ménage, bien que les Impériaux se montrassent péniblement affectés du souvenir amer de leurs récentes défaites, et qu'ils pussent lire dans le regard des Français la joie et l'orgueil du triomphe.

On sait qu'à la suite d'une longue série de négociations et de pourparlers, le traité de Campo-Formio fut signé le 26 vendémiaire an VI (17 octobre 1797). Bonaparte s'éloigna alors du théâtre de ses exploits, et la 57ᵉ rentra à Milan.

Dans l'espace de dix-huit mois, Bonaparte avait conquis l'Italie, y avait remplacé la domination autrichienne par l'érection de la nouvelle république Cisalpine, placée sous le protectorat immédiat de la France, et avait enfin conclu un traité qui semblait assurer pour long-temps la paix entre les puissances continentales.

CHAPITRE V.

SOMMAIRE. — La 57ᵉ rentre en France. — Une avalanche sur le Mont-Cenis. — Joie des Dauphinois en revoyant leur pays. — Séjour de Raverat à Crémieu. — M. de Fleury. — Le *muscadin* aux bottes pointues. — Raverat à Moustier-St-Jean. — Les coups de sabre ; le *bourreau des crânes*. — Le sous-lieutenant Dufresne ; sa mort. — Bataille de Zurich. — Trois chevaux échangés contre une montre en cuivre doré. — Raverat est blessé trois fois dans l'espace de deux jours ; l'armée russe lui passe sur le ventre. — La pêche aux roubles.

Vers la fin de brumaire an VI (milieu de novembre 1797), la 57ᵉ apprit qu'elle allait rentrer en France. On comprend avec quel plaisir cette nouvelle fut accueillie par nos soldats, qui, pour la plupart, étaient, depuis plusieurs années, éloignés de leur patrie. Chacun savourait à l'avance le bonheur de revoir ses parents et ses amis. En quittant Ospitaletto, où il tenait garnison, le premier bataillon se dirigea sur Milan et sur Turin ; puis, après avoir cotoyé la Doire Ripaire, il atteignit les premières rampes du Mont-

Cenis et la ville de Suze. Le lendemain, il campa dans le petit hameau de Bart, situé à peu près au milieu de la montagne. Une neige abondante était tombée pendant la nuit, et le matin les habitants avaient engagé le bataillon à ne pas se mettre en route, lui représentant le danger auquel il s'exposait par un si mauvais temps. Mais de semblables obstacles n'étaient pas de nature à arrêter nos *Terribles*.

Quoi qu'il en soit, la compagnie de grenadiers commença à gravir les pentes des Alpes, si rapides du côté du Piémont. Après quelques heures d'une ascension pénible, elle était sur le point d'arriver au col, lorsqu'elle se trouva tout-à-coup, bien qu'au milieu du jour, plongée dans l'obscurité la plus complète. Soudain, un éclair sillonne la nue et illumine jusqu'aux dernières profondeurs de l'horizon. Il est suivi d'un effroyable coup de tonnerre, dont la montagne est ébranlée. Au même instant, un énorme bloc de neige se détache des hauteurs et roule avec fracas, entraînant dans la Cénise des masses de terre et des débris de rochers. Heureusement, aucun homme ne fut atteint par l'avalanche, mais un vent violent, qui s'éleva bientôt après, souleva dans sa course des tourbillons de neige qui ensevelirent quelques-uns de nos grenadiers.

Aux cris de détresse poussés par la compagnie, accoururent un petit nombre de cantonniers armés de pelles et de pioches. Chacun se mit au travail avec ardeur. Néanmoins, on ne réussit pas à opérer la délivrance de tous ces malheureux. Deux ou trois manquèrent à l'appel : ils demeurèrent probablement ensevelis sous la neige. L'hospice du Mont-Cenis, près duquel se trouvait la compagnie, offrit à nos soldats un asile pour la nuit.

Ce couvent, comme on le sait, relevait de celui du Grand-Saint-Bernard. Quelques gendarmes, des cantonniers, des guides et un aubergiste, remplaçaient alors, dans ce monastère, les religieux que la Révolution en avait expulsés.

Le lendemain, nos soldats descendirent la montagne et arrivèrent sur le territoire de la Savoie, qui, à cette époque, faisait partie de la France. Après deux nuits passées à Saint-Jean-de-Maurienne et à Chambéry, ils gagnèrent le Pont-de-Beauvoisin par le chemin des Echelles et les gorges de Chailles.

Nos Dauphinois revoyaient enfin leur pays. Chaque pas les rapprochait de leurs foyers; et chaque instant voyait s'accroître leur impatience. A peine entrés dans l'arrondissement de la Tour-du-Pin, ils furent entourés par les habitants, qui les accablaient de questions, leur demandaient des nouvelles les uns d'un fils, les autres d'un frère ou d'un ami. Mais, hélas! plusieurs de ceux dont on s'informait avec tant d'intérêt n'existaient plus; ils avaient été frappés par les balles et les boulets ennemis, et leur dépouille mortelle reposait sur la terre étrangère. Des larmes venaient alors troubler les démonstrations de joie et l'expression des sentiments affectueux. Tandis que les jeunes gens et les petits garçons, se faufilant à travers les rangs, se disputaient l'honneur de porter les sacs et les fusils, les hommes plus âgés prenaient nos soldats sous le bras, et les entraînaient chez eux pour leur faire partager le repas de la famille.

Notre bataillon ne fit qu'une courte halte à la Tour-du-Pin, et alla coucher à Bourgoin, dernière étape avant d'arriver à Lyon. Crémieu n'étant qu'à quatre lieues au nord de Bourgoin, Raverat, muni d'une permission de son capitaine, partit en compagnie de deux compatriotes pour aller passer quelques jours auprès de sa bonne mère. Ils eurent bientôt atteint les marais de Bourgoin, la forêt de Flosailles et les bois de Fromentey, de sinistre mémoire. Ils s'engagèrent dans un vallon étroit où la route serpente parmi des collines boisées, de l'aspect le plus triste. En ce lieu, nulle habitation; de distance en distance, une grange, une flaque d'eau interrompent seules la monotonie du paysage. Plus loin, le vallon s'élargit, prend un aspect plus riant et aboutit à une gorge pittoresque; site bien connu des artistes, et que nous essaierons de décrire. Au fond du ravin, de verts gazons arrosés par un ruisseau dont les eaux limpides coulent sous un toit de frênes et d'aulnes; à gauche et à droite, un escarpement que couronnent des broussailles; çà et là, des grottes, puis un étang, des moulins, et enfin le peulwen colossal de la *Fusa* qui marque les limites de la commune de Crémieu.

Lorsque du haut des rochers qui dominent la plaine, Raverat aperçut les murs, les tours en ruine, et le vieux château des Dauphins, une douce émotion s'empara de son âme. Comment peindre la joie de ce jeune soldat en revoyant son pays natal, dont il avait tant de fois rêvé au bivouac? A l'émotion qu'il éprouvait se mêlait un sentiment de noble fierté ; il pensait à la juste considération qu'allait lui attirer l'uniforme glorieux qu'il portait. Ses espérances ne furent point trompées. En effet, ce ne fut pas sans peine qu'il parvint à l'*Auberge de Bourgogne*, tant il eut à donner et à rendre de saluts, de poignées de main et d'embrassades.

Il a enfin franchi le seuil de la maison maternelle.

Nous n'essaierons pas de dépeindre le bonheur de sa pauvre mère en revoyant ce fils chéri qui, après avoir affronté tant de périls et reçu de si graves blessures, lui est rendu plein de vigueur et de santé! Ce fils, qui n'était encore qu'un enfant lorsqu'il se sépara d'elle, est aujourd'hui un homme fait! Avec quelles larmes de joie elle le presse sur son sein! Hélas! de ses quatre enfants il ne lui en reste plus que deux! les autres ont succombé sous le feu de l'ennemi ou le fer des assassins.

Le parrain de René, M. de Fleury, l'ancien capitaine au *régiment de Monsieur,* ayant appris l'arrivée de nos grenadiers, vint dans la journée même visiter Raverat à l'*Auberge de Bourgogne*. Il lui exprima tout le bonheur qu'il éprouvait à reporter sur le fils l'estime et l'affection qu'il avait jadis portées au père.

« Les soldats, dit M. de Fleury, aiment à se trouver

» ensemble. Fais-moi le plaisir de venir ce soir souper à la
» maison avec tes camarades; nous parlerons guerres et
» batailles... »

Pas n'est besoin d'ajouter que l'offre du vieux gentilhomme fut acceptée avec empressement.

Le souper fut des plus gais. M. de Fleury raconta ses campagnes de Hanovre; et les jeunes gens parlèrent de celles d'Italie. Vers la fin du repas, l'ancien officier de Louis XV porta la santé du général Bonaparte. Tel est le prestige du génie, que devant lui toutes les rivalités expirent, toutes les opinions se taisent. L'ancien régime s'était réconcilié avec le nouveau.

Les quelques jours que nos amis passèrent à Crémieu furent une série de fêtes; c'était à qui pourrait les avoir à sa table. Mais le terme du congé ne tarda pas à arriver, et il fallut songer au départ. Raverat dut se séparer encore une fois de sa mère; en lui donnant le baiser d'adieu, il était loin de penser qu'il ne devait plus la revoir!

Pendant que nos jeunes gens passaient de si agréables journées dans leur pays natal, la 57ᵉ était arrivée à Lyon, et sa présence dans cette ville avait donné lieu à quelques scènes regrettables. Des querelles s'étaient engagées entre nos soldats et quelques-uns des jeunes gens, désignés alors sous le nom de *Muscadins*. Ces disputes avaient amené des duels, suivis eux-mêmes des plus déplorables résultats. Pour mettre fin à ces collisions, l'autorité militaire avait jugé prudent de faire partir la demi-brigade, avant même que le temps fixé pour son séjour à Lyon fût expiré. Sans cette circonstance, Raverat et ses amis auraient rejoint la 57ᵉ dans cette ville.

Ils venaient de traverser le faubourg de la Guillotière, lorsqu'à la descente du pont de ce nom, ils rencontrèrent quelques-uns de ces jeunes gens qui leur adressèrent des plaisanteries auxquelles nos soldats ne répondirent pas d'abord. Mais en longeant les quais du Rhône pour gagner l'Hôtel-de-Ville, ils s'aperçurent que les muscadins les suivaient toujours, et d'assez près pour qu'ils pussent entendre leur conversation :

« En voici encore de ces *Terribles*, disaient-ils ; ceux-
» là paieront pour les autres !.... »

A ces mots, Raverat se retournant brusquement, leur demanda le motif d'une semblable provocation. Un de ces muscadins prenant alors la parole, tout en faisant le moulinet avec sa canne, s'exprima ainsi :

« Lorsque votre demi-brigade est arrivée à Lyon ces
» jours derniers, nous avons vu sur votre drapeau que
» vous vous appeliez les *Terribles*. Plusieurs de nos amis,
» ont voulu s'assurer par eux-mêmes si vous méritiez
» un semblable nom ; ils ont été bientôt convaincus que
» votre réputation était usurpée. Cependant, comme il y a
» eu des coups d'épées donnés et reçus, nous avons résolu
» de nous mesurer avec tous les soi-disant *Terribles* que
» nous rencontrerions ; et nous allons commencer par
» vous !.... »

En même temps, il levait sa canne sur Raverat, qui fut assez agile pour éviter le coup.

Le muscadin qui venait de se poser ainsi en matamore vis-à-vis de nos grenadiers, était coiffé et chaussé suivant la mode de l'époque; il se rengorgeait dans une cravate blanche qui lui cachait le menton, et se dandinait dans un habit dont les basques, appelées *queues de morue*, lui descendaient jusqu'aux talons; ses cheveux étaient tressés en cadenettes, et il portait des bottes à revers dont les pointes se faisaient remarquer par leur prodigieuse longueur.

« Ah! l'homme aux bottes pointues, s'écria Raverat, » qui s'était contenu jusque-là, il paraît que ce sont des » coups de sabre que tu veux? Eh bien! tu vas être servi » de ton goût!.... »

Et sur-le-champ, nos grenadiers retournant sur leurs pas se rendent avec leurs adversaires dans les saulées qui existaient alors au bas du pont de la Guillotière. Raverat et ses amis mettent habit bas. Alors les muscadins voyant leur air résolu, cherchent à éviter le combat à l'aide de quelques faux-fuyants; ils menacent les grenadiers de leurs cannes; mais ceux-ci les ont bientôt mis en fuite. Notre caporal, attaché à la poursuite de son agresseur, l'atteint et le saisit par les basques de son habit. L'ayant amené à ses camarades, il se contenta pour toute vengeance de lui couper avec son sabre la pointe de ses bottes.

Il était nuit lorsque nos grenadiers arrivèrent à l'Hôtel-de-Ville pour y demander leurs billets de logement; on les envoya dans le faubourg de Vaise, en leur enjoignant de se remettre en route dès le lendemain matin.

La 57ᵉ demi-brigade se rendait à Nantes; nos camarades continuèrent donc leur route dans cette direction. En arrivant à Beaune, Raverat, dont le père, ainsi que nous l'avons dit au commencement de cet ouvrage, était né à Moustier-Saint-Jean, en Bourgogne, fit un détour pour aller rendre une visite à ses parents du côté paternel. C'étaient d'honnêtes cultivateurs, et ils le reçurent avec les marques de l'affection la plus sincère. Le soir, tous les membres de la famille se réunirent chez l'aîné des oncles de René, pour fêter l'arrivée du fils de Jean-Baptiste.

Ces braves gens se plaisaient à écouter le récit des batailles et des hauts faits de l'armée d'Italie. Ils étaient émerveillés des actions d'éclat et des prodiges de valeur de la *terrible* 57ᵉ. Avec quelle fierté ils entendaient le nom de Raverat mêlé au récit de ces glorieuses campagnes!

Après trois jours passés auprès de ses parents, Raverat se remit en route. A la fin de la première étape, ayant eu besoin de prendre quelques effets dans son sac, il fut fort agréablement surpris d'y trouver quatre écus de trois livres, qu'une bonne tante y avait glissés à son insu.

Nos grenadiers rejoignirent à Nantes la 57ᵉ, qui avec la 27ᵉ de ligne formait la garnison de cette ville. Les deux demi brigades faisaient partie de l'armée des côtes de l'Océan et de l'Angleterre. Le Directoire tenait à avoir de bons soldats au cœur de la Vendée, afin d'enlever aux partisans de la royauté tout espoir de succès, dans le cas où ils tenteraient une nouvelle levée de boucliers.

A Nantes, comme à Lyon, le surnom de *terrible* attira des querelles à la 57ᵉ. Il faut aussi avouer que ce corps était si fier de ses campagnes d'Italie, qu'il regardait avec une sorte de mépris les autres demi-brigades, lesquelles pourtant n'avaient pas moins contribué que lui à soutenir l'honneur du nom français. Les querelles en vinrent à ce point que des compagnies entières, méconnaissant la voix de leurs chefs, se donnaient quelquefois rendez-vous sur le terrain.

On peut, dès-lors, se faire une idée du nombre des victimes que devait produire ce misérable esprit de rivalité. Résolu de mettre un terme à ces luttes fratricides, le général commandant la division militaire consigna d'abord la garnison; puis, sur un ordre du Ministre de la Guerre, et pour mieux séparer les combattants, il envoya la 27ᵉ à la Rochelle et la 57ᵉ sur les bords du Rhin.

Nos *Terribles* se mirent en route vers la fin de floréal an VI (mai 1798), et cheminant à petites journées vers la frontière, ils parcoururent tout le littoral de la Loire, mais ils ne firent jamais de long séjour dans aucune de ces garnisons, à cause des dissensions qui s'élevaient constamment entre eux et les habitants. Car, nous sommes forcés de le répéter, rien n'égalait l'humeur querelleuse de la 57ᵉ demi-brigade.

A cette époque, de graves événements menaçaient encore une fois de troubler la paix de l'Europe. Pendant que les plénipotentiaires français, envoyés au congrès de Rastadt, s'efforçaient de la maintenir, les autres puissances faisaient en secret des préparatifs d'armement, et se disposaient à recommencer la lutte. Une armée russe venait de se joindre aux armées autrichiennes et de grossir le nombre de nos ennemis. L'Autriche, jetant alors le masque, rompit brusquement les négociations diplomatiques

Cependant, depuis long-temps déjà le Directoire s'était mis en mesure de concentrer des forces importantes sur la frontière de l'Est.

La 57e demi-brigade, après plusieurs mois de cantonnement dans l'Alsace, fut dirigée sur Berne. Les duels recommencèrent dans cette ville, amenés par le mêmes motifs que nous avons déjà signalés. Raverat fut un jour forcé de mettre le sabre à la main, dans une affaire où il n'était intéressé qu'indirectement.

Un adroit tireur, appartenant à une autre demi-brigade de la garnison de Berne, se permettait journellement des insultes envers les soldats de la 57e. Il était sorti avec bonheur de plusieurs affaires, et sa jactance s'en était accrue. Un jour que le *bourreau des crânes*, — tel était le nom dont ce spadassin se qualifiait lui-même, — voulait forcer des conscrits à se battre, Raverat intervint, et prit fait et cause pour ses jeunes camarades ; on se rendit sur le terrain, et d'un coup de manchette, le ferrailleur fut mis hors de combat. La rage qu'il ressentit en se voyant privé de son arme fut telle, qu'il saisit avec les dents un muscle que sa blessure avait mis à découvert, et le tira avec force, comme s'il eût voulu se punir de son défaut d'adresse, ou peut-être pour maintenir sa réputation de courage.

Cette rencontre fit beaucoup d'honneur à Raverat parmi ses camarades; elle eut aussi pour résultat de faire cesser les insultes et les provocations de ce bretteur, auquel on ne cessait de rappeler l'échec qu'il avait éprouvé en se mesurant avec notre caporal.

Vers la fin de nivôse an VII (janvier 1799), la 57ᵉ sortit de Berne, s'avança dans l'intérieur de la Suisse et prit ses cantonnements à Spreitembach, sur la route de Zurich. Réunie à la 37ᵉ de ligne et à la 10ᵉ légère, elle forma une brigade qui était commandée par le général Gazan, et qui appartenait à la division Lorges. Le général Masséna avait le commandement en chef de l'armée d'Helvétie et du Rhin. Cette armée devait manœuvrer de manière à faciliter les opérations de l'armée du Danube; son quartier général était établi à Mellingen, petite ville située dans le canton d'Argovie, sur les bords de la Reuss.

Un compatriote de Raverat, nommé Dufresne, était sous-lieutenant dans la 102ᵉ demi-brigade qui faisait partie de la même division que la 57ᵉ. Notre caporal, qui, comme nous l'avons dit plus haut, était arrivé depuis quelques mois de Crémieu, avait été chargé par la famille Dufresne de porter des nouvelles du pays à cet officier, dans le cas où il le rencontrerait. Or, Spreitembach, où était cantonnée la 57ᵉ, se trouve à peu de distance de Mellingen, qu'occupait la 102ᵉ ; ce qui permit à Raverat de s'acquitter de sa commission.

Dufresne, qui avait reçu dans son enfance une certaine instruction, était placé dans une maison de commerce de Lyon, lorsque la Révolution éclata. Entraîné par l'élan unanime qui poussait la jeunesse d'alors à s'enrôler sous les drapeaux, pour voler à la défense des frontières déjà envahies par les troupes étrangères, il s'engagea dans le 7ᵉ bataillon des volontaires de Rhône-et-Loire. Son savoir et sa bravoure l'eurent bientôt fait remarquer ; il parcourut rapidement tous les grades inférieurs, et, comme nous l'avons dit, il était déjà sous-lieutenant lorsque Raverat, avec lequel il avait été camarade d'enfance, eut l'occasion de le revoir. C'était un officier de beaucoup d'avenir ; mais, hélas ! la mort vint l'arrêter de bonne heure dans une carrière qui lui offrait de si belles espérances ! Plus tard, Raverat épousa la sœur du lieutenant Dufresne.

La brigade Gazan, s'étant avancée jusqu'à l'extrémité orientale de la Suisse, était cantonnée, depuis quelque temps, sur les bords du lac de Constance, lorsque le 15 ventôse (5 mars), à la pointe du jour, elle se porta en avant, en cotoyant le lac jusqu'à l'embouchure du Rhin.

Pendant que Masséna faisait construire un pont à Azmos, le général Lorges, afin d'opérer une diversion dans l'armée autrichienne, chargea la 57ᵉ de tenter le passage du fleuve à un gué situé à peu de distance de ce village. Notre demi-brigade essaya, sous le feu de l'ennemi, d'exécuter cet ordre, mais une crue des eaux ne le lui permit pas; elle songea alors à établir une espèce de pont, au moyen de charrettes placées dans le lit du fleuve; cette tentative ayant encore échoué, elle fut réduite à attendre, pour franchir le Rhin, l'achèvement du pont que Masséna faisait construire.

Elle accourut bientôt au secours du général Oudinot, repoussé dans l'attaque de Luciensteig, forteresse située sur la rive droite du Rhin. Elle tourna les retranchements et enleva la position. Après cette affaire, l'armée française envahit le canton des Grisons et occupa la ville de Coire.

On sait que l'ouverture de cette campagne fut signalée par les plus beaux succès; mais le général Masséna, apprenant le désastre essuyé par l'armée du Danube à Stokach, se vit contraint de rétrograder et de faire reprendre à ses troupes leurs anciennes positions, derrière le Rhin.

Masséna, dont le plan consistait à attaquer séparément l'armée autro-russe, qui remontait parallèlement les bords du lac de Constance, envoya la division Lorges à la rencontre du corps qui occupait la rive gauche. Le 5 prairial (24 mai), notre division aborda les Alliés à Frauenfeld; mais malgré des prodiges de valeur, elle ne put empêcher les deux corps d'armée d'opérer leur jonction.

Les soldats français, toujours prompts à se démoraliser

aux moindres revers, étaient vivement affectés de cet échec; ils ne craignaient pas de dire tout haut qu'avec Bonaparte le résultat eût été bien différent. Néanmoins, ils firent bonne contenance devant les troupes alliées.

Notre armée occupait depuis deux jours la ville de Zurich; mais les hauteurs qui entourent cette ville, sur la rive droite de la Limmat, étaient au pouvoir de l'ennemi. Ne voulant pas s'exposer aux chances d'un combat inégal, Masséna retrograda sur la rive gauche de la Limmat, jusqu'à une chaîne de petites collines. La 57e prit pour la seconde fois ses cantonnements à Speitembach et à Urdorff. Ce dernier village, qui offre une très bonne position sur les bords de l'Albis, nous fut enlevé par les armées alliées dans le combat du 20 prairial (8 juin); mais huit jours après, cette position fut reprise par les Français.

C'est là que nos troupes, déjà profondément attristées, apprirent que, par suite des défaites éprouvées par nos armées dans la péninsule, le maréchal Souvarow accourait pour réunir ses troupes à celles des Alliés.

Au risque d'être accablé par des forces bien supérieures aux siennes, Masséna résolut de reprendre l'offensive avant l'arrivée de Souvarow. A cet effet, dans la nuit du 2 au 3 vendémiaire an VIII (24-25 septembre 1799), la 57e reçut l'ordre de se rendre sur les rives de la Limmat, mais sans bruit, afin de ne pas éveiller l'attention de l'ennemi. Elle y trouva campée, dans les taillis qui bordent la rivière, la brigade complète avec le général Gazan lui-même. Le reste de la division Lorges se trouvait un peu plus bas. On avait réuni sur ce point un grand nombre de bateaux, ainsi que les planches et les poutres nécessaires à la construction d'un pont.

L'épaisseur du taillis dérobait la 57ᵉ à la vue des Russes qui occupaient les collines de la rive droite. En attendant que l'ordre fût donné de franchir la rivière, plusieurs officiers de la 102ᵉ, au nombre desquels était le sous-lieutenant Dufresne, vinrent causer avec quelques camarades de la 57ᵉ. Dufresne s'approcha de la compagnie de Raverat, laquelle, nous l'avons dit, comptait un grand nombre de Dauphinois. Tout en s'entretenant avec notre caporal, cet officier regardait l'heure à sa montre, afin de ne pas demeurer trop long-temps éloigné de sa compagnie. Avant de se séparer de ses compatriotes, Dufresne leur paya de l'eau-de-vie; et trinquant avec Raverat, il lui dit: « Mon ami, l'action ne tardera pas à s'engager ; je crois » qu'elle sera chaude.... qui sait si nous nous reverrons » jamais, embrassons-nous !... Adieu!.... »

Dès la pointe du jour, on éleva des batteries pour protéger le passage de la Limmat. L'ordre fut aussitôt donné à la brigade Gazan de sortir silencieusement des taillis. Les barques furent transportées à bras jusqu'à la rivière. Nos soldats abordèrent à une petite île, dans laquelle les Russes avaient établi plusieurs avant-postes. A l'arrivée de nos troupes, les sentinelles donnèrent l'alarme, et l'ennemi, qui avait mis en batterie quelques pièces sur le coteau du couvent de Farh, commença son feu sur notre brigade. Mais l'artillerie française le fit cesser bientôt; et, après s'être emparé de l'île, le général Gazan débarqua sur la rive opposée.

Pendant que le gros de la brigade allait aborder de front le coteau de Farh, le premier bataillon de la 57e, tournant la position, s'embusqua dans un petit bois de sapins, en attendant le moment favorable pour prendre part à l'action.

Vers les cinq heures du matin, lorsque notre bataillon vit la 10e et la 37e demi-brigade se disposer à attaquer l'ennemi, il déboucha tout-à-coup du bois, et prit à revers les grenadiers russes qui défendaient la position. Attaqués ainsi par devant et par derrière, ceux-ci opposèrent une vigoureuse résistance. Ce ne fut qu'après une lutte désespérée, et pour ainsi dire corps à corps, qu'ils laissèrent le champ de bataille au pouvoir de nos troupes.

Pendant la mêlée, Raverat fut renversé d'un coup de baïonnette au sein droit, par un grenadier russe. Mais au moment où celui-ci s'apprêtait à lui porter le dernier coup, notre caporal, aussi prompt que l'éclair, s'est relevé, et, bien qu'étourdi par sa blessure, il s'élance sur son redoutable adversaire, homme d'une taille colossale, et lui plonge sa baïonnette dans le corps. Un sous-officier russe qui survient dans la lutte, porte un coup de sabre à Raverat, et lui fait une blessure à la partie supérieure de la main gauche; mais celui-ci se débarrasse de ce nouvel adversaire comme il l'a fait du premier.

La demi-brigade déploya dans ce combat une rare intrépidité. C'était la première fois qu'elle se mesurait avec l'infanterie russe, et elle put se convaincre qu'elle avait affaire à des troupes d'une valeur égale à la sienne; car elle n'obtint la victoire qu'au prix d'énormes sacrifices.

Pendant que cette première attaque se terminait, le reste des troupes de la division Lorges traversa à son tour la Limmat sur un pont qui avait été jeté à la hâte. Lancée contre le coteau de Regensdorff, la 102ᵉ éprouva une telle résistance, qu'elle se retira en désordre. Le général Gazan, étant accouru à la tête de la 57ᵉ, refoula l'ennemi, et permit à la 102ᵉ de se reformer en colonne d'attaque.

Bientôt les tambours battent la charge; les deux demi-brigades abordent de nouveau les Russes à la baïonnette, et enlèvent finalement la position. Toutefois, la défense avait été aussi vigoureuse que l'attaque avait été opiniâtre: le terrain était jonché de cadavres.

Cette matinée, si féconde, comme on l'a vu, en événements terribles, fut encore marquée pour Raverat par une de ces douleurs qui laissent dans l'âme de tristes et ineffaçables souvenirs. Pendant que la 57ᵉ, volant au secours de la 102ᵉ, manœuvrait sur le coteau de Regensdorff pour contenir l'ennemi, notre caporal aperçut, à travers les ceps de vigne un soldat blessé qui se traînait avec peine. L'ayant reconnu pour appartenir à la compagnie de Dufresne: « Où » est ton sous-lieutenant, lui demanda-t-il vivement; je ne » l'aperçois pas avec sa compagnie.

» — Hélas ! répondit le soldat, il est là-haut dans le sentier. »

Raverat courut aussitôt à l'endroit désigné, et il y trouva Dufresne entouré de morts et de blessés. Ce malheureux officier était étendu à terre, le corps à la renverse. Une balle lui avait traversé la poitrine. Cependant, comme il respirait encore, Raverat s'empressa de le relever et de le transporter hors du sentier, dans un lieu plus convenable, où après l'avoir déposé il essaya d'arrêter le sang qui coulait de sa blessure.

Dufresne rouvrit alors les yeux, et reconnaissant son compatriote, il le remercia de ses soins ; puis, d'une voix éteinte : « Raverat, lui dit-il, tous les secours sont, je crois,
» inutiles ; c'en est fait de moi... je ne survivrai pas...
» si tu retournes à Crémieu, dis à mon père que je suis
» mort en brave... » Quelques instants après, il expira.

Une fois maîtresse des positions qui défendent la Limmat, la division Lorges remonta le cours de la rivière par la rive droite, se dirigeant sur Zurich, et refoulant devant elles les forces envoyées pour s'opposer à sa marche. Vers les dix heures du matin, elle attaqua le village de Hongz, où l'ennemi avait rassemblé des forces considérables. Après ce combat, qui dura une partie de la journée, elle finit par s'emparer de ce point important, qui fut confié à la garde de la brigade Bontemps.

Dans cette même soirée, tout en poursuivant sa route vers Zurich, la 57ᵉ arriva sur une montagne qui domine cette ville. La position était hérissée de retranchements qui furent enlevés à la baïonnette. Ici, comme à Farh, les Russes se défendirent vaillamment ; mais ils ne purent résister à notre demi-brigade.

Du haut de cette montagne, appelée le Zurichsberg, on aurait pu, sans l'obscurité de la nuit, apercevoir le gros de l'armée française sur la rive gauche de la Limmat. La manœuvre opérée par la division Lorges réalisa une partie des plans de Masséna : Korsakoff était cerné dans Zurich. Comprenant toute l'importance de l'occupation du Zurichsberg, ce général fit attaquer cette montagne, mais tous les efforts des Russes échouèrent devant la valeur de la *terrible* 57º.

La blessure que Raverat avait reçue à la main gauche pendant le cours de cette longue journée, bien que moins dangereuse que celle de la poitrine, lui causait néanmoins une plus vive douleur. Cependant il ne voulut pas se rendre à l'ambulance, ainsi que ses chefs le lui conseillaient. Après avoir empaqueté son poignet, afin d'arrêter l'effusion du sang, notre caporal cueillit quelques grappes de raisin pour apaiser la soif ardente qu'il éprouvait ; puis, succombant à la fatigue, il s'endormit au milieu des cadavres qui couvraient le Zurichsberg. Une heure s'était à peine écoulée, qu'il fallut courir aux armes pour repousser les attaques d'une nouvelle division russe, attaque qui, toutefois, n'eut pas plus de succès que la première. Après cette échauffourée, les soldats de la 57º passèrent le reste de la nuit la main sur le fusil, et ne dormant, pour ainsi dire, que d'un œil.

Le lendemain matin, notre demi-brigade aperçut un grand mouvement du côté de Zurich. C'était le général Korsakoff qui, se voyant renfermé dans un cercle de fer, jugeait prudent d'évacuer la ville avant que Masséna n'y pénétrât. Comme la nature du terrain ne lui permettait pas de déployer son armée, il l'avait formée en une seule colonne. La route occupée par la brigade Bontemps étant la seule issue par où il pût battre en retraite, le général Korsakoff s'y engagea, et chercha à s'ouvrir un passage à travers l'artillerie établie dans cette position. Mais la brigade Gazan étant survenue à son tour, coupa la colonne en deux. Une partie fut rejetée dans Zurich, où elle fut poursuivie par la 37e, qui y entra pêle-mêle avec elle au moment où Masséna y pénétrait de son côté. Le général Korsakoff, avec le reste de son armée, fit exécuter une charge à fond ; par ce moyen, il réussit à s'échapper, en laissant toutefois sur le terrain la moitié de son monde, une bonne partie de ses canons, de ses bagages et de ses fourgons.

Dans quelques-uns de ces fourgons se trouvait le trésor de l'armée. On peut juger de la joie de nos soldats en ouvrant ces caisses remplies de pièces d'or et d'argent. Chacun se hâta d'en remplir ses poches et son sac, avant que les officiers supérieurs ne vinssent arrêter le pillage. Cédant à l'entraînement général, Raverat voulut aussi prendre sa part du butin ; et, nous devons le dire, il ne fut pas l'un des plus mal lotis. Le terrain était couvert de voitures brisées et d'effets de toute nature ; les chevaux de selle et de train erraient à l'aventure et devenaient la propriété de celui qui voulait s'en emparer. Trois superbes chevaux échurent en partage à notre caporal, qui, embarrassé de cette part du butin, s'empressa de les vendre à l'un de ces juifs qui suivaient les armées : il reçut en échange une belle montre, qui devait bien être en or, mais qui en réalité n'était qu'en cuivre doré.

Nous n'entreprendrons pas de raconter tous les épisodes tristes ou gais qui suivirent la déroute de l'armée russe ; bornons-nous à dire qu'il est de ces actes de brutalité et de sauvagerie que, pour l'honneur de notre armée, un écrivain ami de son pays ne saurait retracer.

Une fois l'armée russe brisée, la 57e se jeta à travers les montagnes, et manœuvra de manière à couper la retraite aux fuyards qui se dirigeaient sur l'Allemagne. Mais les Russes, pris, pour ainsi dire, entre deux feux, tentèrent un nouvel effort pour se tirer de cette position désespérée. Après avoir déchargé contre nos soldats toute leur artillerie, et faisant soutenir les cavaliers par les fantassins lancés au pas de course, ils s'ouvrirent un passage à travers les rangs de la 57e. Nos soldats ne purent résister à une pareille furie ; ils furent renversés, foulés aux pieds des hommes et des chevaux, et broyés sous les roues des pièces d'artillerie et des fourgons des équipages.

Dans cette affaire, et à l'une des premières décharges,

Raverat fut atteint d'un coup de biscaïen à la cuisse gauche. Il resta sur le terrain; et l'on peut dire avec vérité que l'armée russe tout entière lui passa sur le corps. Étouffé un instant sous le poids d'un cheval blessé qui s'était abattu sur lui, il fit un violent effort pour se dégager; mais n'y pouvant réussir, il tira son sabre et en piqua au ventre le cheval, qui, excité par la douleur, se releva sur ses jambes pour aller retomber un peu plus loin.

Dans ces deux mémorables journées des 3 et 4 vendémiaire (25 et 26 septembre), désignées dans l'histoire sous le nom de bataille de Zurich, notre héros avait reçu, comme on l'a vu, trois blessures, sans compter un grand nombre de contusions. Transporté à l'hôpital de Zurich, il y eut à subir une opération douloureuse, l'extraction du biscaïen qui était resté dans sa cuisse. Par bonheur, dans toutes ses blessures, aucun os n'avait été fracturé; les chairs et les muscles seuls avaient été plus ou moins ravagés; aussi, la guérison avança-t-elle rapidement. Toutefois, jusqu'à la fin de ses jours il ressentit des douleurs à la jambe gauche, surtout à la suite des marches ou des fatigues.

Après un séjour de quelques semaines à l'hôpital, Raverat put se mettre en route pour rejoindre sa demi-brigade campée à Bischoffzel, petite ville située dans le canton de Thurgovie. Le long de sa route, il put apprécier l'étendue des désastres qu'avait éprouvés l'ennemi; les villages étaient encore remplis de blessés, dont plusieurs n'avaient été recueillis que long-temps après la déroute, dans les fossés et dans les bois.

Au milieu d'un pays en proie à toutes les horreurs de la guerre, et sillonné en tous sens par nos corps d'armée, le manque de subsistances se faisait vivement sentir. Déjà la plupart de nos soldats avaient follement dépensé l'argent qu'ils avaient retiré des fourgons de Korsakoff; quelques-uns, plus prévoyants, avaient mis en réserve une partie de leur butin. Quant à Raverat, en bon fils, il s'était empressé d'en envoyer la moitié à sa mère. Plus tard, il eut à se féliciter d'avoir pris ce parti, en voyant ses camarades perdre tout leur argent au jeu ; à chaque bivouac, à chaque halte, ce n'était de toutes parts que dés roulant sur les caisses de tambour. Somme toute, les roubles de Russie furent bientôt dissipés, soit qu'ils eussent été dépensés en orgies, soit qu'ils eussent passé d'une façon plus ou moins légitime entre les mains des juifs brocanteurs qui, comme nous l'avons dit, suivaient l'armée.

Pendant le mois de nivôse an VIII (janvier 1800), la 57e, ayant quitté le camp de Bischoffzel, vint occuper les bords du lac de Wallenstein et une vallée au fond de laquelle coulait un petit torrent. Lors de la retraite du maréchal Souvarow à travers les montagnes du Saint-Gothard, une partie de son avant-garde s'était engagée, par une nuit obscure, dans un étroit sentier bordé de précipices. Pour échapper à la poursuite des Français, les Russes pressaient la marche, lorsque, arrivés en un endroit où le sentier fait un coude, ils tombèrent dans un précipice, ainsi que les mulets qui les suivaient, chargés des dépouilles de l'Italie. D'immenses richesses furent ainsi englouties dans le torrent.

Nos soldats, auxquels la connaissance de cet événement était parvenue, se livrèrent à des recherches qui furent couronnées d'un plein succès ; dès-lors, ils employèrent leurs loisirs à fouiller dans le sable et entre les rochers. Quelques-uns eurent le bonheur d'y trouver des pièces d'or et d'argent, pour des sommes assez importantes; mais ils ne surent pas en faire un meilleur usage que la première fois.

A la fin de l'hiver, la 57e, traversant de nouveau la Suisse, vint tenir garnison à Bâle. Là, elle fut réunie à la 46e, et forma la brigade Grandjean de la division Delmas. C'était la première fois que ces deux demi-brigades se trouvaient réunies. Depuis lors, et jusqu'à la fin de l'Empire, elles marchèrent constamment ensemble.

CHAPITRE VI.

Le 18 brumaire. — Passage du Rhin. — Raverat aux prises avec un grenadier hongrois. — Moreau et la 57ᵉ; son allocution à la *Terrible*. — Le capitaine Latour-d'Auvergne et le caporal Raverat. — L'armée française devant Ulm; elle accuse Moreau de lenteur. — Raverat fait partie d'une petite expédition chargée de traverser le Danube à la nage. — Mort et funérailles de Latour-d'Auvergne. — Raverat et son frère Antoine. — Bataille de Hohenlinden. — Rencontre entre des émigrés français et les grenadiers de la 57ᵉ. — Paix de Lunéville.

Le coup d'Etat du 18 brumaire an VIII (9 novembre 1799) venait de placer le général Bonaparte à la tête du gouvernement français. L'armée, sauf une minorité à peu près insignifiante, avait accueilli avec transport ce grand événement. Elle se ressentit bientôt de la présence aux affaires d'un homme ferme, investi d'un pouvoir assez fort pour comprimer les factions. La confiance ne tarda pas à renaître et à ranimer les affaires. Les administrations militaires, qui jusque-là fonctionnaient assez mal, furent réorganisées sur de nouvelles bases, et les troupes furent mises sur un nouveau pied.

Investi de la puissance et de la dignité consulaires, Bonaparte, désireux d'amener toutes les puissances de l'Europe à conclure une paix durable avec la République française, commença par faire des propositions d'alliance à l'empereur d'Allemagne et au roi d'Angleterre. Mais le cabinet britannique n'accueillit pas ces ouvertures, ou du moins ne donna que des réponses évasives; et conservant sans doute l'espoir d'épuiser la France en la contraignant à être sans cesse en guerre avec ses voisins, il entraîna l'Autriche et la Bavière dans une nouvelle coalition.

Notre armée d'Helvétie et du Rhin, qui venait de prendre le nom d'armée d'Allemagne, fut renforcée par plusieurs corps qui lui arrivèrent successivement. Le commandement, retiré au général Masséna, fut confié au général Moreau. Tout faisait présager une reprise des hostilités.

Nos troupes devaient marcher d'abord sur la Bavière et tenir en échec, sur le Danube, le feld-maréchal de Kray, pour l'éloigner des Alpes, que le premier Consul se disposait à franchir, afin de reprendre l'Italie, dont les Autrichiens s'étaient de nouveau emparé, pendant que Bonaparte, retenu par l'expédition d'Egypte, n'était plus là pour diriger nos armées.

Le 8 floréal an VIII (26 avril 1800), la division Delmas, faisant partie du corps de réserve, qui était en même temps le corps du centre, sous les ordres du général Moreau lui-même, franchit le Rhin à Bâle, dispersa l'ennemi au combat meurtrier de Lauchingen, puis remonta le fleuve jusqu'auprès de Schaffouse, où elle prit position pour faciliter le passage au corps d'armée du général Lecourbe.

Dès que ce corps eut à son tour traversé le Rhin, la réserve fut dirigée vers la Souabe, pays entrecoupé de ravins et de collines boisées, qui ne sont qu'un prolongement de la Forêt-Noire. La 46ᵉ et la 57ᵉ demi-brigades poursuivirent vivement les Autrichiens. Ceux-ci ne firent de résistance sérieuse que lorsqu'ils furent arrivés sur le Malhberg, mamelon d'un difficile accès.

Pendant que la 46ᵉ attaquait la position de front, la 57ᵉ la prenait à revers. Ces deux demi-brigades essuyèrent des pertes considérables en débouchant d'un bois très épais, situé sur le flanc de la montagne; mais, renforcées par d'autres troupes de la division Delmas, elles abordèrent vigoureusement l'ennemi, et restèrent maîtresses du terrain.

Par suite des marches rapides que la 57ᵉ exécutait chaque jour, Raverat souffrait beaucoup de sa blessure à la cuisse, mais les douleurs qu'il ressentait ne lui firent jamais abandonner son service; son courage lui prêtait une nouvelle énergie.

Nos soldats étaient encore sur le Malhberg, et au repos sur leurs fusils, lorsque Moreau leur ordonna de descendre dans la vallée et d'attaquer le bourg d'Engen, qui en occupe le centre. Les Autrichiens étaient maîtres de deux petits bois situés de chaque côté du bourg, et sur le penchant de collines couronnées d'artillerie. Nos soldats, formés en colonne serrée, après avoir traversé le ruisseau qui coule au fond de la vallée, pénétrèrent dans les taillis, et s'y répandirent en tirailleurs. Tout-à-coup, ils se trouvent en présence d'un détachement de grenadiers hongrois qui, chargeant avec vigueur, contraignent les Français à rétrograder. Sur l'ordre qui leur est donné, les tambours battent la retraite; nos tirailleurs se rallient à ce roulement; mais quelques-uns s'étant trop avancés, vont être débordés par les Hongrois. De ce nombre était Raverat, qui avait été séparé de son escouade.

Pendant qu'il se disposait à sortir du taillis, il vit à peu de distance un grenadier hongrois qui le couchait en joue. D'un seul bond, Raverat se blottit derrière un arbre, et une fois à l'abri, il menace à son tour son adversaire. L'un et l'autre, ainsi embusqués derrière un sapin, se guettent et se tiennent en respect au bout de leurs fusils. Ni l'un ni l'autre ne peuvent se retirer, ni se découvrir, sans s'exposer à la balle de son ennemi. Toutefois, l'avantage est du côté du Hongrois; car, ses camarades s'avancent vers ce point, tandis que les Français s'en éloignent. Comprenant l'imminence du danger, Raverat se décide à faire feu. N'ayant pas atteint son adversaire, il s'élance sur lui la baïonnette en avant. Celui-ci, surpris sans doute de tant de témérité, fait feu à son tour; mais sa balle seulement traverse le chapeau de Raverat. Notre caporal, prenant le Hongrois à l'improviste, le cloue contre l'arbre derrière lequel il cherchait à s'abriter. Grâce à cet acte d'énergie, Raverat put rejoindre, sain et sauf, sa compagnie.

La brigade Grandjean, étant sortie du bois, se retirait derrière le ruisseau, lorsqu'elle se vit abordée par une troupe nombreuse de cavaliers qui la chargèrent et l'acculèrent contre les grenadiers hongrois acharnés à sa poursuite. Nos soldats se forment alors en carré, et soutiennent, sans plier, le choc de cette cavalerie; mais les batteries autrichiennes leur envoient des décharges de mitraille qui éclaircissent leurs rangs. Parvenus enfin à se tirer de cette faussse position, et soutenus par la brigade Bontemps, ils eurent bientôt enlevé le bourg d'Engen et les batteries qui le défendaient.

Le 17 floréal (3 mai), après avoir combattu toute la journée, la 57e, continuant de marcher en avant, arriva le soir au milieu d'une vaste forêt de sapins, où elle campa. Raverat occupait un des postes les plus avancés ; et, malgré les fatigues de cette rude journée, il ne voulut prendre aucun repos. D'ailleurs, le voisinage des Autrichiens ne permettait guère de dormir, et il était prudent de se tenir toujours sur le qui-vive; car les patrouilles de l'ennemi battaient sans cesse l'intérieur de la forêt. Tout-à-coup, le bruit du canon se fit entendre dans le lointain. Les sentinelles ennemies furent retirées. Bientôt le général Moreau se rendit aux avant-postes pour s'informer du mouvement des Autrichiens. Il s'entretint quelques instants avec le caporal Raverat, auquel il demanda divers renseignements.

Un quart d'heure après, les postes de la 57ᵉ se replièrent à leur tour ; et le général en chef, à la tête de la brigade Grandjean, se porta du côté d'où partaient les détonations d'artillerie. Nos soldats s'engagèrent alors dans un vallon qui se déroulait au milieu de la forêt. A mesure qu'ils avançaient, la canonnade devenait plus distincte.

Le lendemain, la brigade déboucha dans une plaine peu étendue, autour de laquelle les collines forment comme une espèce de cirque, et où se trouvent le bourg de Mœsskirch et le village de Neudorff, lesquels sont dominés par le plateau d'Altheim. C'était là que le corps d'armée du général Lecourbe, resserré dans une plaine étroite, et entouré par des masses considérables de cavalerie et d'infanterie, allait être écrasé par le feu de l'artillerie qui garnissait le plateau. Du premier coup-d'œil, Moreau a jugé l'importance de la position, et a reconnu que de la prise de ces batteries dépend le succès de la journée; et c'est à la 57ᵉ qu'il confie cette mission périlleuse.

La 57ᵉ se forme en colonne d'attaque ; elle est suivie de près par la brigade Grandjean. Après avoir tourné par la droite un petit hameau, nos braves arrivent en face des bataillons autrichiens ; ils les mettent en déroute et parviennent au pied de la position. Sous le feu continu de seize pièces d'artillerie, un commencement d'hésitation se manifeste, mais il n'a qu'une courte durée. Le général Delmas ramène cinq fois de suite à la charge la demi-brigade, qui gravit enfin les escarpements, aborde l'ennemi à la baïonnette, le culbute, et s'empare des pièces, qu'elle encloue aussitôt. Cette manœuvre et le succès qu'elle obtint, en dégageant le général Lecourbe, permirent à Moreau de placer ses divisions. Le général en chef, qui avait suivi la marche intrépide et hardie de la 57e, se voyant assuré de la victoire, arrive au galop à travers la trouée faite dans les rangs autrichiens.

« Mes amis, dit-il à nos soldats, à tout prix il faut con-
» server cette position, et je compte sur les *terribles*... »

De leur côté, les Autrichiens s'avancent en colonnes nombreuses ; mais, à leur approche, la 57e, formée en pelotons, essuie sans fléchir le feu de l'infanterie et les charges de la cavalerie. Pour assurer ses coups, elle se fait un rempart des cadavres, et derrière cet abri, elle résiste à tous les efforts.

Ayant perdu une autre position également importante, le feld-maréchal faisait sonner la retraite, lorsque, pour reconnaître ce mouvement, Moreau s'engage imprudemment dans le défilé de Neudorff. Cerné par des hulans, il se voit forcé de chercher un refuge dans les rangs de la 57e. Les hulans chargèrent avec tant de vigueur, que plusieurs d'entre eux arrivèrent au milieu du carré en même temps que le général.

Echappé au péril qu'il venait de courir, Moreau, transporté de joie, embrassait officiers et soldats, et les félicitait sur leur valeur dans les termes suivants :

« Soldats de la 57e ! si Bonaparte, à l'armée d'Italie, ne

» vous eût pas décorés du titre de *terribles !* les Autrichiens
» eux-mêmes vous l'auraient décerné sur le plateau d'Al-
» theim !... »

A peine cet incident était-il terminé, que la division Delmas, qui seule se trouvait en mesure de poursuivre les Autrichiens, s'élança sur leurs traces, les rejoignit et changea leur retraite en une véritable déroute.

Trois jours après cette affaire, l'armée française se dirigea sur le Danube, qu'elle traversa. Elle investit Ulm, où une partie de l'armée autrichienne se tenait renfermée. Tout semblait présager une attaque prochaine; déjà l'on se disposait à l'assaut du camp retranché qui domine et défend la ville; mais des motifs d'une extrême prudence déterminèrent Moreau à renoncer à cette attaque, et à ramener ses troupes sur la rive droite du Danube.

Le corps de réserve séjourna quelque temps à Lansberg et à Augsbourg; puis, il continua sa marche en avant.

Raverat, qui dans ce moment ressentait encore de vives douleurs causées par ses blessures, avait peine à suivre ses camarades. Un jour que la fatigue l'avait obligé à demeurer en arrière de la demi-brigade, il rencontra le capitaine Latour-d'Auvergne, officier dans la 46°. Ce capitaine, à qui par déférence pour son âge on avait accordé un cheval, allait en avant de sa compagnie. Touché de l'état de souffrance qu'accusaient la démarche et les traits de notre caporal, le capitaine lui offrit à boire un peu du cordial qu'il portait dans sa gourde; il poussa même l'attention et la bienveillance jusqu'à descendre de cheval pour y faire monter Raverat. Nos deux braves cheminèrent ainsi pendant quelque temps sur une belle route, ombragée de grands arbres. La conversation s'étant liée entre eux, Latour-d'Auvergne demanda au caporal s'il avait reçu quelque l'instruction; celui-ci lui ayant confessé son ignorance, le capitaine l'engagea à étudier, lui exposant les avantages et les agréments que procure le savoir. Ces sages conseils, en rappelant à Raverat ceux que Bonaparte lui avait déjà donnés pendant son séjour en Italie, lui firent une telle impression, que dès ce moment il prit la résolution d'employer tous ses loisirs à l'étude. On verra plus tard avec quelle persévérance il entreprit cette tâche, et comment il parvint à acquérir une instruction sinon complète, du moins bien suffisante pour son époque.

L'armée française était depuis un mois, soit devant la ville d'Ulm, soit sur les bords du Danube, sans qu'aucun événement important fût résulté de toutes les marches et contre-marches que nos soldats opéraient chaque jour. L'ennemi ne se montrait nulle part; et l'espoir de nos fantassins se trouvait déçu, lorsque, après une rude journée de marche, ils n'avaient pas brûlé une seule amorce.

« Nous usons plus de souliers que de poudre, disait-on
» dans tous les rangs; nous avons l'air de fuir, tandis qu'à
» couvert dans ses camps et derrière ses murailles, l'en-
» nemi nous brave et se moque de nous... »

Instruit de ces murmures, le général Moreau se rendit

un jour au milieu de la 57ᵉ, et avec son calme habituel, il dit aux soldats :

« Mes amis, vous avez hâte d'en finir avec l'ennemi ; on » ne saurait trop applaudir à votre zèle. Si, jusqu'à ce jour, » je n'ai pas ordonné de commencer l'attaque, c'est que » nous n'étions pas en mesure de le faire avec avantage, » et j'ai voulu épargner votre sang. Prenez patience, mes » enfants ; nos affaires sont plus avancées que vous ne » vous en doutez. Encore huit jours de marche, l'ennemi » sera vaincu, et vous vous reposerez... »

Ce système de temporisation n'était guère du goût de la *terrible* demi-brigade ; néanmoins, les bonnes paroles du général en chef produisirent une heureuse impression sur l'esprit des plus mutins eux-mêmes.

Ayant appris que le premier Consul venait de franchir le Mont Saint-Bernard, Moreau se décida enfin à traverser de nouveau le Danube sur trois points à la fois, pour forcer la ville d'Ulm. Le 30 prairial (19 juin), le corps d'armée du centre qui se trouvait dans la petite ville de Burgau, reçut l'ordre de se porter sur celle de Dillengen ; et, pendant que l'on en reconstruisait le pont, qui avait été à moitié détruit, la 57ᵉ remonta le fleuve sur la rive droite, comme pour en opérer le passage, afin de tromper l'ennemi sur les véritables intentions du général Moreau, et lui cacher les travaux entrepris à Dillengen.

Le colonel de Bruno fit passer le fleuve à la nage par une trentaine d'hommes. Raverat, qui était connu pour l'un des meilleurs nageurs du bataillon, faisait partie de cette petite expédition, que commandait un sous-lieutenant nommé Parthieu. Nos braves, après s'être déshabillés, et avoir déposé sur un petit radeau leurs armes et leurs vêtements, se jetèrent à l'eau et poussèrent leur embarcation devant eux. Ils étaient près d'atteindre l'autre rive, lorsqu'un boulet vint briser le radeau. Cependant, les nageurs purent sauver leurs habits; mais ils laissèrent quelques fusils au fond de l'eau. Enfin, ils réussirent à aborder et à prendre position de l'autre côté du fleuve. Un certain nombre de nos hommes ayant perdu leurs armes, Raverat et un caporal de sapeurs, appelé Vanaret et surnommé *la Douceur*, franchirent une seconde fois le Danube à la nage afin d'aller chercher des fusils. Comme il ne restait du radeau qu'une planche ou deux, ils firent plusieurs voyages, et furent assez heureux pour ne pas être atteints par les boulets ennemis. Pendant ce temps, la petite expédition, par sa bonne contenance, avait attiré l'attention des Autrichiens; elle avait ainsi rempli le but que s'était proposé le colonel de Bruno, d'après les ordres du général en chef, celui d'opérer une diversion pendant l'exécution des travaux.

Dès que le pont de Dillengen fut rétabli, nos troupes s'y élancèrent, et, après avoir repoussé les forces qui s'opposaient à leur passage, elles se rendirent bientôt maîtresses de la rive gauche du Danube. Nos corps d'armée de droite et de gauche, qui, sur deux points différents, avaient également réussi à traverser le fleuve, se trouvèrent ainsi réunis au corps d'armée du centre; ils se portèrent tous trois à la rencontre du feld-maréchal de Kray, qui, trompé par ces diverses tentatives de passage, accourait dans l'espoir de rejeter l'armée française dans le Danube. Les Autrichiens furent attaqués avec une telle vigueur, qu'ils s'enfuirent dans le plus grand désordre.

Quelques jours après ce combat, les Français arrivèrent dans l'immense plaine d'Hochstedt, et y trouvèrent l'ennemi rallié et renforcé de plusieurs corps de troupes fraîches. Malgré d'incroyables efforts, les divisions du feld-maréchal furent de nouveau repoussées et culbutées sur tous les points.

A la suite de cette brillante affaire, le généralissime autrichien, craignant d'être coupé dans sa retraite, abandonna la ville d'Ulm et son camp retranché, qui tombèrent aussitôt au pouvoir des Français.

Jugeant alors sa présence plus nécessaire sur la rive droite que sur la rive gauche, Moreau repassa le Danube et se dirigea sur Munich. Le 4 messidor (23 juin), eut lieu le combat de Neresheim, où notre division soutint à propos le corps du général Lecourbe; qui, attaqué par des forces supérieures, commençait à battre en retraite.

Six jours après, ce même général se trouva engagé d'une manière plus grave encore. Vers la fin de la journée, il venait d'arriver dans un lieu nommé Oberhausen, un peu en avant de la ville de Neubourg, quand il fut attaqué à l'improviste. La division Montrichard surtout était menacée d'être écrasée; mais les 46ᵉ et 57ᵉ, informées de cette difficile position, accoururent au pas de course et se précipitèrent sur l'ennemi avec leur impétuosité ordinaire. La lutte se prolongea long-temps au milieu d'une obscurité à peu près complète ; elle fut terrible ; on n'entendait plus de coups de fusil, car nos soldats se battaient à l'arme blanche et se prenaient, pour ainsi dire, corps à corps avec les cavaliers autrichiens. De part et d'autre, l'acharnement était incroyable ; enfin, le plateau fut enlevé par nos demi-brigades, malgré la résistance désespérée des hulans qui le défendaient.

Ce fut dans cette terrible affaire, appelée combat d'Oberhausen, que le capitaine Latour-d'Auvergne et le colonel Forly, de la 46ᵉ, furent tués ; ils tombèrent percés de plusieurs coups de lance. Le lendemain, eurent lieu leurs funérailles, qui, malgré leur grande simplicité, firent une profonde impression sur l'esprit des soldats. Ils furent inhumés dans le terrain sur lequel s'était livré la bataille. Pendant trois jours, les tambours furent couverts de crêpes en signe de deuil. Le cœur de Latour-d'Auvergne, que Bonaparte avait proclamé le *premier grenadier de France*, fut enfermé dans une petite boîte d'argent, confiée au plus vieux sergent de sa compagnie. Depuis lors, chaque jour à l'appel, le nom de Latour-d'Auvergne était le premier qui fut prononcé comme étant en tête du livre matricule, et le sergent répondait : *Mort au champ d'honneur!*

Latour-d'Auvergne fut vivement regretté par l'armée entière ; car il avait su mériter l'estime et l'affection de tous ceux qui avaient eu des rapports avec lui. Aussi bon et généreux qu'il était brave, il n'attendait pas que le soldat vînt lui réclamer des secours ; il allait le premier au-devant des besoins du malheureux. Toujours avide de science, la vie des camps ne lui avait pas fait abandonner ses goûts favoris ; il portait toujours quelque livre sous le bras, afin d'employer à l'étude ses moments de loisir.

L'armée française entra à Munich quatre jours après cet événement. Ce fut en ce lieu que la convention conclue à la suite de la bataille de Marengo, gagnée par le premier Consul, arrêta la marche victorieuse de nos troupes. Les hostilités ayant été suspendues, en vertu d'un armistice, l'armée prit ses cantonnements dans les environs de cette ville.

Depuis le 19 prairial (8 juin), le général Delmas avait cédé le commandement de sa division au général Grandjean, et le général Grouchy avait remplacé ce dernier dans le commandement de la brigade formée par les 46e, 57e et 108e.

La division Grandjean vint donc camper au milieu des bois d'Ebersberg et de Hohenlinden. Ces vastes forêts, qui couvrent un espace de quinze à vingt lieues carrées, sont situées entre deux rivières, l'Isar et l'Inn. Elles sont presque impraticables durant la mauvaise saison ; on y trouve de fréquents accidents de terrain ; de plus, le sol est très marécageux. La grande route de Munich à Vienne les traverse d'un bout à l'autre, et de petits chemins en mauvais état desservent quelques misérables hameaux, composés de huttes de bûcherons et de charbonniers perdues au milieu des sapins.

Nos troupes avaient établi de nombreux postes dans ces forêts, dont toutes les sinuosités, ainsi que les moindres passages, furent bientôt connus de nos soldats. Un jour que Raverat était allé visiter un de ces postes, il fut abordé par un officier supérieur, qui, marchant sans escorte, s'était égaré en cherchant le cantonnement d'un des bataillons de la 57e. Raverat proposa à l'inconnu de le guider dans cette espèce de labyrinthe. L'offre ayant été acceptée, l'officier mit pied à terre, et passant autour du bras la bride de son cheval, qui semblait fatigué, il chemina à pied à côté de notre caporal. Cet officier supérieur n'était autre que le général Vandamme, qui allait rendre visite à quelques officiers, ses compatriotes. Le caractère gai de ce général, son esprit entraînant, son abandon et sa familiarité le firent prendre en affection, non-seulement par les officiers, mais encore par les soldats, qui eurent le bonheur de le posséder parmi eux.

La 57e passa le reste de la belle saison au milieu de cette forêt. Séparée par l'Inn de l'armée autrichienne, elle vivait dans la sécurité la plus complète, grâce à l'armistice récemment conclu. Les habitants du pays se montraient en général bons et hospitaliers pour les Français; l'on sait, en effet, que les Allemands se recommandent pour ces qualités.

Cependant, la mauvaise saison approchait; le ciel était sombre et les brouillards épais. Aux pluies fréquentes de l'automne avait succédé la neige, et elle était tombée avec une telle abondance, qu'elle couvrait entièrement le sol; néanmoins, le froid n'était pas encore bien rigoureux.

Raverat, ayant appris que la demi-brigade dans laquelle servait son frère Antoine avait ses quartiers près de ceux de la 57e, ne voulut pas laisser échapper cette occasion de l'aller voir; et il demanda, dans ce but, une permission de deux ou trois jours. Cette faveur ne lui fut accordée qu'avec difficulté, car on s'attendait d'un moment à l'autre à la reprise des hostilités.

La rencontre des deux frères présenta cette singulière circonstance que notre caporal ne pouvait reconnaître, dans l'homme grand et vigoureux qui s'offrait à ses embrassements, le petit garçon qu'il avait laissé auprès de sa mère en 1791. C'était du reste un excellent sujet, estimé de ses chefs et aimé de ses camarades. Dans la même demi-brigade se trouvaient bon nombre de Dauphinois qui n'étaient pas connus personnellement de René, mais dont il avait souvent entendu citer la famille. Tous ces jeunes gens étaient pleins d'enthousiasme pour la carrière militaire, et ils portaient surtout une grande estime à la 57e demi-brigade, dont la réputation de bravoure était arrivée jusqu'à eux.

Peu de temps après le retour de Raverat à son cantonnement, il s'effectua des mouvements de troupes qui annonçaient l'ouverture d'une nouvelle campagne. Les négociations entamées par les puissances belligérantes, après la bataille de Marengo, ayant été rompues par l'Autriche, à l'instigation de l'Angleterre, le premier Consul avait ordonné au général Moreau de tenir son armée prête à se remettre en campagne.

Le 10 frimaire an IX (1er décembre 1800), la division Grandjean fut envoyée du côté de Mühldorff, sur la rive gauche du l'Inn, pour soutenir le corps d'armée de gauche, aux ordres du général Grenier, lequel s'était vu contraint de battre en retraite devant les forces supérieures de l'Autriche, commandées par le jeune archiduc Jean. Notre division rejoignit ce corps d'armée et continua avec lui cette marche rétrograde, qu'elle s'efforça toutefois de ralentir autant que possible, afin de donner à Moreau le temps de prendre ses dispositions pour une affaire décisive. Après avoir traversé une partie de la forêt dont nous avons parlé plus haut, on s'engagea dans un défilé long et étroit par où passe la grande route. Le surlendemain à la pointe du jour, le corps d'armée, qui avait marché une partie de la nuit, déboucha dans une petite plaine également entourée de bois, et dans laquelle est situé le village de Hohenlinden.

Il était environ sept heures du matin ; les 57e et 46e s'embusquèrent dans les bois de chaque côté du défilé ; la

108ᵉ resta dans la plaine pour masquer le corps d'armée du centre, commandé par Moreau. En ce moment, l'atmosphère était si brumeuse et si obscurcie par la neige qui tombait à gros flocons, que nos soldats ne pouvaient distinguer les objets à quelques pas devant eux. Cependant, l'ordre qui leur avait été donné de garder un profond silence, leur faisait supposer qu'ils étaient à peu de distance de l'ennemi. En effet, le premier bataillon de la 57ᵉ s'étant enfoncé dans un fourré, rencontra un corps nombreux de Hongrois, qu'il attaqua résolument; les ayant abordés à la baïonnette, il les rejeta sur les autres bataillons que commandait le général Grouchy. Gagnant alors les hauteurs à gauche du défilé, nos soldats se dispersèrent en tirailleurs.

L'armée autrichienne, trompée, comme on le voit, par la marche rétrograde de nos troupes, s'était imprudemment engagée dans le défilé dont Moreau et Ney fermaient une des issues, tandis que Richepanse et Decaen manœuvraient pour intercepter l'autre. Quant aux généraux Grandjean et Grouchy, ils devaient harceler l'ennemi sur ses flancs.

A peine la 46ᵉ et la 57ᵉ furent-elles réunies à leur poste, qu'une canonnade très vive se fit entendre du côté de la plaine, et que des cris confus arrivèrent jusqu'à nos demi-brigades. L'affaire venait de s'engager. Le temps s'étant un peu éclairci, la 57ᵉ, de la position élevée qu'elle occupait, dirigeait un feu meurtrier sur l'ennemi, qui se voyant cerné de toutes parts, combattait avec le courage du désespoir. L'arrivée du général Richepanse, opérant sa jonction avec le général Ney, vint mettre fin à cette bataille dans laquelle l'armée autrichienne fut presque totalement anéantie.

Après cette sanglante affaire qui dura toute la journée, les Français passèrent la nuit sur le champ de bataille; mais dès la pointe du jour, ils se mirent à la poursuite des fuyards qui s'étaient répandus dans la forêt. Ils en trouvèrent un grand nombre qui, à leur vue, jetaient leurs armes et demandaient grâce à genoux.

La victoire de Hohenlinden eut pour Moreau les plus heureux résultats; elle contribua à lui reconquérir la confiance de l'armée, qui au début de la campagne avait porté un jugement peu favorable sur ses talents militaires.

La division Grandjean se remit bientôt en marche pour renforcer le corps de droite de l'armée sous les ordres du général Lecourbe, qui occupait l'autre côté du l'Inn. Elle ne put passer la rivière à Rosenheim, le pont de cette ville ayant été incendié, et brûlant encore au moment de son arrivée; mais elle se porta sur le pont de Neupeuren qu'elle trouva occupé par l'ennemi. Ne se sentant pas assez fort pour forcer le passage, le général laissa les deux compagnies d'élite de la 57e, non dans le but de tenter une attaque, mais pour couvrir le projet qu'il avait aussitôt conçu de traverser la rivière à Lauffen. Nos grenadiers, dans l'espoir de s'illustrer par un nouveau coup d'éclat, résolurent d'enlever à eux seuls cette position. Formés en colonne serrée, et malgré la fusillade de l'ennemi, ils s'élancent sur le pont; déjà ils en ont franchi la moitié, quand tout-à-coup une mine, pratiquée à l'avance, éclate et détruit la partie que nos braves viennent de traverser. La colonne se trouva ainsi coupée en deux. Quelques grenadiers furent blessés par des éclats de bois, ou tombèrent dans la rivière; mais d'autres en assez bon nombre, et parmi eux se trouvait Raverat, parvinrent sur l'autre rive et tinrent tête à l'ennemi. On s'occupa aussitôt de rétablir le pont, et au bout de peu de temps les autres grenadiers avaient rejoint leurs compagnies.

Les adversaires auxquels nos *terribles* avaient eu affaire en cette circonstance, se battaient avec une bravoure et une fermeté qui excitèrent leur surprise. Ils surent, plus tard, que c'étaient des Français de l'armée de Condé, passés au service de l'Autriche.

Ce succès obtenu, nos grenadiers remontant la rive droite de l'Inn, rejoignirent bientôt leur demi-brigade, qui avait traversé la rivière à Lauffen. La division avança rapidement malgré la difficulté que présentait à sa marche un pays entrecoupé de bois et de torrents, et de plus en ce moment tout couvert de neige. Arrivée à l'embouchure de la Salza, elle tint l'ennemi en échec; le général Lecourbe put alors reprendre l'offensive. Les Autrichiens, battus partout, se réfugièrent à Saltzbourg, où les Français, lancés à leur poursuite, entrèrent pêle-mêle avec eux.

Après plusieurs rencontres, dans lesquelles nos troupes

remportèrent constamment des avantages marqués, elles vinrent établir leurs avant-postes jusqu'aux portes de Vienne.

A la suite de ces défaites multipliées, l'archiduc Jean ayant été remplacé dans son commandement par l'archiduc Charles, celui-ci s'empressa de solliciter du général Moreau une suspension d'armes, et un armistice fut signé à Steyer. Peu de temps après survint le traité de Lunéville, qui fut conclu le 20 pluviôse an IX, date correspondant au 9 février 1801.

CHAPITRE VII.

SOMMAIRE. — L'armée française rentre en France. — Raverat s'adonne à l'étude; ses progrès. — Il est nommé sergent. — La flottille; combats maritimes. — Traité d'Amiens; expédition de Tabago. — Raverat est nommé sergent-major. — Relâche forcé en Angleterre; perfidie du cabinet britannique et loyauté d'un capitaine anglais. — Arrivée à Tabago : Raverat est nommé adjudant sous-officier; description de l'île; le scorpion. — Rupture du traité d'Amiens; défense et capitulation de Tabago. — Dévouement de Raverat; son jugement et sa condamnation; il est gracié. — Retour en France; duel à propos de *Fanchon-la-Vielleuse*. — L'homme noir.

Après la conclusion du traité de Lunéville, l'armée française reprit ses cantonnements en Bavière. On était au milieu de l'hiver; Raverat avait alors vingt-cinq ans, et, comme nous l'avons dit plus haut, son instruction première avait été tellement négligée qu'à peine connaissait-il les lettres de l'alphabet. Ayant eu souvent à rougir de son ignorance, il avait plus d'une fois résolu de s'adonner à l'étude, mais toujours les événements étaient venus contrarier ses projets.

Enfin, utilisant les loisirs que la paix venait de lui assurer, et mettant à profit la complaisance d'un de ses camarades, il put, dès ce moment, entreprendre l'étude des connaissances élémentaires dont il sentait si bien le prix.

L'élève avait une telle envie d'apprendre, qu'il ne se laissa pas rebuter par les difficultés devant lesquelles viennent souvent échouer les plus heureuses dispositions ; de son côté, le maître, faisant preuve à la fois de patience et d'habileté, sut si bien activer les progrès de son écolier, qu'en peu de temps il le mit en état, non-seulement de lire l'imprimé et même le manuscrit, mais encore d'écrire assez nettement. Dès que Raverat eût acquis ces premières notions de la science, et comme pour le récompenser de la persévérance avec laquelle il s'était livré à l'étude, son colonel le fit passer sergent le 1er messidor an IX (20 juin 1801).

On comprend aisément le bonheur que notre brave ressentit en apprenant sa promotion. Il était resté sept ans caporal ; et cependant, il avait fait déjà les campagnes du comté de Nice, celles de Piémont, d'Italie, de Suisse et de Bavière ; il avait assisté à un grand nombre d'escarmouches, de combats et de batailles rangées ; il avait été blessé six fois, et s'était illustré par plusieurs actions d'éclat.

Comme on le voit, il avait bien mérité les galons de sergent, et son défaut d'instruction avait seul empêché qu'il les obtînt plus tôt. Toutefois, nous devons dire que l'avancement était très difficile dans la 57e. La réputation de cette demi-brigade était telle, que les jeunes gens instruits, ceux même qui sortaient des écoles, recherchaient l'honneur d'y être admis. Les ministres et les officiers supérieurs sollicitaient la même faveur pour leurs enfants ou leurs protégés; et cela, toujours au détriment des sous-officiers et surtout des soldats, qui préféraient rester dans la *terrible* sans espérance d'avancement, plutôt que de passer dans les autres demi-brigades. Ajoutons aussi que le colonel de Bruno était si modeste et si désintéressé que jamais il ne signalait au Ministre de la Guerre les actions de ses soldats, et ne demandait jamais rien ni pour eux ni pour lui-même.

Au printemps de l'an IX (1801), l'armée d'Allemagne rentra en France. La brigade Grouchy, dont faisait partie la 57e, traversa, à petites journées, la Souabe, la Forêt-Noire, et passa le Rhin à Kehl. Après un séjour de quelque temps à Strasbourg, elle fut dirigée sur le camp de Saint-Omer, et bientôt après sur le camp de Boulogne.

Depuis le commencement de la Révolution française, l'Angleterre, on le sait, avait constamment fait jouer les ressorts de sa politique pour exciter contre nous les puissances européennes. La France était sortie victorieuse de toutes ces coalitions; et cependant, l'Angleterre, par sa position topographique au milieu de l'Océan, avait toujours pu se soustraire à nos coups.

Le premier Consul, ayant une nombreuse armée disponible, et voyant la paix assurée avec les principales puissances du continent, résolut de mettre à exécution le projet qu'il avait conçu de faire une descente en Angleterre, dans l'espoir de l'amener à composition, et d'arriver ainsi à la paix universelle, que la France désirait si ardemment. Dans ce but, Bonaparte avait rassemblé dans les ports de la Manche un nombre considérable de chaloupes et de bâtiments légers ; et sous l'impulsion de son génie, la plus grande activité avait été imprimée à tous nos chantiers de constructions navales.

Les troupes qui venaient d'Allemagne avaient été dirigées sur les côtes, où étaient établis plusieurs camps. Chaque demi-brigade envoyait à tour de rôle, pour un mois, ses compagnies à bord de la flottille qui était en station à un quart de lieu en mer. La compagnie du sergent Raverat tint garnison à bord de la chaloupe canonnière *la Surprise*. Sur la flottille, nos soldats étaient exercés aux diverses manœuvres des bâtiments de guerre; on les habituait aussi aux abordages, aux débarquements, en un mot, ils vivaient de la vie des marins, et s'instruisaient dans leur rude métier.

Effrayée de nos préparatifs, l'Angleterre résolut de détruire dès le principe une flottille qui pouvait en quelques heures jeter cent mille hommes sur la Grande-Bretagne. Le commodore Nelson fut chargé de mettre tout en œuvre pour arriver à ce résultat, soit par ruse, soit de vive force. Une attaque eut lieu le 15 thermidor (3 août). Les Anglais lancèrent d'abord quelques bombes sur notre flottille, en se tenant toutefois hors de la portée du canon des chaloupes et des batteries de la côte ; mais le vent et la marée s'opposèrent à ce qu'ils tentassent l'abordage, et en définitive, ils se retirèrent en laissant une croisière, et sans avoir pu entamer notre ligne d'embossage.

Douze jours plus tard, l'amiral Latouche-Tréville, commandant la flottille française, apprit que Nelson devait recommencer l'attaque la nuit suivante. Nos chaloupes, toujours à l'ancre sur une seule ligne, décrivaient un vaste demi-cercle ; elles étaient soutenues de distance en distance par des bricks armés en guerre. *La Surprise*, à bord de laquelle se trouvait la compagnie de Raverat, était mouillée près du brick *l'Etna*. Tous les bâtiments étaient disposés pour résister à l'attaque ; un grand silence avait été recommandé, afin de tromper les Anglais, et pour ne pas entraver la transmission des ordres. Nos grenadiers, couchés sur le pont, derrière les bastingages, se trouvaient ainsi à l'abri des projectiles ennemis.

Comme les vaisseaux anglais ne pouvaient s'approcher de notre ligne à cause du peu de profondeur de l'eau, leurs chaloupes seules s'avancèrent. Leurs efforts se dirigèrent d'abord contre l'*Etna*, et pendant que quelques embarcations attaquaient ce brick, d'autres se portaient sur *la Surprise*. Tout-à-coup, à un signal donné, nos grenadiers et nos matelots se lèvent, et par une fusillade bien nourrie contraignent les assaillants à s'éloigner. Mais bientôt ceux-ci recommencent une seconde attaque, et sans se laisser arrêter par notre feu, ils jettent leurs grappins. Armés de piques et de haches, ils s'élancent sur nos chaloupes, malgré les filets d'abordage qui les entourent. Cependant, toutes leurs tentatives demeurèrent infructueuses, et ils furent obligés de se retirer, après avoir perdu un grand nombre d'hommes, dont quelques-uns furent faits prisonniers.

Les Anglais ayant rencontré partout la même résistance, Nelson se décida à rappeler ses embarcations et regagna la haute mer. Cette attaque lui avait coûté la perte de douze bâtiments.

Quelque temps après ces événements, l'Angleterre, épuisée par les sacrifices énormes qu'elle s'était imposés pour subvenir aux frais des guerres soutenues contre la France par les puissances continentales, se résigna à demander la paix. Le premier Consul adhéra aux ouvertures qui lui furent faites, et, à la suite des préliminaires de Londres, le traité d'Amiens fut signé le 4 germinal an X (25 mars 1802).

Un article du traité d'Amiens stipulait la reddition des Petites-Antilles à la France. Le gouvernement décida, en conséquence, d'y envoyer quelques troupes.

Les colonels des demi-brigades cantonnées sur les côtes de la Manche, furent invités par le Ministre de la Guerre à désigner eux-mêmes les hommes destinés à faire partie de cette expédition. Nous devons dire, à la louange du sergent Raverat, qu'il ne fut pas porté sur la première liste, son colonel ayant choisi de préférence les hommes dont la conduite laissait le plus à désirer. Mais notre sergent, qui s'ennuyait de la vie monotone de garnison, sollicita lui-même de faire partie du contingent; sa demande fut accueillie, et il prit la place d'un autre sergent, qui, marié et père de famille, aimait mieux rester en France que de s'exposer aux périls d'une longue traversée. Ajoutons que le colonel de Bruno recommanda Raverat d'une manière spéciale au général César Berthier, chef de cette expédition, et donna sur son compte les renseignements les plus favorables.

Ce général, dont il sera question plus d'une fois dans la suite de ce récit, était le frère du Ministre de la Guerre Alexandre Berthier; il venait d'être nommé gouverneur des Petites-Antilles, avec le titre de capitaine-général des Iles-sous-le-Vent. Le corps d'expédition se composait de quatre mille hommes, lesquels devaient être répartis dans les diverses îles de cet archipel.

Quelques jours avant l'embarquement, le général Berthier passa en revue sa petite armée. Désirant avoir une garde d'honneur, il organisa une compagnie d'élite, qu'il forma d'une cinquantaine d'hommes choisis; le commandement en fut confié au capitaine Bécler. Raverat fut nommé sergent-major de cette compagnie; sa promotion à ce grade est datée du 20 germinal an XI (10 avril 1803). Afin que sa garde d'honneur ressemblât, pour la coiffure comme pour le reste du costume, à la garde consulaire, le général lui avait acheté, avec ses propres deniers, des bonnets à poil.

Tous les préparatifs terminés, l'ordre fut donné de s'embarquer. La garde d'honneur prit passage sur le même vaisseau qui portait soit le général Berthier et sa famille, composée de sa femme et de deux petites filles, soit la plupart des employés des administrations civiles et militaires, que le gouvernement français envoyait dans les colonies.

Un grand nombre de bâtiments marchands et de navires de transport attendaient à Dunkerque le départ de l'escadre, pour faire route de conserve avec elle. Cette escadre mit à la voile le 21 germinal (11 avril). A peine avait-elle gagné le milieu de la Manche qu'elle fut assaillie par un coup de vent furieux; les bâtiments furent séparés les uns des autres, et celui qui portait le capitaine-général fut obligé, pour réparer ses avaries, de relâcher sur les côtes d'Angleterre, à Torbay. A son arrivée, le général Berthier reçut à son bord la visite des officiers anglais qui se trouvaient dans le port de Torbay. Le lendemain, accompagné de son état-major, il se rendit à terre et accepta un dîner qui lui fut offert, ainsi qu'aux officiers et sous-officiers de sa garde. On y porta des toasts à l'union des deux peuples et à l'éternelle durée de la paix. Mais pendant que l'on échangeait ainsi à table des protestations d'amitié internationale, le gouvernement britannique, qui déjà songeait à rompre le traité d'Amiens, avait envoyé à l'officier supérieur commandant le port de Torbay, un ordre secret d'apporter toutes les lenteurs possibles à la réparation des avaries du vaisseau français, afin d'avoir un prétexte pour le saisir lors de la rupture officielle du traité. Mais le commodore, homme loyal, ayant fait prévenir le général Berthier des éventualités auxquelles il était exposé, celui-ci fit activer les travaux, et au bout de peu de jours, son bâtiment fut en état de remettre à la voile.

Pendant le cours de la traversée, Raverat, toujours occupé de son instruction, s'efforçait d'acquérir par l'étude les connaissances qui lui manquaient. S'étant fait remarquer de l'aide-de-camp du général, le capitaine Lanusse, ce jeune officier le prit en affection, et eut la complaisance de lui corriger quelques-uns de ses devoirs de grammaire et de syntaxe. Grâce à ces leçons, notre sergent-major fut bientôt en état de rédiger convenablement un rapport. Madame Berthier, qui avait aussi remarqué l'ardeur avec laquelle il se livrait à l'étude, s'intéressa également à lui; plus tard, elle lui donna des marques non équivoques de l'estime qu'elle lui portait.

Après un mois et demi d'une heureuse navigation, le bâtiment arriva dans les parages de cette partie des Antilles connue sous le nom d'Iles-du-Vent. Il reconnut en passant les îles de la Guadeloupe, de la Martinique, de la Barbade, etc., et se trouva bientôt en vue des mornes élevées de Tabago, où devait être établi le quartier général. Le 20 prairial (9 juin), il jeta l'ancre dans le port de Scarborough, ville capitale de l'île, où étaient déjà mouillés quelques bâtiments de l'expédition, et que le reste de l'escadre ne tarda pas à rejoindre.

Après avoir veillé au débarquement du corps expéditionnaire, le gouverneur établit son quartier-général à Mountwilliam, maison de plaisance qu'il avait choisie pour sa résidence. Sa garde d'honneur occupa le fort de Scarborough; quant aux troupes, elles furent réparties, soit dans l'île de Tabago, soit dans les îles adjacentes; quelques postes furent établis le long des côtes avec mission de les surveiller. Le service, du reste, n'avait rien de pénible.

Peu de jours après son arrivée dans l'île, Raverat fut promu au grade d'adjudant-sous-officier. Le gouverneur lui apprit cette bonne nouvelle dans une lettre affectueuse, datée du 7 messidor (26 juin), en même temps qu'il donnait l'ordre au capitaine Bécler de le faire reconnaître en cette qualité devant la garde assemblée.

La circonférence de Tabago n'est que de douze lieues; cette île est entourée d'un grand nombre d'îlots et de rochers déserts, et comme toutes les Antilles son sol est de nature volcanique. Les gros navires ne peuvent aborder qu'à Scarborough; ailleurs, ce ne sont que des baies ou des criques praticables seulement pour les bâtiments qui tirent fort peu d'eau. Le rivage est formé d'escarpements élevés. L'eau douce y est très rare; le terrain est torréfié et inculte, excepté dans les vallées, où il offre une fertilité surprenante et fournit tous les produits communs aux régions tropicales. La population, peu nombreuse, se compose en majeure partie d'Anglais et d'Espagnols, ainsi que d'un mélange d'Indiens et de nègres. Le climat de cette île réunit toutes les conditions de salubrité; le séjour en serait assez agréable sans la prodigieuse quantité de reptiles et d'insectes vénimeux que l'on y trouve à chaque pas.

Un jour, pendant une excursion dans l'intérieur de l'île, notre adjudant, accablé par une chaleur caniculaire, s'étant assis à l'ombre d'un groupe de palmiers, s'y endormit. Réveillé en sursaut par une vive douleur au cou, il y porta la main et en retira un scorpion. Sous ces latitudes, la piqûre de cet insecte est mortelle si l'on n'y apporte de prompts secours. Heureusement pour Raverat, des noirs qui travaillaient dans une plantation voisine le conduisirent auprès d'une vieille négresse qui habitait une case dans les environs. Cette brave femme, après avoir examiné la piqûre, alla chercher dans une armoire un bocal plein de scorpions infusés dans de l'huile; elle en prit quelques-uns, les écrasa, puis au moyen d'une compresse, elle les fixa sur la blessure. Le remède opéra si bien, qu'au bout d'une heure ou deux Raverat ne ressentit plus aucune douleur.

Peu de temps après l'arrivée des Français aux Antilles, le général Berthier apprit que le traité de paix d'Amiens venait d'être rompu, et que le cabinet britannique avait envoyé une flotte considérable pour reprendre ces colonies dont nous étions à peine entrés en possession. Presque en même temps, il recevait du gouvernement français l'ordre de se tenir prêt à résister aux attaques des Anglais. Aussitôt, il s'occupa d'organiser ses moyens de défense, et visita lui-même les retranchements, les fortifications et tous les points sur lesquels l'ennemi pouvait effectuer un débarquement.

Au commencement de messidor (derniers jours de juin), la flotte anglaise, dont l'arrivée avait été annoncée au gouverneur, apparut autour de Tabago, et quelques bâtiments vinrent jeter l'ancre devant la ville de Scarborough. L'amiral anglais envoya au capitaine-général une dépêche pour l'engager à mettre bas les armes. « Toute résistance, » disait ce message, devient inutile devant une aussi grande » inégalité de forces; elle exposerait la garnison à être » sacrifiée, et la ville de Scarborough à être ruinée de » fond en comble. » Cependant, le gouverneur refusa de se rendre et répondit que le sort des armes en déciderait.

Dans la nuit qui suivit cette signification, le capitaine Bécler, chargé du commandement d'un fort peloton, et sous les ordres duquel se trouvait Raverat, surveillait une partie de la côte, dans un lieu nommé *la Pointe de Sable*. Il distingua quelques mouvements parmi les navires anglais. Un certain nombre de chaloupes faisaient mine de tenter un débarquement. En attendant les renforts qu'il avait demandés au gouverneur, il prit position sur le haut d'une crique, dans le but d'en défendre les abords, quoique sa petite troupe ne constituât pas une force assez imposante pour pouvoir s'opposer, avec quelque espoir de succès au débarquement des Anglais. En effet, ceux-ci ayant touché terre, commencèrent aussitôt l'attaque ; nos grenadiers qui n'avaient pas d'artillerie et ne pouvaient répondre au feu des vaisseaux dont les boulets balayaient le rivage, furent bientôt contraints à se retirer. Ils firent toutefois assez bonne contenance pour éviter d'être entourés, et purent ainsi gagner Scarborough, où le capitaine-général venait d'arriver.

Le lendemain, les Anglais qui avaient débarqué leurs troupes sur plusieurs points à la fois, vinrent assiéger le fort où la garnison s'était réfugiée. Bientôt les habitants de Scarborough envoyèrent auprès du gouverneur une députation pour le prier de ne pas causer par une résistance inutile la ruine de la ville et celle de la colonie.

Presque en même temps, le général Berthier recevait du commodore de nouvelles propositions, dont les principales conditions se résumaient ainsi : Une capitulation honorable, l'embarquement des troupes pour la France avec armes et bagages, et, de plus, la faculté d'emporter des Antilles tout ce qui appartenait aux Français, etc.

Le capitaine-général ne crut pas devoir refuser de pareils avantages; il venait, du reste, d'apprendre la capitulation des autres îles de l'archipel. Il se décida donc à capituler, après avoir, toutefois, pris l'avis de son conseil guerre.

Le traité portait que la police de l'île serait faite par les autorités anglaises, et que les troupes des deux nations habiteraient ensemble les mêmes casernes, jusqu'à ce que nos soldats pussent être transportés en France.

Les officiers des deux nations, imitant l'exemple donné par le commodore et le capitaine-général, faisaient un échange réciproque de bons procédés; mais il n'en était pas de même parmi les soldats. La bonne harmonie ne dura pas long-temps; les querelles qui s'élevèrent prirent, dès l'abord, un caractère assez grave pour que le commodore et le général se vissent dans l'obligation d'assigner à leurs troupes respectives un quartier et des cabarets différents. On divisa même en deux parties le fort de Scarborough, où était casernée la garde d'honneur.

Peu de temps après, les Anglais firent auprès de nos soldats des tentatives d'embauchage. Si l'appât d'une solde plus forte décida quelques-uns de nos hommes, on comprendra aisément que ce furent les plus mauvais sujets de l'expédition. Mais par l'entremise de ces transfuges, les embaucheurs s'adressèrent même à des sous-officiers. Raverat, notamment, reçut des propositions de l'un de ces misérables, qui fit valoir à ses yeux la perspective d'un brillant avenir. Il lui était assuré qu'il n'aurait jamais à combattre contre son pays, qu'il ne servirait l'Angleterre que dans ses possessions de l'Inde, etc. Il n'est pas besoin de dire quelle fut la réponse de notre adjudant. Nos lecteurs l'ont déjà devinée.

Des embaucheurs étant un jour venus avec quelques transfuges dans la cour de la caserne, cherchèrent querelle aux Français restés fidèles à leur drapeau, et une rixe était sur le point de s'engager. Le capitaine Bécler, ayant été averti, accourut aussitôt. Comme il reprochait aux uns et aux autres leur indigne conduite, un soldat anglais, échauffé par le rhum, s'avança sur lui le sabre à la main. Raverat, qui au bruit de la discussion était descendu de sa chambre, voyant son capitaine menacé, s'avance pour lui faire un rempart de son corps; à défaut d'armes, il saisit un de ces brocs de bois appelés bidons, et le lance à la tête de l'agresseur. A l'aspect de leur camarade renversé, la tête couverte de sang, les Anglais s'élancent sur notre adjudant; celui-ci s'empare d'un sabre pour sa défense personnelle, et tient ses adversaires à distance. Bientôt la garde arrive et arrête Raverat, qui est aussitôt conduit en prison.

Trois jours après, il fut traduit devant un conseil de guerre, sous la double accusation d'avoir tué un soldat anglais, et de s'être révolté contre la garde. Ni les bons antécédents de l'accusé, ni le motif honorable qui lui avait fait prendre part à la lutte, ne purent intéresser ses juges en sa faveur, et il fut condamné à la peine de mort.

Raverat, qui avant la délibération du conseil, avait été reconduit en prison, y apprit bientôt la terrible sentence prononcée contre lui. Là, pour la première fois peut-être de sa vie, il sentit son courage fléchir; il s'abandonna à la douleur et versa des larmes en pensant à ses amis. Oh ! combien il enviait en ce moment fatal le sort de ses camarades frappés sur les champs de bataille ! Une seule pensée consolante faisait diversion à ses angoisses ; il avait sauvé la vie à son capitaine. Tout-à-coup, un bruit de pas qui se fait entendre à la porte de sa prison vient l'arracher à ses pensées lugubres ; il croit que c'est le peloton chargé de le conduire à la mort. Mais, ô bonheur ! c'est le capitaine Bécler lui-même qui accourt avec l'ordre de le rendre à la liberté. Il lui apprend que c'est par suite des sollicitations du général, et particulièrement de madame Berthier, que le commodore a consenti à lui accorder sa grâce.

Rentré au quartier, Raverat se vit l'objet des félicitations de tous ses camarades. Le commodore lui-même, qui dans son for intérieur approuvait la conduite de notre adjudant, lui fit l'honneur de l'inviter à dîner.

Un mois environ après la capitulation, le général Berthier et sa garde s'embarquèrent pour revenir en France. Ils naviguaient sous pavillon anglais. La traversée s'effectua dans l'espace de quarante jours ; elle ne fut signalée par aucun événement de quelque importance, si ce n'est qu'en arrivant dans le golfe de Gascogne, le bâtiment fut visité par un corsaire français. Vers le commencement de brumaire an XII (fin octobre 1803), le bâtiment entra dans la Gironde et vint débarquer à Bordeaux.

De grands événements s'étaient accomplis en France

depuis que les troupes de cette expédition tenaient la mer. La nation avait conféré à Bonaparte la dignité consulaire et le pouvoir exécutif pour toute la durée de sa vie. Nos soldats accueillirent cette nouvelle avec enthousiasme.

Le général Berthier ne s'arrêta pas à Bordeaux ; il partit aussitôt pour Paris, laissant à notre adjudant des marques de sa générosité, et lui remettant en dépôt quelques caisses qui contenaient les bonnets à poil provenant de son ex-garde d'honneur. Il lui proposa aussi d'user de son crédit auprès de son frère le Ministre de la Guerre, pour le faire admettre dans la garde des Consuls ; mais Raverat le remercia ; car il préférait rentrer dans sa demi-brigade, et il avait déjà adressé à ce sujet une demande au ministère.

Après une quinzaine de jours d'attente, il reçut l'ordre de se rendre à Lille-en-Flandre, au dépôt de la 57e, en attendant qu'une place vacante lui permît de rentrer dans un des bataillons de guerre de cette demi-brigade. Sa feuille de route lui enjoignait de partir dès le lendemain. Deux ou trois sous-officiers, et quelques grenadiers de l'ancienne garde d'honneur, et qui avaient également appartenu à la 57e, reçurent en même temps que notre adjudant l'ordre de se mettre en route. Chacun ayant fait immédiatement ses préparatifs de départ, on se réunit dans l'après-midi pour faire ensemble un petit dîner d'amis; puis, afin de terminer gaiement la soirée, on se rendit au théâtre.

On jouait ce soir-là *Fanchon la Vielleuse*, pièce très en

vogue à cette époque. Une actrice nouvelle débutait dans le rôle principal de cet ouvrage, et il paraît qu'une cabale avait été organisée contre elle ; aussi, dès qu'elle parut en scène, des coups de sifflets partirent des divers points de la salle, mais particulièrement du parterre, où les spectateurs se tenaient debout, attendu qu'ils n'avaient pas, comme aujourd'hui, des banquettes pour s'asseoir. Une forte majorité du public protesta par ses applaudissements contre ces manifestations hostiles; elle demanda qu'on laissât jouer la pièce sans bruit, et qu'on mît à la porte ceux qui venaient ainsi troubler ses plaisirs. Nos jeunes militaires prirent bientôt parti dans la querelle, et réclamèrent énergiquement l'expulsion des siffleurs. Une vive discussion, qui s'engagea entre Raverat et l'un des principaux chefs de la cabale, se termina, suivant les habitudes de cette époque, par une provocation en duel. Mais, sans tenir compte de la proposition que venait de lui faire notre adjudant, le siffleur n'en continuait pas moins son vacarme, tout en se permettant des injures à l'adresse de ceux qui applaudissaient. Enfin, à bout de patience, Raverat s'élance sur son adversaire, le saisit par le milieu du corps, et l'emporte hors du parterre.

La dispute continua encore quelques instants, mais enfin nos deux champions se séparèrent après avoir pris rendez-vous pour le lendemain. Cependant, Raverat, avant de rentrer dans la salle, signifia à son adversaire que, s'il y reparaissait, il l'en expulserait de nouveau.

A la sortie du spectacle, qui, grâce à cette mesure énergique, avait pu s'achever paisiblement, nos militaires retournèrent au Château-Trompette, où ils étaient casernés.

Ils y étaient à peine arrivés, qu'ils reçurent la visite d'un commissaire de police de la ville, lequel, informé qu'une rencontre devait avoir lieu, était venu dans le but de l'empêcher. N'ayant pu obtenir de notre adjudant la promesse qu'il renonçât à ce rendez-vous, il le prévint que son adversaire était un tireur très adroit, et très redouté dans la ville ; il l'engagea donc à se tenir sur ses gardes. Ce fonctionnaire était natif de Lyon ; c'était donc pour Raverat presque un compatriote ; car, à cent lieues de distance, un Lyonnais et un Dauphinois peuvent bien se regarder comme tels.

Le lendemain matin, nos militaires se mirent en route. A une demi-lieue de la ville, Raverat rencontra son adversaire qui l'attendait avec une troupe de mauvais drôles comme lui. Profitant de l'avis qui lui avait été donné, il se tint d'abord sur la défensive ; et il eut bientôt reconnu qu'il avait affaire à un habile tireur ; aussi, il ne s'attacha qu'à parer les bottes qui lui étaient portées. Enfin, le Bordelais, furieux d'une résistance qui épuisait ses forces, s'enferra et reçut une légère blessure à la poitrine. Comme il rompait à son tour, Raverat, jugeant le moment favorable, prit l'offensive, le pressa vivement, et lui porta un coup mortel.

A la vue de leur camarade étendu la face contre terre,

la bouche pleine de sang, les témoins du Bordelais tirèrent des armes qu'ils avaient jusque-là cachées sous leurs vêtements. De leur côté, les compagnons de Raverat mirent le sabre à la main ; et une lutte générale allait s'engager, quand le commissaire de police, dont nous avons parlé plus haut, et qui avait résolu d'empêcher cette affaire, arriva tout-à-coup, accompagné de ses agents. A sa vue, les Bordelais s'étant dispersés, Raverat et ses camarades continuèrent leur route sur Paris, où ils arrivèrent sans aucun autre incident.

Vers les derniers jours de frimaire (mi-décembre), ils étaient rendus à Lille. A son arrivée dans cette ville, notre adjudant apprit que le colonel de Bruno venait d'être nommé général de brigade et appelé au commandement de la place de Valenciennes. Il s'empressa d'aller saluer le colonel qui avait succédé à M. de Bruno. Cet officier supérieur, qui se nommait Rey, était né à Orthez (Basses-Pyrénées) ; il accueillit Raverat avec une bienveillance marquée. Les bonnes notes qui accompagnaient le nom de notre adjudant sur les contrôles de la demi-brigade motivaient sans doute cette favorable réception.

Avant de partir de Bordeaux, Raverat avait mis au roulage les caisses appartenant au général Berthier ; et comme ces caisses étaient arrivées à Lille quelques jours avant lui, il avait aussitôt écrit au général pour lui demander de nouvelles instructions. La réponse ne se fit pas long-temps attendre ; elle prescrivait à notre adjudant de s'occuper de vendre au plus tôt les effets contenus dans les caisses, l'autorisant à garder pour lui la moitié du produit de la vente, et le chargeant de distribuer le reste aux grenadiers de la compagnie, comme un témoignage de sa satisfaction pour leurs bons services.

Après la rupture du traité d'Amiens, le premier Consul avait considérablement augmenté le nombre des bâtiments de la flottille, et l'effectif des troupes rassemblées sur les côtes de la Manche. L'armée destinée à envahir l'Angleterre était forte de cent vingt mille hommes. La 57ᵉ demi-brigade, réunie à la 46ᵉ et à la 108ᵉ depuis la dernière campagne d'Allemagne, formait la brigade Férey, de la division Vandamme, laquelle appartenait au corps d'armée du centre, placé sous les ordres du général Soult.

Les premier et deuxième bataillons de la 57ᵉ étaient campés à Boulogne, et le troisième était toujours au dépôt à Lille, où Raverat attendait, avec la plus vive impatience, sa mise en activité. Néanmoins, il s'occupait à compléter son instruction déjà assez avancée pour lui permettre d'occuper convenablement le grade d'officier. Depuis sa rentrée dans la 57ᵉ, sa position n'était pas normale; il portait les galons d'adjudant-sous-officier; il en remplissait les fonctions, mais aux yeux de l'administration il n'en avait pas le grade et n'en touchait pas la solde. Sa nomination n'avait pas été soumise au Ministre de la Guerre; car le corps dans lequel il avait été nommé adjudant, n'étant pas régulier, il ne pouvait occuper le même grade dans un autre corps sans une nouvelle nomination. Après plusieurs réclamations, restées toujours infructueuses, Raverat prit le parti de s'adresser directement au général César Berthier, alors chef d'état-major de la première division militaire. Il eut encore bien des lenteurs à subir; mais enfin, grâce à l'intervention de ce puissant protecteur, qui avait à cœur que les nominations faites par lui fussent maintenues, Raverat fut officiellement reconnu dans son grade d'adjudant-sous-officier. La décision du Ministre de la Guerre, prise à cet effet, porte la date du 22 ventôse an XII (13 mars 1804).

Désirant revoir les camarades qu'il avait laissés dans sa compagnie lors de son départ pour Tabago, notre adjudant sollicita une permission de quelques jours. Elle lui fut accordée, et il partit pour le camp de Boulogne. A son arrivée, il fut reçu par ses anciens compagnons d'armes avec des démonstrations de joie qui lui firent une vive impression. L'avancement qu'il avait obtenu était regardé par tous comme bien mérité, et chacun faisait des vœux pour qu'il ne s'arrêtât pas en si beau chemin. Après quelques jours passés au milieu de ses amis, Raverat revint à Lille, où l'attendait une aventure assez bizarre, et dont il conserva toute sa vie un triste souvenir.

A Lille, comme dans la plupart des villes des départements du nord de la France, il existe de vastes brasseries où les habitants vont passer leurs soirées, en vidant quelques cannettes de bière et en fumant leur pipe. Dans un de ces établissements, notre adjudant avait remarqué un homme assez bien vêtu, qui se tenait toujours à l'écart, sans que personne cherchât à se rapprocher de lui. Raverat avait essayé quelquefois de lui adresser la parole ; mais le laconisme des réponses de l'inconnu l'avait toujours déconcerté. Plus tard, cependant, la conversation finit par s'établir entre eux. Cet homme, que Raverat, dans l'ignorance de son nom, désignait sous celui de *l'homme noir*, à cause de la couleur ordinaire de son habillement, offrit à l'adjudant quelques ouvrages de sa bibliothèque, — car il avait pu remarquer son goût pour la lecture. Après avoir lu plusieurs volumes, celui-ci demanda à l'obligeant prêteur la permission de les lui rapporter à son domicile. La proposition parut contrarier notre homme ; toutefois, un soir, il permit à Raverat de l'accompagner chez lui.

La maison qu'il habitait était isolée, tout y semblait mystérieux. Dans la pièce où était placée sa bibliothèque, se remarquaient plusieurs instruments de physique et de chimie, quelques pièces d'anatomie, un crocodile empaillé, des œufs d'autruche et les divers objets de même nature qui se rencontrent d'ordinaire dans les cabinets d'amateur. Le silence qui régnait partout avait jeté dans l'esprit de Raverat une sentiment de tristesse qu'il lui était impossible de définir, et encore plus de surmonter.

A quelque temps de là, notre adjudant, se promenant dans la ville, vit un matin une foule compacte attroupée sur l'une des principales places, au milieu de laquelle s'élevait un échafaud. Il apprend qu'un condamné va être exécuté. Tandis que, mêlé dans la foule, il écoute le récit des crimes dont la justice humaine va demander l'expiation, il voit arriver les gendarmes qui escortent la fatale charette. Bientôt il aperçoit le patient qui en descend, ou plutôt qui est porté sur la plate-forme par des hommes qu'il suppose devoir être l'exécuteur et ses aides ; mais tout-à-coup, parmi eux, il en remarque un qui semble diriger cette horrible opération, et c'est individu, c'est son inconnu..., c'est *l'homme noir*....

On peut juger du saisissement que notre adjudant dut éprouver, et l'on comprendra quel regret il ressentit d'avoir entretenu une espèce de liaison avec un homme investi de semblables fonctions....

CHAPITRE VIII.

Sommaire. — Proclamation de l'Empire; changement dans la coiffure et l'habillement des troupes. — Levée du camp de Boulogne. — Un brûlot. — Raverat est attaché à l'état-major de la Grande-Armée. — Une conférence diplomatique. — Le maréchal Soult charge Raverat d'une dépêche importante. — Le charbonnier et les hulans autrichiens. — Bataille d'Austerlitz; Raverat, blessé d'un coup de baïonnette, est sur le point d'être fait prisonnier par l'ennemi; ses camarades le délivrent; la *Brigade de Fer;* les étangs gelés. — Raverat au château de Spielberg; il y reçoit son brevet de sous-lieutenant. — Traité de Presbourg.

Dans le cours de l'an XII (1804), d'importantes modifications furent apportées dans la forme du gouvernement français. Les grands corps de l'Etat, l'armée et la magistrature, voulant consolider le repos et la prospérité du pays à l'intérieur, en même temps que sa grandeur et sa dignité à l'extérieur, avaient offert la couronne au premier Consul. L'Empire fut proclamé le 28 floréal (18 mai); et le 11 frimaire an XIII (2 décembre 1804), Napoléon Bonaparte fut sacré par le Souverain Pontife Pie VII.

Le premier voyage de l'Empereur fut consacré à visiter les côtes de la Manche ; il y fut reçu avec enthousiasme par l'armée et par les populations. Des fêtes brillantes signalèrent son séjour au camp de Boulogne. Les régiments reçurent de nouveaux drapeaux, sur lesquels planait l'aigle impériale ; et une distribution de croix de l'ordre de la Légion-d'Honneur, nouvellement institué, fut faite aux officiers, sous-officiers et soldats qui se recommandaient par leurs services.

Vers la même époque, de nombreuses réformes s'opérèrent dans l'armée. Les demi-brigades reprirent le nom de régiments, qu'elles portaient avant la République, en conservant toutefois leurs numéros. L'uniforme subit d'importantes modifications. On remplaça l'incommode tricorne par le schako et le bonnet à poil ; l'habit long et la culotte courte, par l'habit court, le pantalon et la confortable capote ; enfin, on proscrivit les cheveux tressés ou flottants, et les cheveux coupés ras, autrement dits à la *Titus*, furent déclarés seuls d'ordonnance. La réforme supprima aussi les dénominations élogieuses des anciennes demi-brigades, dénominations qui entretenaient les rivalités entre les troupes, et provoquaient des querelles et des duels incessants. L'Empereur s'efforça de substituer le patriotisme à l'esprit de corps.

Lassé de la vie monotone et un peu oisive qu'il menait dans son bataillon de dépôt, l'adjudant Raverat sollicita d'être admis dans un des bataillons de guerre. L'expédition projetée contre l'Angleterre paraissant très prochaine, il croyait que sa demande ne pouvait être rejetée ; il n'en fut pourtant pas ainsi. On lui proposa d'entrer dans un autre régiment ; mais il avait conservé trop d'attachement au 57ᵉ pour l'abandonner. Il passa donc l'hiver et une partie de la belle saison dans cette existence inactive si peu en harmonie avec ses habitudes et ses goûts.

Le 15 thermidor an XIII (3 août 1805), Napoléon vint une seconde fois à Boulogne pour assister à l'embarquement des troupes destinées à effectuer une descente sur les côtes d'Angleterre. Raverat, que son service avait appelé à Boulogne auprès de son colonel, se trouvait dans cette ville le jour où l'Empereur y arriva, mais il en repartit pour Lille le lendemain.

De retour au bataillon de dépôt, il croyait ses camarades déjà en pleine mer, quand tout-à-coup le bruit se répandit que l'ordre de départ avait été retiré et l'expédition contremandée.

Par suite de la mort des amiraux Latouche-Tréville et Bruix, et de l'inaction de l'amiral Villeneuve, Napoléon, prévoyant les difficultés qu'il éprouverait à réunir ses escadres dans la Manche pour soutenir la flottille, avait dû renoncer momentanément à son projet.

Mais le cabinet de Saint-James, un instant consterné par la crainte de voir la Grande-Bretagne envahie par une armée française, avait organisé une nouvelle coalition des puissances de l'Europe contre la France. Déjà l'Autriche occupait la Bavière, et la Russie mettait ses troupes en marche pour renforcer son alliée. En apprenant cette levée de boucliers, Napoléon avait dirigé, en toute hâte, vers l'Allemagne, l'armée cantonnée sur les côtes de la Manche.

Raverat profita de cette occasion pour réitérer sa demande; mais, cette fois encore, il ne put rien obtenir. Il prit alors le parti d'écrire directement à son ancien général, César Berthier, qui remplissait en Hanovre les fonctions de chef d'état-major du maréchal Bernadotte.

Peu de jours après le départ de sa lettre, notre adjudant fut envoyé en mission à Boulogne auprès du maréchal Brune, qui, depuis la levée du camp, était investi du commandement d'un corps d'observation destiné à garder les côtes et à protéger la flottille contre les attaques des Anglais.

Lorsque Raverat arriva à Boulogne, il se présenta chez le maréchal; mais celui-ci étant absent, il entreprit, en attendant son retour, une promenade le long du rivage de la mer. A une lieue de la ville, sa curiosité fut attirée par le spectacle animé qui s'offrait à ses regards. Il apercevait sur les falaises de petits postes français échelonnés de distance en distance; non loin de là, une escadrille était à l'ancre, sous la protection d'un fort; dans le lointain stationnait la croisière anglaise, épiant sans doute le moment favorable pour venir canonner nos chaloupes. Le soleil, à son coucher, empourprait l'horizon, et ses rayons se reflétaient sur les voiles blanches des bateaux pêcheurs qui se hâtaient de regagner le port.

A l'approche de la nuit, les matelots de l'escadrille redoublaient de surveillance dans la crainte que, profitant de l'obscurité, l'ennemi ne tentât quelque surprise. Tout-à-coup, l'attention de notre adjudant fut attirée par la vue d'une caisse hermétiquement fermée, et que les flots venaient de déposer à ses pieds, sur la grève. En l'examinant de plus près, il reconnut qu'il s'en échappait un bruit régulier, assez semblable à celui d'une pendule. Il prévint aussitôt le poste voisin de sa découverte. Les soldats et les employés de la douane lui dirent qu'il devait s'estimer très heureux de n'avoir pas été victime de sa curiosité; car cette caisse n'était autre chose qu'une de ces machines incendiaires lancées à la mer pour détruire nos chaloupes, et que les Anglais laissaient au vent et à la marée le soin de pousser au milieu de l'escadrille. Nos marins, de leur côté, empêchaient ces engins destructeurs d'arriver jusqu'à eux, en plaçant au-devant de la ligne d'embossage des filets qui les arrêtaient. Celui qui venait d'échouer sur la plage s'était probablement égaré dans sa route. Notre adjudant n'avait pas encore quitté le poste, que l'explosion se produisit. Une énorme quantité de fusées, de grenades et autres projectiles renfermant des matières inflammables, furent lancées dans tous les sens, mais sans causer aucun dommage.

Raverat attendait depuis environ quinze jours une réponse à sa lettre adressée au général César Berthier, lorsqu'il reçut du Ministre de la Guerre l'ordre de se rendre en poste à Strasbourg, pour y être employé à l'état-major général de la Grande Armée. Cette lettre était datée du troisième jour complémentaire de l'an XIII (20 septembre 1805).

Ivre de joie, il se mit immédiatement en route, et parvint bientôt à sa destination, où on lui annonça qu'il était mis à la disposition du général Saligny. chef d'état-major du quatrième corps, commandé par le maréchal Soult. Il repartit donc aussitôt de Strasbourg, et traversa les duchés de Bade et de Wurtemberg pour aller rejoindre ce corps d'armée qui se trouvait alors à Nordlingen.

On sait que par suite des savantes manœuvres de Napoléon et des combats heureux qu'il avait livrés, la ville d'Ulm se trouva pour ainsi dire enveloppée dans un réseau de baïonnettes; et que le feld-maréchal Mack, enfermé dans cette place, avec une garnison de trente-cinq mille hommes, et n'ayant plus l'espoir d'être secouru par l'armée russe, capitula le 28 vendémiaire an XIV (20 octobre 1805).

Après d'aussi brillants succès, l'Empereur fit son entrée dans la capitale de la Bavière, où la population qu'il avait délivrée de la domination autrichienne, en lui rendant son électeur, notre allié, le reçut avec enthousiasme.

Raverat occupait depuis quelques jours seulement son nouveau poste, lorsqu'il fut demandé par le colonel du 57ᵉ pour venir remplacer dans ce régiment un sous-lieutenant blessé; mais le général Saligny, qui avait déjà remarqué le courage et l'intelligence de notre adjudant, ne voulut pas s'en séparer. Il sollicita du général Andréossy, aide-major général de la Grande Armée, l'autorisation de le garder à l'état-major du quatrième corps, et le Ministre de la Guerre fit droit à sa demande par une décision datée du 9 brumaire (31 octobre). Raverat demeura ainsi attaché à cet état-major, qu'il ne quitta que quelques jours après la bataille d'Austerlitz.

Dans les courses auxquelles l'obligeait son service, ainsi que dans les diverses missions qui lui étaient confiées, notre adjudant déployait toujours une grande activité ; il se faisait aussi remarquer par son courage lorsqu'il s'agissait de porter des dépêches à travers les lignes ennemies. Quoique n'ayant jamais reçu de leçon d'équitation, il montait assez bien à cheval, et se tenait surtout très ferme en selle. Il rendit plus d'une fois de grands services à l'état-major par suite des renseignements qu'il fournit sur le pays occupé alors par notre armée, renseignements qu'il avait acquis en traversant une première fois ces contrées pendant les campagnes d'Allemagne, en l'an VIII et l'an IX (1800-1801).

On était alors au commencement de l'hiver, et le service d'attaché à l'état-major exposait à beaucoup de fatigues ; la pluie et la neige qui tombaient alternativement avaient effondré les chemins, et les rivières débordées interceptaient les communications sur différents points.

Pendant la durée de ses fonctions, notre adjudant eut très souvent l'honneur d'approcher Napoléon. On sait que pendant cette campagne, le maréchal Soult, à quelque distance qu'il se trouvât de l'Empereur, l'informait régulièrement de la position occupée par chacun des régiments qui composaient le quatrième corps d'armée. Un officier d'état-major était donc envoyé chaque jour au grand quartier-général; et le général Saligny avait une telle confiance en Raverat, qu'oubliant qu'il n'était que sous-officier, il lui confiait parfois des missions qui n'étaient ordinairement remplies que par un adjudant-major.

Un jour qu'il se rendait à Lintz, au quartier-général de l'Empereur, Raverat rencontra un détachement de hussards autrichiens qui escortaient une voiture dans laquelle se trouvait un personnage paraissant être d'un haut rang.

L'officier qui commandait le détachement, s'adressant à notre adjudant, lui demanda s'il pourrait lui indiquer où se trouvait Napoléon en ce moment; Raverat lui répondit que les derniers bulletins étant datés de Lintz, l'Empereur était probablement encore dans cette ville. Tout en galopant à côté de l'officier autrichien, Raverat apprit que la voiture renfermait un envoyé de la cour de Vienne, chargé de proposer à Napoléon une suspension d'armes.

Bientôt, et un peu en avant de la ville de Lintz, apparurent dans le lointain plusieurs escadrons de la Garde, rangés en bataille de chaque côté de la route; puis en continuant d'avancer, nos cavaliers distinguèrent l'Empereur lui-même à cheval et entouré de son état-major. L'escorte autrichienne s'arrêta à quelque distance de la cavalerie de la Garde, et la voiture s'avança seule. Enfin, arrivé près de l'Empereur, l'envoyé mit pied à terre, et, la tête découverte, il s'approcha de Napoléon, qui était également descendu de cheval. La conférence, qui se tint au milieu de la grande route, ne dura que quelques minutes, et l'envoyé repartit presque immédiatement.

On sait que les propositions du cabinet de Vienne furent rejetées par Napoléon qui supposait, avec raison, que l'armistice demandé n'avait pour but que de gagner du temps, et d'attendre l'arrivée de l'empereur Alexandre lui-même, qui accourait de la Gallicie à la tête d'une nouvelle armée.

Après le départ du diplomate autrichien, Raverat remit à un officier d'ordonnance de l'Empereur les dépêches dont il était porteur. Napoléon en prit aussitôt connaissance, et jetant un coup d'œil sur celui qui venait de les apporter, il lui adressa un sourire bienveillant.

Au retour de cette mission, Raverat fut mandé par le maréchal Soult, dont le quartier-général était au village d'Absdorff. Le maréchal, qui, malgré son accent gascon très prononcé, avait habituellement le ton sérieux et même sévère, le reçut avec aménité.

« Mon chef d'état-major, lui dit-il, vous a recommandé
» à moi comme un officier digne de toute ma confiance.
» Voici des instructions pour le général Saint-Hilaire qui
» occupe nos avant-postes. Comme l'ennemi parcourt
» constamment le pays, si vous veniez à être arrêté, votre

» devoir serait de faire disparaître cette dépêche. Pour
» plus de sûreté, faites-vous escorter par quelques hus-
» sards, et partez immédiatement. »

Ravérat remercia le maréchal de la bonne opinion qu'il avait de lui, et promit de faire tous ses efforts pour la justifier. Avant la fin de la journée, il se mit en route avec deux hussards seulement.

Au bout de deux heures de marche, il arriva dans le petit bourg de Perschling, où il apprit, par une patrouille française, que la division Saint-Hilaire campait à trois ou quatre lieues plus loin, au-delà des bois qui se trouvent en arrière de ce bourg. Muni de ces renseignements, notre adjudant continua sa route. A la nuit tombante, il se trouvait au milieu de la forêt. Le temps était sombre et pluvieux ; à peine pouvait-on distinguer le chemin. Nos trois cavaliers craignaient de s'égarer ; ils avançaient difficilement, en se heurtant fréquemment aux troncs des arbres, dont parfois les branches leur fouettaient le visage. Enfin, ils trouvèrent une éclaircie, et aperçurent une lumière à quelque distance. En se dirigeant vers l'endroit d'où partait la clarté, ils arrivèrent à une hutte de charbonnier d'assez triste apparence.

L'adjudant, sans descendre de cheval, frappa à la porte de la cabane, qu'un paysan vint lui ouvrir ; et comme pendant son séjour en Suisse et en Bavière, il avait appris à parler assez bien l'allemand pour se faire comprendre, il invita en cette langue le charbonnier à le guider lui et son escorte jusqu'à la sortie de la forêt. Celui-ci ne se fit pas prier, et sans tarder se mit à leur disposition.

Prenant aussitôt la bride du cheval de Raverat, il se dirigea à travers de petits sentiers qui paraissaient lui être familiers. Tout-à-coup!, des hennissements de chevaux se firent entendre qui annonçaient le voisinage d'un bivouac ; mais la nuit était si sombre qu'il n'était guère possible de s'assurer à quelle nation appartenait cet avant-poste. Dans le doute, notre adjudant se tint sur ses gardes et ralentit sa marche, bien que le guide annonçât qu'ils allaient se trouver parmi les Français. En ce moment, quelques mots allemands, qui lui semblaient partir du bivouac, vinrent frapper son oreille, et lui firent craindre de tomber au milieu des Autrichiens. S'adressant alors au charbonnier :

« — Es-tu bien sûr, dit-il, que ce soient là des Français?
» — Oui, certainement! répondit le paysan, vous pou-
» vez avancer sans crainte.....
» — Prends-y garde, reprit Raverat, si tu nous trompes,
» je te tue comme un chien.... et d'abord, commence par
» lâcher la bride de mon cheval, et marche à côté de
» nous.... »

Et au même instant, il tira de sa fonte un pistolet, tout en suivant des yeux les moindres mouvements du guide, et en cherchant à se reconnaître dans l'obscurité.

Le bruit de la marche de nos trois cavaliers était amorti par les feuilles sèches qui jonchaient le sol, et elle se confondait avec le bruit du vent. Soudain, Raverat s'arrête, et sans tourner la tête, de la main il fait signe à ses hussards de ne pas aller plus loin. A la clarté du feu de leur bivouac, il a reconnu un poste de hulans. Presqu'en même temps, le guide pousse un cri, se jette dans le fourré et disparaît. Des hulans accourent et enveloppent nos cavaliers, avec lesquels ils échangent quelques coups de feu; puis ils fondent sur eux la lance en avant. Un des hussards est tué; Raverat lui-même est atteint d'un coup de lance au poignet gauche. Comprenant alors qu'il est impossible de retourner sur ses pas, notre adjudant espère trouver quelques chances de salut en se portant en avant. La bride entre les dents, un pistolet de chaque main et son sabre suspendu au poignet droit, il enfonce l'éperon dans les flancs de son cheval; puis, se dressant sur ses étriers, il renverse les hulans qui s'opposent à son passage, et toujours suivi de son hussard, il se dirige droit sur le bivouac, qu'il franchit en passant au milieu des hulans rassemblés autour du foyer. Là, une nouvelle décharge abat son cheval et tue son dernier hussard.

Raverat parvient heureusement à se dégager de dessous son cheval, et se jette aussitôt dans l'épaisseur du taillis. Les hulans le poursuivent; leurs balles sifflent à ses oreilles. Il traverse les bois, franchit les fondrières, et ne cesse de courir que lorsque, n'entendant plus les houras des cavaliers, il reconnaît qu'il a échappé à leur poursuite.

Épuisé de fatigue, il s'assit alors au pied d'un arbre, en attendant le lever du jour pour pouvoir chercher l'issue de la forêt. Enfin, après quatre ou cinq heures d'attente, la cime des arbres commençant à s'éclairer des premiers rayons du matin, il grimpa sur un sapin élevé, dans l'espoir de s'orienter. Il ne découvrit d'abord que des bois, parce que l'horizon était encore enveloppé de brouillards ; mais la clarté augmentant par degrés, lui permit bientôt de connaître la direction qu'il avait à suivre pour rejoindre les avant-postes français. Tout-à-coup, les sons d'un clairon sonnant une marche française viennent frapper son oreille ; il descend aussitôt du sapin sur lequel il est monté, et, brisé de fatigue, couvert de contusions, les vêtements déchirés, il se met en route ; enfin, après deux heures de course plutôt que de marche, il arrive à un bivouac français, occupé par un détachement appartenant précisément à la division Saint-Hilaire.

Conduit auprès du général, notre adjudant lui remit les dépêches dont il était porteur, et qui avaient failli lui coûter la vie. Ces instructions enjoignaient au général Saint-Hilaire de ralentir la marche de sa division, et de faire rétrograder vers le Danube les corps les plus avancés. L'Empereur avait prescrit au maréchal Soult de se tenir sur la rive droite, à la même hauteur que les divisions françaises qui marchaient sur la rive gauche et qui, déjà une fois, avaient été compromises. De nombreux bateaux, descendant le fleuve en même temps que le quatrième corps, devaient, au besoin, transporter quelques régiments de l'autre côté du Danube, afin de soutenir ces mêmes divisions.

Raverat resta au campement de la division, et après s'être réconforté de son mieux, il se mit en route avec elle ; le général lui prêta un de ses chevaux. Le soir, la division pénétra dans les bois où la nuit précédente bivouaquaient les hulans auxquels notre adjudant avait si miraculeusement échappé. On campa dans la même clairière qu'ils avaient occupée la veille ; les cendres de leur foyer étaient encore chaudes. Raverat, songeant alors à ses deux hussards qui avaient péri si malheureusement, fit rechercher leurs cadavres pour leur accorder au moins une sépulture. Les corps inanimés de ces deux braves furent retrouvés à la même place où il étaient tombés ; mais ils avaient été entièrement dépouillés. Ayant ensuite découvert la hutte du charbonnier dont la trahison avait failli livrer nos Français à l'ennemi, il y fit mettre le feu, afin de détruire l'habitation de ce misérable.

Nous devons dire à la louange de la nation allemande, que de semblables actes de trahison y sont extrêmement rares et tout-à-fait exceptionnels.

De retour auprès du maréchal, qui se trouvait dans le bourg de Mautern, sur les bords du Danube, Raverat en reçut les félicitations les plus honorables.

Quelques jours après, notre adjudant fut chargé d'accompagner un officier d'état-major qui se rendait auprès du général Vandamme, à l'effet d'engager celui-ci à hâter sa marche sur Vienne, pour être en mesure de soutenir le prince Murat dans les opérations qu'il avait à diriger pour s'emparer des ponts du Danube. Raverat et cet officier arrivèrent sur le soir à Burkesdorff, village où campait le général Vandamme. Celui-ci les invita à partager un souper de bivouac, et pendant le repas il dit à notre adjudant :

« Mais, si je ne me trompe, c'est bien vous que j'ai
» rencontré il a cinq ans dans les forêts de Hohenlinden.
» Vous n'étiez alors que caporal, je crois; vous avez fait
» quelque chemin..... C'est bien ; vous ne vous arrêterez
» pas là, je l'espère.... »

Après le souper, Raverat alla visiter ses camarades du 57e, cantonnés à peu de distance, et il passa la nuit avec eux au bivouac.

Le lendemain, dès que les brouillards du matin furent dissipés, nos soldats aperçurent la ville de Vienne ; ils battirent des mains et firent retentir l'air du cri de *Vive l'Empereur !* On n'était qu'à deux ou trois lieues de la capitale de l'Autriche, et on en distinguait parfaitement les édifices les plus élevés.

Le quatrième corps fut dirigé sur Hallabrünn, de l'autre côté du Danube. Cette marche avait pour but de couper la retraite à un nouveau corps de troupes russes, et d'empêcher sa jonction avec l'armée russe qui avait déjà pénétré en Moravie.

Par suite des ordres de l'Empereur, le quatrième corps, après s'être avancé jusqu'auprès du village et du château d'Austerlitz, avait rétrogradé et pris position sur des terrains marécageux, derrière des ruisseaux profonds, qui, à cette époque de la saison, étaient en partie gelés. Il était campé au pied d'une montagne où l'Empereur avait établi son bivouac, et que les soldats qui avaient fait la campagne d'Egypte nommèrent le *Santon*, à cause de la ressemblance qu'ils trouvaient entre cette sorte de monuments religieux et une petite chapelle de forme carrée et massive, qui s'élevait sur le sommet de cette montagne. Les armées coalisées avaient suivi l'armée française, qu'elles croyaient en pleine retraite. Elles occupaient les hauteurs de Pratzen, que bornent au midi plusieurs étangs formés par les ruisseaux dont nous venons de parler.

On sait que l'Empereur avait résolu d'amener les armées ennemies sur ce terrain, qu'il avait étudié quelques jours auparavant.

Dans la nuit qui précéda la bataille d'Austerlitz, l'Empereur visita à pied, et sans aucune escorte, les positions occupées par le quatrième corps, pour s'assurer par lui-même si ses ordres s'exécutaient ponctuellement. Il fut reconnu par nos soldats, qui, couchés au bivouac, se levèrent aussitôt et le saluèrent des plus vives acclamations. Chacun voulait le voir et l'approcher. Quelques grenadiers se disposaient à l'accompagner dans sa tournée ; se rappelant alors que cette journée était la veille de l'anniversaire du couronnement de l'Empereur, les soldats voulurent le fêter à leur manière. Ils attachèrent de la paille de leur bivouac à des perches à houblon prises dans les champs voisins, et y mirent le feu; bientôt toutes les lignes offrirent l'aspect d'une vaste illumination.

L'Empereur adressa à chaque régiment quelques-unes de ces paroles qui allaient si bien au cœur des soldats. Arrivé devant le 57e : « Souvenez-vous, leur dit-il, qu'il y
» a bien des années déjà que je vous ai surnommés les
» *Terribles !* »

Nous n'entreprendrons pas de faire une narration nouvelle de la célèbre bataille d'Austerlitz ; nous citerons seulement, à propos de cette grande journée, quelques épisodes dans lesquels ont figuré plus particulièrement la brigade Férey et le 57e qui en faisait partie.

Le 11 frimaire au matin (2 décembre), quand les Russes descendirent du plateau de Pratzen pour se porter sur la route de Vienne, Napoléon ordonna aux divisions Vandamme et Saint-Hilaire d'aborder la position par deux côtés à la fois, et de l'occuper avant que d'autres troupes vinssent remplacer celles qui la quittaient. Dans ce mouvement, l'Empereur, s'apercevant que la brigade Férey s'était trop engagée et s'exposait à être écrasée, ordonna au maréchal Soult de faire ralentir sa marche pour donner le temps à la brigade Schinner et à la division Saint-Hilaire d'arriver ensemble au sommet du plateau. Le maréchal appela aussitôt à haute voix l'adjudant Raverat, et l'expédia au général Férey pour lui porter l'ordre de l'Empereur.

Raverat partit en toute hâte, sans se laisser arrêter par les boulets ennemis qui sillonnaient la route. Il traversa le petit village de Stari-Vinobrady, où il fut forcé d'abandonner son cheval, qui venait de s'abattre. Arrivé près du général Férey, il lui transmit les ordres du maréchal. Celui-ci, prévoyant que quelque incident pourrait rendre impossible le retour de notre adjudant, l'avait autorisé à rester à la disposition du général Férey. Ce général le retint donc auprès de lui, et l'envoya bientôt remplacer, dans le 57e, un sous-lieutenant qui venait d'être blessé.

Sur l'ordre apporté par Raverat, la brigade avait ralenti sa marche ; mais peu d'instants après, elle reçut une autre instruction qui lui prescrivait d'enlever le plateau de Pratzen. Abordant aussitôt les Russes à la baïonnette, elle renverse leurs premières lignes. Mais l'ennemi, revenu de sa première surprise, se reforme et se remet en bataille. Nos soldats sont enveloppés ; la mêlée devient affreuse ; on lutte pour ainsi dire corps à corps. Raverat, atteint d'un coup de baïonnette à la clavicule droite, et terrassé, allait être écrasé ou fait prisonnier, lorsque quelques soldats de sa compagnie s'élancent à son secours. Un d'entre eux, nommé Tougne, le couvre de son corps et l'arrache aux mains de l'ennemi. Raverat ne dut sans doute la vie qu'à cet acte de dévouement.

La position devenait de plus en plus périlleuse pour nos troupes ; car les Russes, qui étaient parvenus à deviner les projets de Napoléon, avaient fait rétrograder sur le plateau une partie des forces qui en étaient déjà descendues, en même temps que d'un autre côté ils recevaient à chaque instant des renforts. La division Vandamme avait donc à lutter contre une masse de près de quarante mille combattants. Cependant, nos braves, loin de perdre courage, se reforment sous le feu de l'ennemi, et serrent si bien leurs rangs, que, malgré tous leurs efforts, les Russes ne peuvent y pénétrer.

Nos brigades étaient donc à peu près maîtresses du plateau, lorsqu'arriva la division Saint-Hilaire, qui assura la victoire sur ce point, en culbutant complétement les bataillons ennemis, et en opérant sa jonction avec la division du général Vandamme.

Pendant les quelques instants de répit qui suivirent ce rude engagement, le chirurgien-major du 57e vint examiner la blessure de Raverat. Après lui avoir aidé à quitter son habit, il trouva cette blessure si grave, qu'il n'osa en entreprendre le pansement, et il engagea le blessé à se rendre à l'ambulance. Mais notre brave ne voulut pas quitter le champ de bataille au moment où l'Empereur avait le plus besoin du concours de tous ses soldats, alors que la victoire n'était pas encore assurée. Il se fit seulement poser un premier appareil, et porta le bras en écharpe, ce qui l'obligea à tenir son sabre de la main gauche.

Dans ce combat acharné, prélude de la grande bataille d'Austerlitz, notre adjudant eut la douleur de voir tomber à ses côtés un de ses amis intimes, le sergent-major Grandmanche, qui avait rempli les fonctions de secrétaire successivement auprès des colonels de Bruno et Rey.

La division Vandamme, ayant été remplacée sur le plateau de Pratzen par la division Drouet, reçut l'ordre de se porter à une demi-lieue plus loin, sur les hauteurs de Saint-Antoine qui dominent le village d'Augzed, situé à l'entrée d'une petite vallée, et où l'action ne tarda pas à s'engager de nouveau. En vain les Russes qui l'occupaient essayèrent-ils, par un effort désespéré, de résister à nos troupes; ils furent contraints de battre en retraite, après avoir éprouvé une perte considérable.

Une réserve ennemie, forte de six mille hommes, s'engage dans la vallée et vient au secours de ce corps d'armée; mais le général Férey, qui est descendu des hauteurs, s'empare du village et ferme toutes les issues. Chargée et mise en déroute par notre brigade qui venait d'être renforcée par un régiment de dragons, cette réserve, enfermée dans la vallée, veut fuir; mais la terrible brigade Férey lui opposant un obstacle insurmontable, il ne lui reste d'autre chance de salut que de se frayer un passage à travers des terrains marécageux et l'étang de Satzchaner recouvert d'une croûte de glace. Ces malheureux se précipitent sur cette voie dangereuse; la glace se brise sous le poids des hommes, des chevaux et d'un nombreux matériel. Tout disparaît dans les eaux. A la vue de ce désastre, ceux qui ne sont pas encore engagés sur la glace mettent bas les armes, et se rendent prisonniers, laissant entre nos mains un parc d'artillerie de quarante-deux pièces.

Dans ce moment, l'empereur, avec une division de la Garde, vint lui-même s'établir sur les hauteurs de Saint-Antoine, d'où il fut témoin de la destruction de l'aile gauche de l'armée alliée.

La brigade Férey n'avait cependant pas encore accompli sa tâche. Elle est lancée de nouveau contre un corps de l'armée russe, lequel, repoussé par le maréchal Davoust et le général Saint-Hilaire, opérait une retraite désastreuse par une digue qui séparait les deux étangs de Satzchaner et de Ménitzer. Acculés contre ces deux masses d'eaux gelées, sabrés par la cavalerie, mitraillés par l'artillerie, les Russes se jettent en désespérés dans l'étang de Ménitzer, où le plus grand nombre trouve la mort.

Battues sur tous les points, les armées combinées russe et autrichienne s'enfuirent dans toutes les directions, abandonnant à l'armée française ce champ de bataille devenu à jamais célèbre.

Le soir de cette mémorable journée d'Austerlitz, que nos soldats désignèrent sous le nom de bataille des *trois Empereurs*, tous les hommes de la brigade Férey étaient exténués de fatigue et de faim; depuis le matin ils n'avaient pris pour toute nourriture qu'un peu de pain et d'eau-de-vie. On se partagea le pain et le lard trouvés dans les sacs des soldats russes, soit de ceux dont les cadavres couvraient le terrain, soit de ceux qui, pour avoir une moins lourde charge à porter, les avaient laissés sur le bord des étangs avant de s'y engager.

Le 57ᵉ bivouaquait sur la neige, au pied des collines et sur le bord de ces mêmes étangs où tant d'hommes venaient d'être engloutis. Ce régiment n'éprouva pas des pertes aussi fortes qu'on aurait pu le supposer, bien qu'il eût été exposé toute la journée à un feu terrible, et qu'il eût fait plusieurs charges à la baïonnette. Il n'eut à regretter qu'une centaine d'hommes, tant tués que blessés. On a peine à concevoir qu'il n'ait pas été écharpé.

C'est à cette grande journée que la brigade Férey acquit le surnom de *Brigade de Fer*, par abréviation du nom de son général, et aussi par allusion à l'intrépidité de ses soldats.

Malgré sa blessure, Raverat était demeuré à son poste tant qu'avait duré la bataille; puis, il reprit sa place à l'état-major, après avoir quitté la compagnie où il avait rempli par intérim les fonctions de sous-lieutenant. Il eut toutefois la satisfaction de voir son nom mis à l'ordre du jour de l'armée, pour la belle conduite qu'il avait tenue, non-seulement dans cette journée, mais encore pendant tous le cours de la campagne.

Le 17 frimaire (6 décembre), Raverat fut envoyé au château de Spielberg, où, sous les ordres du chef de bataillon Dalon, qui commandait le château, il occupa l'emploi d'adjudant-major de place. Il dut cette faveur au général Saligny qui, connaissant l'état de souffrance dans lequel se trouvait Raverat, par suite de sa blessure, avait prié le général Andréossy de le désigner pour ces fonctions. Il fut, dans ce château, l'objet de soins qu'il n'aurait pu ni trouver, ni espérer dans les hôpitaux militaires, depuis long-temps encombrés de malades et de blessés, à la suite de toutes ces grandes batailles. Aussi, grâce au traitement et au régime auxquels il fut soumis, il fut bientôt rétabli.

Le lendemain de son arrivée dans cette célèbre prison d'Etat, Raverat reçut son brevet de sous-lieutenant au 57e. Ce brevet est daté d'Austerlitz.

Napoléon fit accompagner par un de ses aides-de-camp les débris des armées russes jusqu'aux frontières autrichiennes. Il eut bientôt après une entrevue avec l'empereur d'Allemagne qui, étant venu, pour ainsi dire, se mettre à sa disposition, signa le traité de Presbourg, le 5 nivôse an XIV (26 décembre 1805).

Vers le milieu du mois de janvier 1806 (1), le château de Spielberg et la ville de Brünn qu'il commande ayant été remis à un commissaire autrichien, le chef de bataillon Dalon et le sous-lieutenant Raverat revinrent à leur régiment, qui était cantonné dans la grande plaine de Marchfeld, sur la rive gauche du Danube, et en vue de Vienne. Presque aussitôt, le quatrième corps traversa la Haute-

---

(1) On sait qu'un décret impérial supprima, à dater du 1er janvier 1806, le calendrier Républicain, et rétablit l'usage du calendrier Grégorien. C'est donc de ce dernier seulement que nous nous servirons à l'avenir pour préciser les dates des événements qui nous restent à relater.

Autriche, se dirigeant sur la ville de Braünau, avec ordre de garder cette place jusqu'à ce que toutes les clauses du traité de Presbourg eussent reçu leur exécution.

CHAPITRE IX.

Sommaire. — L'armée française tient ses cantonnements en Bavière. — Le colonel Marigny; une partie de chasse; la louve et les louveteaux. — Reprise des hostilités. — Raverat rentre en qualité de sous-lieutenant dans la première compagnie de grenadiers du 57e. — Bataille d'Iéna. — La brigade Férey endure la faim et le froid. — Raverat, blessé dans une escarmouche, est fait prisonnier. — La Franc-Maçonnerie dans les armées. — Reddition de la ville de Magdebourg. — Les Français en Silésie; ils retrouvent des compatriotes. — Le grognard Tougne et la mère Sarrazin, cantinière du 57e.

L'empereur d'Autriche ayant souscrit, après quelques hésitations, à toutes les conditions stipulées par le traité de Presbourg, le quatrième corps de la Grande Armée rétrograda jusqu'en Bavière, derrière l'Inn, où il prit ses cantonnements. Le 57e fut logé dans un riche village, au milieu d'une plaine fertile. Des rapports pleins de bienveillance s'établirent entre nos soldats et les habitants. Par une discipline sévère, le maréchal Soult s'efforçait d'adoucir autant que possible ce que l'occupation française pouvait avoir de pénible pour le peuple allemand. Les déprédations que l'on avait tolérées en Piémont lors des premières campagnes, furent sévèrement défendues. Cependant, les ordres des officiers supérieurs ne suffirent pas toujours pour préserver les habitants des calamités qu'entraîne nécessairement avec elle la présence d'une armée dans un pays conquis; et la justice militaire eut plus d'une fois à prononcer des peines sévères pour ramener les soldats au respect des personnes et des propriétés.

Un jour que Raverat se promenait aux environs du village, des cris partant d'une ferme isolée vinrent jusqu'à lui. Il s'approcha et vit quelques militaires du 20e régiment de chasseurs à cheval, à moitié ivres, qui, s'étant introduits dans la maison d'un habitant où il ne se trouvait que des femmes, insistaient pour qu'on leur servît à boire et à manger; et le ton menaçant avec lequel ils faisaient cette demande ne faisait que trop comprendre qu'ils n'avaient pas l'intention de payer leur dépense. L'un de ces mauvais sujets s'étant oublié jusqu'à frapper une pauvre femme dont l'âge avancé commandait cependant le respect, Raverat, indigné, s'élança sur lui, et lui reprocha son odieuse conduite; il le contraignit même à demander pardon à celle qui avait été victime de sa brutalité. Les autres garnements avaient pris la fuite à l'arrivée de notre sous-lieutenant, qui, par bonté, s'abstint de signaler à leur chef cette escapade, qui pouvait les exposer à une condamnation des plus terribles.

Cet événement, malgré le secret qu'en garda le principal acteur, ne laissa pas de s'ébruiter. Il parvint à la connaissance de M. Marigny, colonel du 20ᵉ régiment de chasseurs à cheval, qui en témoigna à Raverat toute sa satisfaction. Le colonel Marigny, possesseur d'une belle fortune, et passionné pour les plaisirs, était l'un des plus brillants officiers de l'Empire. Né à Morestel (Isère), il était ainsi compatriote de notre sous-lieutenant, avec lequel il se lia d'amitié, par suite d'une aventure assez dramatique que nous allons raconter.

Le colonel Marigny aimait beaucoup la chasse, et le pays boisé et giboyeux dans lequel était campée l'armée française lui fournissait une excellente occasion pour se livrer à son exercice favori. Dans une partie de chasse, à laquelle il avait invité Raverat, il découvrit en un fourré deux petits louveteaux; l'envie lui ayant pris de les emporter vivants, il allait s'en saisir, lorsque survint leur mère, qui s'élança sur lui. Le colonel avait déchargé ses deux coups de feu sur la louve sans l'atteindre; il avait même brisé son fusil sur le dos de l'animal; il ne lui restait plus que son épée pour se défendre, et, contre un pareil adversaire, c'était une arme bien fragile, lorsque Raverat, qui chassait dans le voisinage, entendant des cris, accourut, et d'un coup de fusil eut le bonheur d'abattre la louve furieuse.

Le colonel Marigny, dont la carrière militaire semblait devoir être des plus brillantes, fut tué peu de temps après, le 14 octobre 1806, à la bataille d'Awerstaedt. Avant l'affaire, il avait dit à ses officiers : « Je me ferai tuer, ou je

» reviendrai général ! » Après une charge exécutée à la tête de son régiment de la manière la plus heureuse, il avait mis pied à terre pour faire resserrer la sangle de son cheval, lorsqu'en y remontant il fut frappé mortellement d'une balle au front.

Pendant que le 57ᵉ tenait ses cantonnements en Bavière, Raverat obtint du colonel Rey une faveur à laquelle il attachait un grand prix : ce fut de quitter la compagnie du centre à laquelle il appartenait depuis sa nomination au grade de sous-lieutenant, pour rentrer dans son ancienne compagnie de grenadiers du premier bataillon.

Dans le courant de l'année 1806, le roi de Prusse rompit la neutralité dans laquelle il s'était engagé, et fit une déclaration de guerre à la France. L'Angleterre lui fournit des subsides, et la Russie, oubliant la magnanimité du vainqueur d'Austerlitz, lui promit le concours de ses armées. Le 7 octobre, Napoléon adressa une proclamation à ses troupes pour leur annoncer l'ouverture d'une nouvelle campagne.

Dès le lendemain, le quatrième corps, qui depuis quelque temps s'était avancé du côté de la Saxe, traversa les forêts de la Thuringe, et se porta dans les plaines de la Franconie. A Géra, le maréchal Soult reçut l'ordre de se diriger sur la ville d'Iéna, où il arriva dans la soirée du 13. Mais le général Leval, qui depuis peu avait remplacé le général Vandamme dans le commandement de la division dont le 57ᵉ faisait partie, s'étant trop engagé sur la droite, ne put recevoir cet ordre que très tard. Laissant ses équipages en arrière, il se dirigea en toute hâte sur cette même ville, où il ne put cependant arriver que dans la matinée du lendemain. La brigade Férey ne fit que traverser Iéna. Nos soldats entendaient le bruit de la bataille qui se livrait sur les hauteurs, et pressaient le pas pour y arriver à temps. Ils côtoyèrent la rive gauche de la Saal pendant l'espace de deux ou trois lieues ; puis, ils lui tournèrent brusquement le dos et s'enfoncèrent dans un ravin qui donne accès sur les hauteurs.

Un brouillard épais, un terrain montueux et glissant rendaient la marche difficile et périlleuse. Raverat s'étant heurté contre des racines d'arbres, fit une chute et roula jusqu'au fond du ravin. Ses grenadiers y descendirent aussitôt et furent assez adroits pour l'en retirer, mais il était dans un état pitoyable. Dans sa chute, il s'était foulé le pied droit ; tout son corps était meurtri et contusionné ; ses mains et son visage avaient été déchirés par les buissons, et ses vêtements étaient souillés de boue et de sang. Cependant son courage et son énergie eurent bientôt surmonté la souffrance, et il put rejoindre la compagnie en s'appuyant sur les bras de ses grenadiers.

Vers le milieu de la journée, la brigade Férey déboucha sur le plateau d'Iéna, et se trouva sur le terrain où la bataille était engagée depuis quelques heures. A travers le brouillard et la fumée, on distinguait le mamelon d'où l'Empereur dirigeait les mouvements de nos troupes.

La division Leval prit position, comme corps de réserve, en arrière de la division Saint-Hilaire, dans un bois épais, sur le flanc gauche de l'armée prussienne. Elle assistait ainsi à la bataille l'arme au bras, sans y jouer un rôle actif. Cette circonstance fut très heureuse pour Raverat, car elle lui permit de prendre un peu de repos; il avait le pied tellement enflé, qu'il avait peine à se tenir debout.

La relation détaillée de la bataille d'Iéna rentre d'autant moins dans notre cadre, que, comme nous l'avons dit, le 57ᵉ régiment n'y prit pas une part active; cependant nos soldats, sur pied depuis la veille, ne purent bivouaquer qu'après la chute du jour. Et dans quel lieu se trouvaient-ils pour oublier leurs fatigues? Au milieu d'un champ de bataille, ou plutôt d'un champ de carnage et de désolation.

Le 57ᵉ était campé près d'un hameau où il ne restait plus que quelques ruines de maisons; un incendie allumé par les boulets rouges lancés par l'ennemi, avait tout dévoré. Privés d'abri, nos soldats ne pouvaient se garantir du froid très vif qui se faisait sentir en ce moment, et ils restaient exposés à une pluie glaciale. Leur marche avait été si rapide la veille, que leurs fourgons de munitions et leurs ambulances étaient restés en arrière; ils se trouvaient sans pain et sans eau-de-vie. La brigade Férey était donc, sous ce rapport, dans une situation plus malheureuse que toutes les autres brigades de l'armée. L'Empereur en ayant été instruit, s'empressa de lui envoyer quelques provisions tirées des fourgons de sa Garde.

Le lendemain matin, dès les premières clartés du jour, la division Leval fut lancée à la poursuite des débris de l'armée ennemie, pour lui empêcher de traverser l'Elbe. Les Prussiens fuyaient en toute hâte. S'étant arrêtés quelques instants pour reprendre haleine, ils furent rejoints par le 57e. Dès qu'ils aperçurent les bonnets à poil de nos grenadiers, ils se sauvèrent éperdus dans toutes les directions, et se jetèrent dans l'épaisseur des forêts, espérant y trouver un refuge ; mais là encore ils furent poursuivis par nos balles et nos baïonnettes. Enfin, après avoir jeté leurs armes et abandonné leurs bagages, une partie des fuyards parvint à se réfugier dans les montagnes du Hartz ; les autres furent assez heureux pour traverser l'Elbe, où ils se mirent à couvert sous la protection de l'artillerie de la place de Magdebourg.

Le 24 octobre, après une course de huit jours, la brigade Férey arriva devant la ville de Magdebourg, qui fut aussitôt investie par le corps d'armée commandé par le maréchal Soult.

Par suite des fatigues et des marches forcées, Raverat souffrait beaucoup de la foulure qu'il s'était faite au pied droit ; il aurait eu besoin de prendre quelques jours de repos, et il espérait profiter pour cela de l'espace de temps pendant lequel s'exécuteraient les travaux préliminaires du siége ; mais dès le lendemain de l'arrivée du régiment, il fut envoyé, avec une partie de sa compagnie, pour occuper un poste important, établi sur les bords de l'Elbe, à peu de distance des remparts de la ville. Ce poste était chargé d'empêcher les détachements prussiens errant dans la campagne, de pénétrer dans Magdebourg.

La première journée se passa sans aucun événement remarquable. A la chûte du jour, notre sous-lieutenant prit les précautions usitées dans de semblables positions : il fit placer quelques sentinelles avancées, et envoya des patrouilles pour visiter les alentours. La nuit close, il s'assit sur une botte de paille, et commençait son modeste repas, composé d'un morceau de pain noir et de pommes de terre cuites sous la cendre, lorsque soudain des coups de feu se firent entendre. Le poste prit aussitôt les armes, et Raverat se dirigea seul vers le côté d'où partait la fusillade. Il aperçut bientôt des tirailleurs prussiens aux prises avec ses sentinelles avancées. Il ordonna à ses hommes de se replier sur le poste, espérant, malgré le peu de forces dont il disposait, pouvoir opposer à l'ennemi une résistance assez énergique pour le forcer à la retraite; mais bientôt une nouvelle fusillade retentit derrière eux, du côté de la ville. Nos braves sont ainsi pris entre deux feux, et toute retraite devient impossible.

Les Prussiens avancent dans l'obscurité de la nuit, dont les ténèbres sont éclairés par le feu de la mousqueterie. Raverat, qui vient de briser son sabre dans la lutte, prend un fusil des mains d'un de ses grenadiers blessés, et à l'aide de sa baïonnette il parvient encore à tenir l'ennemi à distance. Chacun fait bravement son devoir ; mais que peut la valeur contre le nombre? Le poste a déjà perdu la moitié de son monde, et il est trop faible pour soutenir encore la lutte. Raverat lui-même vient d'être atteint d'un coup de sabre, qui, glissant le long du canon de son fusil, lui a fait une blessure gravé sur la main droite. Tous les efforts de nos soldats étant dès-lors devenus inutiles, ils se résignent à se rendre. Après avoir remis leurs armes, ils sont emmenés prisonniers.

Nos grenadiers furent conduits dans la ville de Magdebourg, et enfermés dans la citadelle. Raverat y trouva quelques officiers français, et cette sympathie, qui naît d'un malheur commun, ne tarda pas à établir une intimité entre eux. Ils étaient visités tous les jours par les officiers prussiens, et bien que ces derniers se montrassent polis, notre sous-lieutenant remarqua dans leurs procédés à son égard moins de bienveillance qu'ils n'en témoignaient à ses compagnons d'infortune. Cette différence provenait de la confraternité qu'établit la franc-maçonnerie entre ses adeptes. A cette époque, presque tous les officiers européens étaient francs-maçons. On pressa Raverat d'entrer dans cette vaste association, et il s'y fit recevoir. Dès-lors, les officiers prussiens le traitèrent avec autant de bienveillance que ses collègues.

Suivant les règles établies en pareille circonstance, il ne reçut l'initiation que sous la condition de se faire affilier plus régulièrement à une des loges de la première ville de France dans laquelle il séjournerait. Ce ne fut que trois ans plus tard qu'il put remplir cet engagement d'honneur.

Raverat était prisonnier depuis quinze jours à peine, lorsqu'un matin des détonations d'artillerie se firent entendre. Le maréchal Ney, qui avait remplacé le maréchal Soult, envoyé à la poursuite du général Blücher, venait d'ouvrir le siége devant Magdebourg, qui fut bientôt réduite à capituler. Berlin, ainsi que la plupart des places fortes du royaume, étaient déjà au pouvoir des Français ; le général Kleist, qui commandait Magdebourg, comprenant l'impossibilité de résister long-temps à nos armes, s'était décidé à nous ouvrir les portes de la ville.

C'est à cet heureux événement que Raverat et ses grenadiers durent la liberté ; ils furent dirigés sur Berlin pour rejoindre leur régiment. En arrivant dans cette ville, ils apprirent que le 57° n'était pas encore de retour de son expédition de Lubeck, où le général Blücher avait été battu par le quatrième corps. Quelques jours après, le régiment entrait à son tour dans Berlin. Raverat vint faire une visite au colonel Rey, qui lui témoigna le plaisir qu'il éprouvait à le compter encore au nombre de ses officiers ; il le complimenta sur le courage qu'il avait déployé dans la défense de son poste, ajoutant que le général Férey lui avait exprimé ses regrets d'être privé des services d'un aussi brave officier.

Le repos forcé que Raverat avait goûté pendant sa captivité l'avait entièrement remis de ses fatigues et de ses blessures. Il s'en félicitait d'autant plus qu'il venait d'apprendre que l'armée française allait recommencer une nouvelle campagne. Les Russes, ayant rallié quelques corps prussiens, s'avançaient rapidement pour arrêter notre marche victorieuse ; ils étaient déjà parvenus jusque dans l'ancien royaume de Pologne. C'était donc dans ces contrées lointaines que le théâtre de la guerre allait être transporté.

Vers la fin du mois de novembre, le corps d'armée du maréchal Soult, après avoir été passé en revue par l'Empereur, partit de Berlin se dirigeant sur la Pologne. Le 25, la brigade Férey arriva à Francfort-sur-Oder ; elle traversa la partie de la Prusse comprise entre l'Oder et la Vistule. Cette partie ne présente à l'œil qu'une vaste plaine de sable, coupée en tous sens par des canaux et des cours d'eau marécageux. Les soldats, à l'aspect de cette misérable contrée, regrettaient les riches campagnes de l'Italie ; et, il faut bien l'avouer, la bière aigre de la Silésie n'était pas de nature à leur faire oublier les vins généreux de la Lombardie.

Comme nos jeunes militaires avaient peine à suivre la colonne, les anciens leur disaient : « Allons, allons, nos » gaillards; ce soir, nous coucherons dans une ville où tout » le monde parle *français!* »

Une semblable perspective ranimait les forces de nos jeunes gens, qui allongeaient le pas pour arriver plus tôt à l'étape; puis, le soir venu, ils demandaient où était cette ville française qu'on leur avait promise, et qu'ils cherchaient vainement de tous leurs yeux. « Eh! n'y sommes-

» nous pas, conscrits! répondaient les grognards déridés;
» est-ce que, par hasard, nous parlerions allemand? »

Un jour, cependant, cette fiction devint une réalité. En arrivant sur le soir dans un grand et riche village, nos soldats furent étrangement surpris d'entendre parler français, de lire sur leurs billets de logement des noms français; enfin, de voir sur les enseignes des inscriptions en français. Ils étaient dans le ravissement, et ce qui contribua à les maintenir dans cette heureuse disposition d'esprit, ce fut l'accueil amical qu'ils reçurent des habitants. Ils eurent bientôt l'explication de ce mystère; ils se trouvaient bien réellement au milieu de compatriotes, ou plutôt de fils de compatriotes; car, les anciens habitants de ce village étaient des protestants expulsés de France lors de la révocation de l'édit de Nantes, et qui s'étaient alors réfugiés en Prusse, où ils avaient été accueillis par Frédéric-Guillaume, père du Grand-Frédéric. Ces familles avaient enrichi de leur industrie la contrée où elles avaient fixé leur résidence.

Le 57ᵉ fut reçu avec des démonstrations non équivoques d'amitié. Ces braves gens étaient enchantés de posséder des compatriotes; de leur côté, nos soldats s'estimaient heureux de trouver dans ce triste pays, au sein des populations allemandes, la gaieté française et un souvenir de la patrie.

Le voyage avait été marqué par un incident moitié sérieux, moitié plaisant. Le 57ᵉ venait de traverser un pont de bois dont les planches et les poutres avaient été en partie disloquées par le passage de l'artillerie et de la cavalerie. Effrayé de voir l'eau sous ses pieds, le cheval de la cantinière s'étant cabré, était tombé dans la rivière, entraînant avec lui la voiture dans laquelle se trouvait cette brave femme ainsi que ses enfants. Le courant allait les engloutir, quand tout-à-coup un soldat appartenant à l'une des compagnies du centre, se jeta à l'eau, saisit le cheval par la bride et parvint à le faire aborder. La cantinière et ses enfants en furent quittes pour la peur et pour un bain froid.

Témoin de l'événement, le colonel Rey s'informa auprès de Raverat du nom du militaire qui venait de sauver la pauvre cantinière.

« Il se nomme Tougne, répondit notre officier; c'est
» l'homme dont je vous ai déjà parlé; depuis long-temps il
» désire entrer aux grenadiers. Je le connais de longue
» date; c'est un brave soldat. Colonel, je vous demande
» de nouveau pour lui son admission dans la compagnie
» de grenadiers. »

Le colonel ayant accueilli cette demande, Raverat se hâta de l'annoncer à Tougne. Ce dernier ressentit une telle joie en apprenant cette bonne nouvelle, qu'il ne put trouver une parole pour témoigner sa reconnaissance.

Nos lecteurs n'ont peut-être pas oublié que Tougne était ce même soldat qui, à la bataille d'Austerlitz, sur le plateau de Pratzen, avait couvert Raverat de son corps, et l'avait pour ainsi dire arraché aux mains de l'ennemi. C'était le type le plus parfait du vieux *grognard*; il aurait posé avec succès devant le crayon de Charlet. Sa figure, d'une laideur non équivoque, était surmontée d'épais et noirs sourcils qui se joignaient au-dessus du nez; des moustaches rudes et saillantes ombrageaient sa bouche de la façon la plus disgracieuse; à ses oreilles étaient suspendues de grosses boucles d'argent, ainsi qu'on en portait à cette époque; enfin, malgré son air rechigné et sa mine rébarbative, il devenait parfois très comique par les naïvetés qu'il débitait avec un accent gascon des plus prononcés. Néanmoins, comme il était d'humeur peu endurante, si quelque maladroit s'avisait, par hasard, de le plaisanter trop vivement, il lui faisait bientôt perdre l'envie de rire à ses dépens. L'unique ambition de ce brave était de porter le bonnet à poil des grenadiers.

La cantinière, dont nous venons de raconter la triste aventure, mérite aussi d'occuper quelques lignes dans notre récit.

Mariée à l'un des plus vieux sergents du régiment, la mère Sarrazin n'avait pas quitté la compagnie de grenadiers depuis sa formation. Elle en avait fait toutes les campagnes, et Napoléon l'avait décorée de la chaîne d'or, récompense qu'il n'accordait qu'aux cantinières qui s'étaient signalées par leur dévouement et leur courage. Constamment aux avant-postes, elle allait distribuer l'eau-de-vie aux tirailleurs jusque sous le feu de l'ennemi. Cette excellente femme était en outre, pour les grenadiers blessés, une véritable providence. Que de fois on la vit descendre de son cheval ou de sa voiture, pour y faire monter à sa place les hommes fatigués! Généreuse autant que le permettaient ses modiques ressources, elle n'eut jamais la force de refuser le crédit aux soldats qui se trouvaient un peu en arrière de paiement. Il est donc inutile d'ajouter qu'elle était aimée et respectée de tout le régiment.

La mère Sarrazin avait eu plusieurs enfants; mais ses couches ne la forçaient jamais de suspendre son service plus de quelques heures. Dès le lendemain, après avoir emmailloté, tant bien que mal, son nouveau-né, et l'avoir fixé à son sein, on la voyait reprendre son bidon et porter la goutte aux combattants. Ses enfants étaient nés, les uns en route, les autres au bivouac, sur le revers d'un fossé ou sur la lisière d'un bois, avec ou sans le secours du chirurgien; et, à chaque marmot qui arrivait, nos grenadiers disaient en riant : « Bon! voici encore un *petit lapin* pour » la compagnie! »

Il est bon de dire que les plus grands de ces *lapins* étaient déjà fifres ou tambours.

Mais reprenons la suite de notre récit, que le grenadier Tougne et la cantinière Sarrazin nous ont fait abandonner pour un instant.

Le 12 décembre, la brigade Férey arriva dans le duché de Posen, ancienne province du royaume de Pologne. Nos troupes furent généralement accueillies avec enthousiasme par les populations, qui ne doutaient pas que les Français ne vinssent pour rétablir la nationalité polonaise. Les paysans accouraient des villages pour voir défiler nos soldats, les aidant à porter leurs sacs ou leurs fusils, les invitant de bon cœur à venir partager leurs repas, et leur offrant de la bière et de l'eau-de-vie.

En quittant Posen, notre brigade se dirigea vers les bords de la Vistule, où elle occupa la ville de Thorn, à quinze lieues au-dessous de Varsovie.

CHAPITRE X.

Sommaire. — Passage de la Vistule. — L'armée française entre en Pologne et y prend ses cantonnements. — Raverat est logé chez un curé de village. — Surprise d'un poste par les Cosaques. — Raverat commande l'escorte d'un convoi chargé d'effets de chaussures et d'habillements ; divers incidents de cette petite expédition. — Une gasconnade de troupier. — La bataille d'Eylau. — Le sous-lieutenant Raverat et le sergent-major de sa compagnie. — La rencontre des deux cousins.

Le 22 décembre 1806, la division Leval se trouvait rassemblée à Plock, où elle devait traverser la Vistule. A cet effet, des bateaux que les Prussiens avaient précédemment coulés à fond furent remis à flot, et servirent à la division pour passer sur la rive droite, où elle rejoignit le quatrième corps qui avait aussi franchi le fleuve sur différents points et par les mêmes moyens.

Les premiers jours de marche se firent sans difficultés, grâce à un froid assez vif qui avait durci la terre ; mais le dégel étant survenu plus tard, les routes furent transformées en fondrières. L'armée n'avançait qu'avec peine ;

l'artillerie et les fourgons s'enfonçaient dans la boue jusqu'au moyeu des roues, et les soldats en avaient quelquefois jusqu'aux genoux. Le 57ᵉ perdit quelques hommes qui furent, pour ainsi dire, engloutis dans des mares de boue. Ajoutez une pluie à peu près continuelle, où de la neige incessamment poussée par de violentes rafales, et vous aurez une idée des souffrances que nos soldats eurent à endurer. Les grenadiers du 57ᵉ, réputés agiles et vigoureux, mettaient souvent trois ou quatre heures pour franchir l'espace d'une lieue. On peut juger par là du nombre des traînards que les régiments laissaient en arrière !

Après avoir enfin surmonté les obstacles que le climat et la nature du sol semblaient accumuler pour arrêter notre armée, la brigade Férey arriva au-delà de l'Ukra, rivière assez forte, derrière laquelle les Russes s'étaient retirés à l'approche des Français.

Les savantes manœuvres ordonnées par l'Empereur, avaient permis à l'armée de s'avancer jusqu'au centre de la Pologne, en refoulant l'ennemi devant elle. Arrivée là, elle s'occupa de choisir de bons cantonnements pour y passer l'hiver. Le général Férey s'installa dans un château attenant au bourg de Makow. Sa brigade occupant la ligne la plus avancée, il distribua ses troupes de manière à pouvoir au besoin les réunir promptement. La compagnie de Raverat était cantonnée dans un village, au bas duquel coulait une petite rivière qui la séparait de l'ennemi ; c'était une position des plus importantes.

Ce village était désert ; les habitants avaient emmené avec eux leur bestiaux et s'étaient enfuis dans les bois ; ils éprouvaient une telle crainte des Russes, qu'ils avaient caché dans le sable toutes leurs provisions, grains, choucroûte, etc., et jusqu'à leur bière. Mais en apprenant que leur village était au pouvoir des Français, ils ne tardèrent pas à y revenir

Dès les premiers jours de l'occupation, nos soldats poussèrent des reconnaissances dans plusieurs directions. Après avoir parcouru le pays en tous sens, ils eurent bientôt acquis la triste conviction qu'ils se trouvaient dans l'un des plus misérables cantons de la Pologne. C'était une plaine immense où les cours d'eau, les lacs, les marais et les bois formaient, en s'entrecroisant, un labyrinthe à peu près inextricable.

Raverat était logé chez le curé du village, excellent homme, dont la tolérance touchait à l'épicurisme, ce qui se rencontrait du reste à cette époque chez la plupart des prêtres de ce pays ; mais il paraissait aimer sincèrement les Français, et avait pris en affection notre sous-lieutenant qu'il traitait comme un enfant de la maison. Il ne parlait qu'avec enthousiasme de l'empereur Napoléon. Comme il comprenait un peu le français, la conversation se soutenait tant bien que mal entre lui et Raverat. Ce bon prêtre vivait en la compagnie de deux de ses nièces, qui partageaient l'admiration de leur oncle pour la France et pour l'Empereur. Pendant les longues veillées de la saison, on se réunissait autour du foyer pour écouter notre officier racontant les batailles auxquelles il avait assisté.

Malheureusement pour Raverat, son temps ne se passait pas toujours d'une façon aussi agréable. Sa compagnie avait établi des postes, soit au bord de la rivière, en vue de l'ennemi, soit au milieu des forêts de sapins et de bouleaux. Dans ces divers lieux, il était extrêmement difficile de se garantir du froid. Bien qu'on eût construit des barraques pour abriter les soldats, et qu'on y entretînt du feu continuellement, les hommes avaient peine à se préserver des brouillards humides et glacés de ce climat. Le terrain détrempé ne permettant pas aux traîneaux qui portaient les vivres d'arriver jusqu'à l'endroit où campait la compagnie, nos grenadiers en étaient réduits à ne manger que des pommes de terre cuites à l'eau, du seigle et de l'orge bouillis. Cette nourriture peu substantielle eut pour résultat d'affaiblir tellement nos hommes, que quelques-uns tombèrent malades.

Malgré sa robuste constitution, Raverat ne put résister long-temps à l'influence de ce climat malsain; il paya son tribut à la rigueur de la saison; mais il trouva chez le bon curé des soins si intelligents et si affectueux que sa maladie fut bientôt en voie de guérison. Il n'était pas encore rétabli, qu'une nuit un grand tumulte se fit entendre dans le village. S'arrachant de son lit, malgré la fièvre, notre sous-lieutenant se mit à la fenêtre et vit les habitants qui couraient éperdus dans toutes les directions. Comme il endossait son uniforme, il apprit du curé que les Cosaques, après avoir surpris les sentinelles françaises, avaient repoussé le poste chargé de la garde du gué, et que, malgré l'absence de leur lieutenant, nos grenadiers défendaient énergiquement le terrain.

Sans donner au curé le temps d'achever son récit, Raverat rassemble à la hâte les soldats épars dans le village, et vole au secours de nos grenadiers, qui, en trop petit nombre pour faire résistance, allaient être écrasés. L'arrivée de ce renfort et la présence du sous-lieutenant changèrent bientôt la face des choses. D'assaillants qu'ils étaient un moment auparavant, les Cosaques furent attaqués à leur tour, et obligés de battre en retraite et de repasser la rivière.

Une circonstance qui sans doute n'était pas ignorée de l'ennemi et qui pouvait donner des chances de succès à cette attaque, c'était l'absence de tous les officiers de la compagnie: le capitaine avait été mandé au quartier-général ; le sous-lieutenant était malade, et le lieutenant, qui entretenait des intrigues d'amour avec une jeune Polonaise, avait quitté son poste pour aller à un rendez-vous. Cette escapade, si elle fût parvenue à la connaissance des officiers supérieurs, aurait pu avoir pour notre amoureux de terribles conséquences ; heureusement pour lui, elle demeura ignorée.

Deux ou trois jours après l'événement que nous venons de rapporter, le général Férey transféra son quartier-général dans le village même qu'occupait déjà la compagnie de grenadiers ; dès-lors, les postes avancés, dont précédemment ils étaient seuls chargés, furent gardés alternativement par toute la brigade. Le maréchal Soult vint lui-même inspecter nos régiments dans leurs nouveaux cantonnements. Après s'être assuré de la bonne distribution des troupes au point de vue stratégique, il porta son attention sur quelques détails tout aussi importants, puisqu'ils intéressaient le bien-être du soldat.

Le maréchal eut bientôt reconnu que les vêtements et la chaussure de la majeure partie des hommes se trouvaient dans un état pitoyable. Il ne pouvait guère en être autrement ; car depuis deux mois nos soldats ne s'étaient pas déshabillés, piétinant le jour dans la boue, et se couchant la nuit sur la paille des bivouacs. Le jour même, le colonel du 57e fut appelé chez le général Férey où était descendu le maréchal, et là, il reçut l'autorisation de faire prendre dans les magasins de l'armée deux mille capotes et deux milles paires de souliers.

« Ce que le soldat apprécie le plus, disait le maréchal,
» ce sont de bons vêtements et de bons souliers ; donnez-
» lui ensuite du pain et un fusil, et avec cela il peut tout
» faire!.....»

Le plus difficile n'était pas d'obtenir l'autorisation, mais bien de l'utiliser. Or, le dépôt du quatrième corps ainsi que ses magasins étaient dans la ville de Plock, distante de trente lieues environ du quartier-général de la brigade

Férey, et le pays était constamment battu par des bandes de Cosaques. Le colonel Rey, ne voulant pas envoyer pour la garde de ce convoi un très fort détachement, avait décidé d'en confier le commandement à un officier énergique. Il était indécis dans son choix, lorsque le maréchal, voyant son embarras, lui dit :

« — Vous n'avez donc dans votre régiment personne
» sur qui vous puissiez compter?

» — Monsieur le maréchal, répondit le colonel, je ne
» manque pas d'hommes capables, Dieu merci! mais j'avais
» jeté les yeux sur un officier de grenadiers d'une bravoure
» à toute épreuve, et je réfléchis maintenant qu'il relève
» à peine de maladie; d'ailleurs, comme il appartient aux
» compagnies d'élite, je craindrais qu'il ne fit quelques
» difficultés.

» — Eh bien! voyons toujours, reprit le maréchal, et
» envoyez-le chercher! »

Un aide-de-camp fut aussitôt expédié au sous-lieutenant Raveral, qui ne tarda pas à arriver.

Le maréchal le reçut d'un air affable et lui dit :

« Depuis quatre ans que vous appartenez à mon corps
» d'armée, j'ai été souvent à même de remarquer votre
» courage et votre intelligence. Aujourd'hui, il nous faut un
» homme pour commander un convoi qui doit aller pren-
» dre à Plock des effets d'habillement et de chaussure;
» votre colonel vous a désigné; j'espère que vous vous
» acquitterez de cette mission avec la même habileté

» que vous avez déjà montrée en plusieurs circonstances.

» — Monsieur le maréchal, répondit Raverat, je suis flatté
» de votre bon souvenir ; mais je me permettrai une
» observation ; il est d'usage que les compagnies d'élite
» soient affranchies des corvées. Cependant, puisque vous
» l'ordonnez, j'obéis.

» — Votre objection est juste, reprit le maréchal, — qui
» n'avait point oublié le privilége dont jouissaient les com-
» pagnies d'élite, — aussi, n'est-ce point une corvée que
» je vous impose, c'est un service que je vous confie.

» — Dans ce cas, Monsieur le maréchal, vous pouvez
» compter sur mon zèle et sur mon dévouement. »

Raverat fit choix dans sa compagnie d'une vingtaine des plus intrépides grenadiers, et le convoi, composé de six charrettes conduites par autant de voituriers du pays, se mit en route dès le lendemain matin.

Les chemins qui conduisaient à Plock étaient en assez mauvais état, et les villages échelonnés le long de la route étaient déserts ; car les habitants avaient pris la fuite dans la crainte des Cosaques. Le pays, qui n'offrait à la vue qu'une immense plaine très boisée, et entrecoupée d'eaux stagnantes, était en ce moment couvert de neige. Cependant, malgré toutes ces difficultés, le convoi ne mit que trois jours pour faire le trajet. Il est vrai qu'aucun accident ne vint ralentir sa marche, et qu'il avait de bons chevaux.

Arrivé à Plock, Raverat se présenta à l'état-major de la place ; il exhiba l'ordre dont il était porteur, on lui délivra les effets demandés, et le lendemain le convoi put se remettre en route. Les deux premières journées se passèrent sans aucun incident remarquable ; cependant le temps s'étant un peu radouci, la fonte des neiges avait augmenté les difficultés du chemin, de sorte que les charrettes n'avançaient que lentement. Vers le commencement de la troisième journée, nos grenadiers virent des Cosaques rôder en assez grand nombre autour du convoi, tout en se tenant hors de la portée du fusil. Le soir, le convoi arriva à l'entrée d'un bois où il s'arrêta pour passer la nuit.

Quoique les Cosaques n'inspirassent pas des craintes sérieuses, Raverat prescrivit néanmoins quelques mesures de précautions. Il fit couper des arbres qui furent disposés en forme de barricades ; on plaça les charrettes au milieu du bivouac, afin qu'en cas d'attaque la petite troupe, à l'abri des longues lances des Cosaques, pût se défendre de tous les côtés. Ces précautions ne furent pas inutiles. En effet, ils étaient à peine installés que les Cosaques fondirent tout à coup sur le convoi en poussant leurs cris sauvages. Nos braves les reçurent à coups de fusil. La nuit était si sombre que l'on ne distinguait les assaillants qu'à la pâle lueur des feux du bivouac. Après trois ou quatre charges qui furent toutes repoussées, les Cosaques, voyant l'impuissance de leurs efforts, se retirèrent en laissant plusieurs morts autour du bivouac. Quelques-uns, excités sans doute par l'appât du butin, ayant franchi les barricades, étaient venus chercher la mort jusqu'au milieu de nos grenadiers.

Le lendemain, afin d'aider les charrettes à sortir des fondrières, on y attela les chevaux que l'ennemi avait laissés. Une centaine de Cosaques suivirent encore le convoi. Enhardis par le petit nombre de nos grenadiers, et jugeant sans doute le moment plus opportun, ils tentèrent une seconde attaque; mais quelques coups de fusil les eurent bientôt définitivement éloignés, et on les vit disparaître au milieu des tourbillons de neige que soulevait le galop de leurs chevaux. Néanmoins, les mêmes mesures de prudence qui avaient déjà été prises la veille le furent encore à chaque halte; le convoi atteignit enfin sain et sauf les cantonnements du 57e.

Cette petite expédition et la manière habile avec laquelle elle avait été dirigée, augmentèrent encore l'estime dont notre sous-lieutenant jouissait déjà dans l'esprit de ses chefs. Le maréchal Soult lui en témoigna personnellement toute sa satisfaction, et plusieurs fois il l'invita à dîner à sa table.

Nos grenadiers étaient à peine de retour au quartier-général que la brigade Férey reçut l'ordre de quitter ses cantonnements pour se réunir au quatrième corps, qui se disposait à se porter en avant.

Un redoublement de froid ayant durci les chemins, l'Empereur avait mis à profit cette circonstance pour faire accélérer la marche de tous les corps. Son intention était de livrer aux Russes une grande bataille, afin de les éloigner de ses quartiers d'hiver. Toute l'armée apprit avec plaisir les projets de Napoléon; les privations de toutes sortes qu'elle endurait depuis un mois lui étaient devenues aussi pénibles que les escarmouches presque quotidiennes qu'il fallait soutenir contre un ennemi toujours insaisissable. Ce fut donc sans regrets qu'elle quitta le triste pays qu'elle venait d'occuper.

Le 1ᵉʳ février 1807, le quatrième corps se mit en marche. Les Russes se repliaient devant lui ; mais des milliers de Cosaques harcelaient les flancs de nos colonnes. Malheur aux traînards qui tombaient entre leurs mains! Ceux qui échappaient à la mort étaient dépouillés et laissés complétement nus sur la neige. Il fallait se tenir constamment en garde contre les attaques de cet ennemi si alerte à prendre la fuite, et en même temps si inquiétant.

Un jour, une compagnie du centre, dont les hommes marchaient en éclaireurs, traversait un bois, au milieu d'une atmosphère de brume et de neige, lorsqu'au détour de la route, des Cosaques sortant d'un fourré fondirent sur elle à l'improviste. Quelques-uns de ces soldats furent blessés, d'autres seulement renversés. Heureusement pour eux, des grenadiers de la compagnie de Raverat ayant aperçu le danger auquel ils étaient exposés, accoururent à leur secours, et mirent bientôt l'ennemi en fuite.

Ces jeunes soldats étaient tout honteux de s'être ainsi laissé surprendre. « *Capé di Diou!* leur dit un grenadier
» gascon, vous ne savez donc pas, conscrits que vous êtes,
» que lorsqu'on est près des Cosaques, il faut toujours se

» mettre sous le vent, et avec un peu de nez, on s'aperçoit
» aisément de leur approche...; ils puent comme des bou-
» quins, *Sang-Diou!* » Cette gasconnade provoqua une explosion de rires qui ramena la gaieté dans les rangs.

Le 4 février, à la fin de la journée, la division Leval s'arrêta devant une petite colline appelée Jonkowo, et sur laquelle s'était retranchée la majeure partie de l'armée russe. Le général fit faire une halte en attendant l'arrivée du maréchal Soult; mais, au milieu de la nuit, l'ordre fut donné à la division de s'emparer d'un pont jeté sur une petite rivière devant le bourg appelé Bergfried, et de tâcher de prendre position sur les derrières de la colline. Le pont fut emporté à la course par les seules brigades Schinner et Viviès; la brigade Férey resta en observation de l'autre côté de la rivière. A la pointe du jour, tout était prêt pour livrer bataille; plusieurs divisions françaises étaient arrivées sur le terrain; elles se croyaient en face de l'armée russe, et manifestaient hautement leur impatience d'en venir aux mains. Mais au lieu de la résistance sur laquelle elles comptaient, elles virent l'ennemi battre en retraite, après avoir replié sa première ligne, qui avait servi à masquer ce mouvement.

On sait comment le généralissime Beningsen modifia alors son plan d'opérations, et comment sa contenance, d'agressive qu'elle était, devint défensive à l'approche de Napoléon.

La brigade Férey se porta à la poursuite de l'ennemi,

dont elle eut bientôt atteint l'arrière-garde, qui continuait à effectuer sa retraite en évitant tout engagement. Après quelques jours de marche, cette brigade déboucha d'un pays boisé dans un pays plus découvert. Les Russes, ne pouvant plus éviter le combat, voulurent profiter d'une position capable de retarder la marche des troupes françaises ; ils se retranchèrent sur une petite colline en avant de la ville d'Eylau. Le maréchal Soult, n'ayant avec lui que la seule division Leval, les fit attaquer de front par la brigade Viviès ; la brigade Férey appuya ce mouvement en se portant entre la colline et la ville, de façon à déborder les Russes, qui, craignant d'être coupés, abandonnèrent la position. Poursuivis à la baïonnette jusque dans les rues d'Eylau, ils en furent chassés ; puis les deux brigades réunies s'emparèrent du plateau sur lequel la ville est assise.

C'était le 7 février au soir ; l'obscurité de la nuit dérobait la vue du sol où la division s'était arrêtée, brisée par les fatigues des journées précédentes. Cependant, les soldats ayant coupé quelques branches d'arbres, et réuni des débris de planches et de bois mort, firent un feu à la lueur duquel ils purent distinguer de petits monticules arrondis, entourés d'arbres funéraires, et dont quelques-uns étaient surmontés d'une croix de bois. C'était le cimetière d'Eylau devenu si célèbre ; et c'était avec les dépouilles de cet asile des morts, que les soldats alimentaient le feu de leur bivouac. Bientôt les fourrageurs apportèrent quelques provisions de bouche, auxquelles nos hommes affamés firent fête, malgré leur détestable qualité : le pain était à moitié moisi, le lard était rance et la bière aigre.

Le jour parut enfin ; mais telle était l'intensité des brouillards, que l'on pouvait à peine distinguer la configuration du terrain. Le corps du maréchal Soult occupait le plateau et étendait sa ligne parallèlement à celle de l'armée russe, éloignée à peu près d'une portée de canon. Adossée aux dernières maisons de la ville, la division Leval s'appuyait sur une grande route ; elle avait à sa droite le cimetière d'Eylau, à sa gauche un moulin à vent ; elle était sous les yeux de l'Empereur, qui, comme nos lecteurs le savent sans doute, s'était établi dans la petite chapelle située au milieu du cimetière.

L'action débuta par une vive canonnade qui causa de grands ravages des deux côtés. Les boulets rouges, qui passaient par-dessus la tête de nos soldats, incendièrent la ville d'Eylau et mirent le feu à des fermes répandues dans la plaine. La division Leval ne répondait pas à l'artillerie russe ; son rôle était entièrement passif, et sa mission se bornait à la défense du plateau, point stratégique important, que sillonnaient sans cesse les boulets et les obus.

Le 57e, l'arme au bras, restait immobile à son poste ; mais quoique simples spectateurs, les jeunes soldats qui assistaient pour la première fois à une grande bataille ne laissaient pas de ressentir quelque terreur. Parmi ceux qui étaient en proie à cette sorte de malaise et d'inquiétude, nous citerons le sergent-major de la compagnie de Raverat.

CHAPITRE X.

La vue des ravages causés par l'artillerie le glaçait d'épouvante. Ce sous-officier, jusqu'alors employé dans les bureaux de la comptabilité, n'avait pas encore reçu, comme on dit, le baptême du feu. Son instruction et son intelligence lui assuraient un avancement rapide; mais avant de passer officier, il voulait avoir fait ses preuves en présence de l'ennemi. Par malheur, il n'était rien moins que brave par caractère, et avait fait jusque-là de vains efforts pour surmonter sa pusillanimité naturelle. Or, le matin, pendant que le 57ᵉ prenait ses positions, ce sous-officier, s'approchant de notre sous-lieutenant : « Raverat, lui dit-il, je
» crois que pour devenir brave, on ne peut être à meilleure
» école qu'auprès de vous ; permettez-moi donc de rester
» à vos côtés durant cette journée pour apprendre com-
» ment on doit se conduire au feu...

» — Vous avez raison, répartit le sous-lieutenant; l'é-
» paulette n'est bien portée que lorsqu'elle a été noircie
» par la poudre. »

Pendant cette conversation, les détonations des deux artilleries ébranlaient l'atmosphère. Le sergent-major, soutenu par l'exemple de Raverat, fit d'abord assez bonne contenance ; il fut témoin de l'extermination d'un détachement ennemi, qui s'était approché de la position à la faveur du brouillard et de la fumée. Un feu terrible dirigé sur lui, ne l'avait pas arrêté ; mais tous ses efforts étaient venus se briser contre nos baïonnettes.

La position que le 57ᵉ occupait était vivement convoitée

par les Russes ; aussi était-elle sans cesse battue par une terrible canonnade qui portait la mort dans nos rangs. Des files entières étaient enlevées par les boulets ; la mitraille labourait la neige aux pieds des soldats et la faisait voler en poussière; les obus brisaient les branches des arbres et perçaient de part en part les murs du moulin à vent et ceux de l'église, où était le quartier-général de l'Empereur. Afin de mieux voir ce qui se passait autour de lui, Raverat était monté sur une légère éminence, et s'appuyait sur l'épaule de son sergent-major, dont il s'efforçait de soutenir le courage, quand tout-à-coup l'infortuné jeune homme fut frappé en pleine poitrine par un boulet. La commotion renversa en même temps notre sous-lieutenant, sur lequel rejaillit le sang de ce malheureux. Le colonel Rey les ayant vus tomber tous deux, crut un instant que Raverat avait été également tué, ou que du moins il était dangereusement blessé ; il donna l'ordre de l'emporter à l'ambulance. Mais notre officier, qui venait de se remettre de son premier étourdissement, s'étant palpé pour s'assurer s'il n'avait reçu aucune blessure, reconnut bien vite que son habit seul avait été endommagé. Le même boulet qui avait tué le sergent-major avait enlevé les basques de l'habit du sous-lieutenant.

Raverat, entendant la voix de son colonel, se releva lestement, et lui dit : « Ce n'est point à l'ambulance qu'il faut » m'envoyer, colonel ; c'est chez le quartier-maître ! »

Puis, se retournant :

« —Regardez, continua-t-il ; ce gredin de boulet m'a rasé
» de si près, qu'il a emporté les basques de mon habit. Ce
» n'est donc pas l'affaire du chirurgien ; c'est celle du
» tailleur. »

En ce moment, le général Saint-Hilaire se portait contre le centre ennemi, de concert avec le maréchal Augereau ; mais à leur approche le généralissime Beningsen fit démasquer de nouvelles batteries. Ce fut alors que, pour rallier ces deux corps et arrêter l'ennemi, le prince Murat, à la tête de quatre-vingts escadrons de cavalerie, exécuta l'une des plus terribles charges qui soient citées danr les annales des guerres modernes.

Cependant, une nouvelle colonne russe se mettait en marche pour tenter une seconde attaque contre le plateau occupée par la division Leval. Napoléon ayant aperçu ce mouvement, ordonna à une batterie d'artillerie légère de venir se placer à peu de distance du terrain qu'occupait le 57e. Cette deuxième colonne fut repoussée de même que l'avait été la première. Néanmoins, la division Leval était toujours gravement compromise ; elle s'était avancée pour prendre la place de la division Saint-Hilaire, et demeurait l'arme au bras, exposée à tout le feu de l'ennemi.

Les limites de notre cadre ne nous permettent pas de décrire toutes les phases de la célèbre bataille d'Eylau ; nous rappellerons seulement que, chargés d'opérer sur les flancs de l'ennemi, les maréchaux Davoust et Ney avaient obtenu de si grands avantages sur le généralissime Beningsen, que celui-ci, craignant de voir son armée entièrement anéantie, dut songer à la retraite. Ses bataillons, bien que décimés par notre feu, quittèrent en bon ordre le champ de bataille, et disparurent bientôt dans la brume.

La nuit approchait et dérobait aux yeux les derniers incidents de cette retraite, quand le général Férey fit entendre de nouveau le cri *Aux armes! grenadiers! attention!* Ce cri fut répété par tous les officiers. On vit alors une troisième colonne s'avancer résolument contre le mamelon. C'étaient quatre mille Russes séparés de leur corps d'armée par la cavalerie de Murat, et qui s'étaient égarés dans cette atmosphère de brouillards et de fumée. Ils vinrent, comme les autres colonnes, se briser devant la *Brigade de Fer*.

Dans la crainte d'un retour offensif de la part de l'ennemi, les troupes françaises campèrent toute la nuit sur le lieu même où s'était livrée la bataille.

Le lendemain, les premières lueurs d'un jour pâle et voilé permirent d'apercevoir cette immense plaine d'Eylau couverte de morts et de blessés. Des bataillons entiers gisaient étendus sur le sol. A voir la régularité de leurs lignes, on aurait pu croire que ces malheureux étaient endormis. On entendait de tous côtés les cris déchirants des blessés qui se débattaient contre l'étreinte de la mort. On distinguait parfois un bras se levant du milieu des cadavres, comme pour implorer du secours. Cet appel à la pitié trouvait toujours de l'écho chez nos braves. Quoique la vue de tant de souffrances et de si horribles désastres eût endurci les cœurs, elle ne les avait cependant pas rendus tout-à-fait insensibles.

Le jour de la bataille d'Eylau fut marqué, pour Raverat, par un triste épisode qui lui laissa de vifs regrets dans la mémoire.

Vers le milieu de la journée, au moment où une batterie d'artillerie légère venait de prendre position à côté des lignes du 57e, Raverat entendit distinctement de sa place le capitaine de cette batterie appeler du nom de Raverat l'un de ses sous-officiers, auquel il prescrivait d'activer quelques détails de manœuvre. Notre sous-lieutenant s'étant approché de ce maréchal-des-logis :

« — Pardon, camarade, lui dit-il, nous portons, si je ne
» me trompe, le même nom ; serions-nous parents ? De
» quel pays êtes-vous ?...

» — Je suis de Moustiers-Saint-Jean, en Bourgogne, ré-
» pondit le sous-officier. Et vous ?

» — Moi, je suis de Crémieu, en Dauphiné. Nous som-
» mes sans doute cousins. Touchez là... après la bataille,
» nous nous reverrons ! »

Le soir venu, notre sous-lieutenant, dont l'esprit était toujours préoccupé de cette rencontre fortuite, et dont l'âme était pourtant agitée par un sinistre pressentiment, ne voulut prendre aucun repos avant de savoir ce qu'était devenu son parent. La batterie à laquelle il appartenait n'avait pas quitté la partie du cimetière située à l'extrémité du mamelon. Notre officier se dirigea de ce côté.

A la clarté lugubre que projetaient sur le champ de bataille les fermes incendiées, il put trouver un chemin et arriver droit à la batterie. Là, au milieu des cadavres, il reconnut celui de son cousin ; l'infortuné était renversé sur un affût, et tenait encore son sabre à la main, dans l'attitude de la défense. Raverat, le cœur brisé, se hâta de s'éloigner de ce champ de désolation.

CHAPITRE XI.

Sommaire. — Après la bataille d'Eylau l'armée française rétrograde pour reprendre ses cantonnements d'hiver. — Les soldats remplacent par du gibier les rations de l'ordinaire. — Le poste du château; la comtesse polonaise et son intendant. — Escarmouche où notre sous-lieutenant enlève des chevaux aux Cosaques. — Attaque du château ; marque de confiance donnée à Raverat par la comtesse polonaise. — Raverat et ses grenadiers établissent un pont sur la Passarge; récompenses qui leur sont accordées.

Le 17 février 1807, le maréchal Soult quitta les bords de la Frisching, où il était demeuré campé quelque temps afin d'observer l'armée russe qui, depuis la bataille d'Eylau, s'était retirée au-delà de cette rivière. Après quelques jours d'une marche rétrograde, il s'arrêta derrière la Passarge qui allait devenir sa ligne de défense.

La Passarge, dont il sera plus d'une fois question dans les événements que nous avons à rapporter, est l'une des principales rivières de cette contrée; son lit est large et profond, et son cours rapide; elle charriait alors de nombreux glaçons. Le quatrième corps se retrouvait au centre de la Pologne, mais un peu plus au nord que la première fois et plus près des côtes de la mer Baltique; il occupait la rive gauche de la Passarge, depuis Deppen jusqu'à Spanden, et le maréchal avait établi son quartier-général au bourg de Mohrungen. La brigade Férey fut cantonnée à Sparthenen, et le 57e à Stollen. Ce régiment était chargé de surveiller le pont de Lomitten, dont le débouché sur la rive droite était au pouvoir des Russes qui y avaient élevé quelques retranchements.

Nos soldats n'étaient pas logés chez les habitants, mais dans de vastes cabanes en paille et en torchis. Du reste, ils se trouvaient mieux dans ces cabanes provisoires qu'ils ne l'auraient été chez les paysans, dont les habitations étaient presque toutes d'une malpropreté révoltante, l'unique pièce du logis servant d'ordinaire à abriter bêtes et gens.

L'armée russe, pendant son séjour dans cette contrée, l'avait complétement dévastée; aussi, les troupes françaises avaient-elles beaucoup de peine à se procurer leurs subsistances. Les officiers n'étaient guère plus heureux que les soldats, et leur nourriture se composait presque exclusivement de choucroûte et de porc salé, dont l'usage trop prolongé occasionna des dyssenteries assez graves. Cependant, une circonstance fortuite vint permettre à nos soldats d'apporter quelques modifications au menu ordinaire de leurs repas. La Passarge étant la seule rivière qui ne fût pas gelée, des bandes nombreuses de canards sauvages, d'oies, de cygnes et d'autres oiseaux aquatiques, venaient s'abattre dans le voisinage de ces eaux, et les bons tireurs des compagnies en faisaient souvent une chasse assez abondante pour garnir les marmites du bivouac, en attendant l'arrivée des traineaux chargés des approvisionnements.

Malgré le grand nombre de postes, malgré l'activité des patrouilles, la brigade Férey était journellement inquiétée par des détachements de Cosaques qui traversaient la Passarge, soit au-dessus, soit au-dessous de son quartier-général. Ils enlevaient les hommes isolés et les convois mal escortés. Pour être à même de surveiller plus activement les parties guéables de la rivière, le général fit établir un nouveau poste dans un petit château situé à peu de distance de Stollen. Le commandement de ce poste, qui était de vingt-cinq hommes, fut donné à Raverat.

Ce château appartenait à une vieille comtesse qui l'habitait seule avec un intendant et quelques domestiques. Nos militaires y reçurent un assez bon accueil. Dès qu'il y eut installé son monde, Raverat s'occupa de reconnaître le pays, qui, par sa position topographique, était susceptible de favoriser des embuscades. Il fit placer un factionnaire près du gué, et en échelonna d'autres le long de la rivière, afin qu'au premier mouvement des Cosaques campés sur l'autre rive, l'éveil pût être donné immédiatement au château.

Comme nous l'avons dit, cette contrée était entrecoupée de marais et de bois ; couverte de neige à ce moment de l'année, elle offrait un aspect sauvage et frappait l'esprit d'une indéfinissable impression de tristesse. L'uniforme des sentinelles et le feuillage sombre des sapins venaient seuls interrompre la monotonie de ces vastes plaines ensevelies sous un immense linceul ; on n'entendait d'autre bruit que le sifflement du vent du nord sur les lacs glacés, se mêlant au pas cadencé des patrouilles et au qui-vive des factionnaires.

Mais si la rigueur du climat rendait pénible le service à l'extérieur, en revanche, la vie était assez agréable au château. Les longues soirées d'hiver se passaient gaiement devant un bon feu ; la morgue aristocratique avait disparu pour faire place à une sorte de cordialité ; les rangs et les grades étaient à peu près confondus. Madame la comtesse parlait un peu le français ; quant à l'intendant, il n'en connaissait pas un mot ; néanmoins, il en apprit bientôt assez pour pouvoir se faire comprendre de notre officier, qui de son côté commençait à bégayer quelques phrases en polonais. Raverat satisfaisait la curiosité de ses hôtes en leur racontant soit ses campagnes, soit quelques anecdotes sur l'Empereur, tous récits qui paraissaient les intéresser vivement.

Un soir, pendant le souper, Raverat demanda à l'intendant pourquoi à son arrivée au château il lui avait adressé quelques mots en latin. Celui-ci lui répondit qu'il supposait que les officiers français étaient, comme en Prusse, en Autriche et en Russie, des fils de famille, et avaient, par conséquent, reçu une instruction complète. Ce brave homme fut très surpris d'apprendre que Raverat en entrant au service était tout-à-fait illettré, qu'il avait débuté par être simple soldat, de même que plusieurs généraux et maréchaux de l'Empire, et que Napoléon lui-même avait commencé par être lieutenant.

Notre Polonais ne voulut pas d'abord ajouter foi à ces récits. Souriant d'un air d'incrédulité, il dit à Raverat : « Je sais que les Français aiment à plaisanter, surtout aux » dépens des étrangers... Excusez-moi donc si je conserve » quelques doutes sur la vérité de ce que vous me dites...» Il ne concevait pas que de simples roturiers pussent, comme les nobles, obtenir des grades dans l'armée. Cette égalité, dont Napoléon était la preuve la plus éclatante et l'exemple le plus célèbre, lui semblait une anomalie que son intelligence se refusait d'admettre.

Les premiers temps du séjour de notre sous-lieutenant au château se passèrent assez gaiement, comme nous l'avons dit. Les Cosaques ne paraissaient nullement songer à forcer le gué ; de l'autre rive, ils se contentaient de faire à nos grenadiers des gestes de défi auxquels on ne fit pas d'abord attention, mais que plus tard Raverat résolut de punir par une bonne leçon.

Laissant sur le bord de la Passarge une partie des hommes du poste, afin d'occuper l'attention de l'ennemi et de lui donner le change, notre officier et l'autre partie de son monde passèrent la rivière dans une barque. A la faveur d'un petit taillis qui se trouvait sur le bord, ils purent s'avancer, sans être vus, jusqu'aux arbres où les Cosaques avaient attaché leurs chevaux. Tout-à-coup ils fondent la baïonnette en avant sur les Moscovites qui, s'abandonnant à une trompeuse sécurité, s'amusaient encore à défier les grenadiers restés sur la rive gauche, et qui, frappés de stupeur, se sauvèrent aussitôt à toutes jambes, abandonnant leurs chevaux, dont nos hommes s'emparèrent.

En quelques minutes, nos grenadiers regagnèrent leur bateau et repassèrent la rivière en tenant les chevaux par la bride. Cependant les Cosaques s'étant à la fin aperçus du petit nombre d'assaillants auxquels ils avaient eu affaire, revinrent pour reprendre leurs montures ; mais quelques coups de fusil les eurent bientôt forcés à la retraite.

Dans l'après-midi de cette journée, le maréchal Soult, qui inspectait les postes avancés occupés par son corps d'armée, vint visiter celui du château. Instruit de la petite expédition de Raverat, il lui en fit quelques reproches, et lui représenta qu'il était imprudent d'entreprendre de semblables coups de main, dans lesquels on risquait de se faire tuer et de perdre des hommes sans nécessité. Néanmoins, à la vue des petits chevaux enlevés aux Cosaques, le maréchal sembla se dérider; il témoigna même le désir d'en avoir un ; Raverat choisit le plus beau, et le lui offrit au nom de ses grenadiers ; les autres furent envoyés au dé-

CHAPITRE XI.

pôt et vendus au profit des soldats qui faisaient partie du poste.

Comme on devait le prévoir, les Cosaques voulurent prendre leur revanche. Dans la nuit suivante, des coups de feu et le cri *aux armes!* se firent entendre; les sentinelles se replièrent sur le château en donnant l'alarme. Bientôt le poste fut attaqué par les Cosaques, qui se disposaient même à enfoncer la porte principale derrière laquelle nos grenadiers s'étaient retranchés. Après avoir fait embusquer quelques-uns de ses hommes aux fenêtres du château, notre officier, à la tête de quelques autres, fit une sortie par les jardins et tourna l'ennemi. Au même instant, la porte du château s'ouvrit et livra passage aux grenadiers qui étaient restés dans l'intérieur. Les Cosaques, placés ainsi entre deux feux, se hâtèrent de prendre la fuite en poussant leurs houras habituels.

Le lendemain de cette tentative, Raverat, craignant le retour de l'ennemi, conseilla à la comtesse de mettre en sûreté l'argent et les objets précieux qu'elle pouvait posséder. Cette dame le remercia de sa prévoyance; et, pour lui témoigner toute sa confiance, elle lui fit l'aveu que depuis long-temps elle avait caché dans une de ses caves tout ce qui était de nature à tenter la cupidité. Raverat lui fit alors observer que le lieu de sa cachette était mal choisi; car si les Cosaques venaient à s'emparer du château, leur premier soin serait de descendre à la cave pour y boire le vin et la bière; il serait possible alors qu'en furetant ils parvinssent à découvrir la cachette. La comtesse comprit la justesse de cette observation, et pria Raverat de l'aider de ses conseils et de désigner lui-même l'endroit le plus convenable. Le même jour, à la nuit tombante, notre officier et l'intendant se rendirent dans l'une des parties les moins fréquentées du jardin, et y enfouirent dans la terre une caisse contenant l'argenterie et les bijoux appartenant à la comtesse. L'opération fut faite avec tant de soins et de précautions, qu'elle ne laissa aucune trace ni sur les gazons, ni sur la neige.

Quelques jours après ces incidents, Raverat fut rappelé de son poste pour retourner à son régiment. A son départ, la comtesse lui offrit une somme d'argent en récompense de son honorable conduite pendant son séjour au château. Notre brave officier ne voulut rien recevoir pour lui-même, mais il engagea la comtesse à distribuer cet argent à ses grenadiers. Pour lui, la satisfaction d'avoir rempli son devoir était la plus douce récompense qu'il ambitionnât.

Vers la fin de février, Raverat était de retour à Stollen. La plus parfaite sécurité régnait dans cet avant-poste; la Passarge séparait seule le 57ᵉ de l'armée russe. On se voyait très distinctement; on s'adressait même quelques paroles; enfin, on agissait comme gens décidés à passer le reste de l'hiver paisiblement et en bons voisins. Un matin, cependant, le bruit du canon annonça la reprise des hostilités : le maréchal Soult venait d'arriver à Stollen et y avait concentré deux divisions.

C'était le 3 mars 1807. A la chute du jour, Raverat reçut du colonel Rey l'ordre d'occuper une petite éminence dominant la rivière, d'où l'on apercevait, à une demi-lieue de distance, sur la rive droite, le château de Lomitten, où les Russes avaient établi une forte avant-garde. Ils étaient nombreux, à en juger par les feux que l'on voyait briller sur toute la ligne. Le général Férey tenait à ne confier cette position qu'à un petit nombre d'hommes éprouvés, dans la crainte d'éveiller l'attention de l'ennemi. Cette éminence était située à une portée de fusil du hameau de Stollen. Coupée à pic du côté de la Passarge, elle présentait partout des flancs escarpés et couverts de bois. Une petite chapelle rustique, qui s'élevait sur son sommet, servit à abriter nos grenadiers. Quelques pièces d'artillerie légère y furent montées à force de bras, et disposées de manière à battre la rive droite de la rivière.

Voyant la marche rétrogade des Français depuis la bataille d'Eylau, le généralissime Beningsen avait rallié les débris de ses troupes. Les nombreux renforts qui lui étaient arrivés lui avaient permis de se porter en avant, à la suite de nos armées ; il s'était arrêté sur la rive droite de la Passarge, d'où il observait nos mouvements.

Napoléon, dans le but d'éloigner les Russes de nos avant-postes, et de rester maître des deux rives, avait ordonné au maréchal Bernadotte de traverser la basse Passarge, à quelques lieues au-dessous de Stollen, et au maréchal Ney de traverser la haute Passarge, à quelques lieues au-dessus. Une fois sur la rive droite, ces deux maréchaux devaient, en opérant leur jonction, forcer l'ennemi à s'éloigner, ou le jeter sur la moyenne Passarge, que le maréchal Soult traverserait à son tour pour le recevoir vigoureusement, et lui sortir l'envie de se montrer pendant le reste de l'hiver.

Pour dissimuler cette manœuvre et détourner l'attention des Russes, le maréchal Soult devait négliger le pont de Lomitten, en y laissant toutefois une garde nombreuse. Il devait faire jeter un autre pont au pied même de l'éminence de Stollen, afin de pouvoir, à un signal convenu, se porter sur la rive droite. Le poste de Raverat n'avait été établi que dans le but d'appuyer ce travail, dans le cas où l'ennemi aurait tenté de s'y opposer

A la nuit close, le maréchal ordonna de rassembler sur le bord de la rivière des outils, des madriers, des chevalets, des planches, et tous les objets nécessaires à la construction d'un pont. Ces préparatifs étaient cachés aux yeux de l'ennemi par l'obscurité et par un rideau d'arbres qui bordait la Passarge. Le maréchal, qui tenait à faire exécuter les travaux avec toute la célérité possible, se tenait lui-même sur le bord de la rivière ; et lorsque tout fut prêt, les pontonniers se mirent à l'œuvre, sous la direction d'un officier du génie.

Le pont que l'on se proposait d'établir consistait simplement en quelques chevalets placés de distance en distance dans la Passarge, et que l'on devait ensuite fixer au moyen de plateaux destinés à servir en même temps de tablier. Par malheur, l'état de la rivière présentait de grandes difficultés à l'exécution de ce travail; les eaux, qui s'étaient élevées à la suite du dégel, charriaient de nombreux glaçons et entraînaient toutes les pièces de bois qu'on essayait d'y fixer. Le premier chevalet que les pontonniers établirent, avec beaucoup de difficultés, ne tarda pas à être emporté. On eut même à regretter la perte de deux des travailleurs. Néanmoins, le maréchal ordonna de faire un nouvel essai, qui n'eut pas plus de succès que les précédents ; toutes les tentatives échouèrent devant les obstacles que nous avons signalés.

Cependant, le temps s'écoulait rapidement sans que l'on eût obtenu même l'apparence d'un résultat, et l'Empereur, qui n'admettait pas qu'aucun empêchement pût se rencontrer à l'exécution de ses ordres, devait bientôt donner le signal de l'attaque. Le maréchal pressait donc vivement l'officier du génie d'aviser à quelque nouveau moyen ; mais la plupart des chevalets avaient déjà été entraînés, et ceux qui restaient n'avaient pas une hauteur suffisante pour atteindre le fond de la rivière. D'ailleurs, les pontonniers, effrayés par la mort de leurs camarades et découragés par l'impuissance de leurs efforts, n'apportaient pas à leurs manœuvres cette confiance qui peut seule en assurer le succès. Vainement le maréchal employait tour-à-tour les promesses et les menaces pour les exciter au travail; l'officier du génie finit par déclarer qu'avec les faibles ressources dont il pouvait disposer, il lui était impossible d'arriver à quelque résultat.

Sur ces entrefaites, Raverat, qui, par motif de curiosité, était descendu de son poste pour assister à la construction du pont, voyant les pontonniers s'épuiser en efforts inutiles, conçut aussitôt un projet dont l'exécution ne lui paraissait pas devoir présenter de difficultés sérieuses; il alla droit au maréchal, qui, regardant sa montre à chaque instant, trépignait d'impatience au milieu d'un groupe d'aides-de-camp et d'officiers d'état-major.

« — Monsieur le maréchal, lui dit-il, si vous voulez m'en donner l'autorisation, je me charge d'établir ce pont dont la construction semble rencontrer tant de difficultés.
» — Vous voulez faire un pont, vous, répondit Soult
» brusquement, quand l'officier du génie et les pontonniers
» y ont renoncé... et quels sont vos moyens? Parlez....»

Raverat exposa son projet au maréchal, qui, l'ayant approuvé, lui dit : « Eh bien! voyons, mettez-vous à l'œu-
» vre; mais pas de retard!.... »

Voici en quoi consistait ce plan. Notre sous-lieutenant se proposait de traverser la rivière à la nage, en emportant avec lui l'extrémité d'une corde, assez longue pour mesurer à peu près la largeur de la Passarge. Cette corde aurait été liée par une de ses extrémités à deux forts câbles attachés eux-mêmes à des arbres du rivage. Parvenu sur la rive opposée, il pensait qu'il serait facile d'y attirer ces deux câbles et de les attacher ensuite solidement aux troncs des arbres que l'on apercevait sur l'autre bord. Laissant entre ces câbles l'espace de quelques pieds, on aurait placé, par dessus et en travers, des planches et des madriers qui auraient été liés au besoin, soit à ces câbles, soit à des chevalets placés par dessous; en un mot, on aurait formé une espèce de radeau touchant aux deux rives par les deux extrémités.

Ce moyen si simple, comme on le voit, et auquel cependant les pontonniers n'avaient pas songé, devait pourtant suffire au passage de tout un corps d'armée.

Cette entreprise allant s'exécuter presque sous les yeux de l'ennemi, et exigeant le concours de plusieurs hommes, Raverat demanda à être accompagné de quelques grenadiers de son choix, bons nageurs, et surtout d'une bravoure à toute épreuve, afin de repousser les attaques auxquelles il pourrait être en but. Le maréchal consentit à tout.

Un aide-de-camp du général Férey, nommé Pierron, fut désigné pour remplacer notre sous-lieutenant dans le commandement de son poste, et celui-ci, de retour auprès de ses grenadiers, leur fit part de son projet.

« — Mes amis, leur dit-il, j'ai une excellente affaire à
» vous proposer; quels sont ceux d'entre vous qui veulent
» se signaler?

» — Tous, tous! répondirent-ils.

» — Je n'en veux que douze, les douze meilleurs na-
» geurs de la compagnie, car il s'agit de traverser la

» Passarge à la nage, et d'apprendre aux pontonniers à
» faire un pont. »

Après avoir fait son choix : « Camarades, leur dit-il,
» nous avons traversé le Danube, nous traverserons bien
» la Passarge? C'est une bonne occasion pour gagner le
» ruban rouge.... nous sommes sûrs de réussir..... Rien
» n'est impossible aux *terribles* du 57e... »

Arrivé avec ses hommes au bord de la rivière, Raverat
y trouva les cordes et les câbles qu'il avait demandés.

En ce moment, la lune se dégageant des nuages qui la
voilaient, projetait sa clarté sur le rivage. De l'autre côté
de la Passarge, on voyait à peu de distance une sentinelle
russe qui pouvait contrarier l'expédition; mais Raverat
n'était pas homme à se laisser arrêter par un pareil obstacle.

Il était près de minuit, le vent du nord était violent, et
son sifflement à travers les arbres semblait devoir favoriser
le succès de l'entreprise. Malgré la rigueur du froid, malgré les glaçons que charriait la Passarge, nos grenadiers
se dépouillent d'une partie de leurs vêtements et se jettent
à l'eau, en gardant toutefois leur sabre. Le maréchal et son
état-major suivaient avec anxiété tous leurs mouvements.
Arrivés au milieu de la rivière, plusieurs grenadiers disparurent, engourdis sans doute par le froid ou entraînés
par le courant. Afin d'éviter les glaçons qui menaçaient de
l'atteindre et de le blesser, Raverat fut plusieurs fois obligé
de plonger sous l'eau; mais bientôt il ressentit un froid

si vif, que ses dents se mirent à claquer malgré lui, et laissèrent échapper la corde qu'il emportait. Sans perdre courage, notre intrépide sous-lieutenant revint au bord de la rivière, et comme il s'était aperçu que son caleçon le gênait dans ses mouvements, il s'en débarrassa. Après s'être attaché cette fois la corde autour du corps, il se mit à la nage, et en quelques minutes il eut atteint l'autre rive. Arrivé là, il s'aperçut avec douleur que de ses douze compagnons il ne lui en restait plus que trois. C'étaient le sergent-major Guimet, le sergent de sapeurs Vanaret et le grenadier Tougne. Malgré leur petit nombre, ces braves suffirent pour mener à bonne fin une entreprise si hardiment conçue.

Afin de se dérober à la vue de la sentinelle russe qui parfois s'approchait d'eux, nos grenadiers étaient obligés de se coucher à plat-ventre sur la neige, ou de se tenir cachés derrière le tronc des arbres. Toujours infatigable, Raverat repassa une troisième fois la rivière afin d'amener sur la rive ennemie les planches nécessaires à l'établissement du tablier du pont. Avec l'aide des pontonniers, cette opération s'exécuta aussi heureusement que possible.

Dès ce moment, le succès de l'entreprise était assuré. Au moyen de madriers, de planches et de chevalets, les pontonniers purent donner au pont toute la solidité désirable; de plus, afin de le garantir contre les efforts du courant de l'eau, des cordes attachées aux arbres qui bordaient le rivage en amont, le retenaient sur plusieurs points de sa longueur. Mais comme les glaçons arrêtés par cette espèce de barrage menaçaient, en s'amoncelant, d'emporter cet ingénieux travail, on posta de distance en distance des soldats qui, avec la pointe de leurs baïonnettes, étaient chargés d'enfoncer les glaçons dans l'eau et de les forcer à passer par-dessous les plateaux.

Nos braves ne songèrent pas à revenir sur l'autre rive avant que le pont fût entièrement terminé, quoiqu'ils fussent complètement nus et exposés à toute la rigueur du froid. Comme les planches qui formaient le tablier du pont étaient couvertes de verglas, il était très difficile de s'y tenir debout, et l'on ne pouvait guère y marcher qu'en s'aidant des mains et des genoux. C'est ce que firent les trois compagnons de Raverat; quant à lui, il préféra se remettre une quatrième fois à l'eau, « Voulant, disait-il, » revenir par le même chemin qu'il avait déjà pris. » Quand il aborda, ses doigts engourdis avaient de la peine à s'accrocher à la berge, le maréchal lui-même vint lui tendre la main, l'enveloppa de son manteau, et, le félicitant sur son acte de dévouement, il l'assura qu'il ne resterait pas sans récompense.

Les compagnons de Raverat furent, comme lui, l'objet des félicitations et des soins de tous; on s'empressa de les couvrir de vêtements chauds. Le maréchal, qui avait envoyé prendre dans ses fourgons une bouteille de rhum, leur en fit boire à chacun, et le colonel Rey, dans son transport d'admiration, les embrassa affectueusement.

L'ovation décernée à nos quatre héros était à peine terminée que trois coups de canon se firent entendre : c'était le signal convenu avec les maréchaux Ney et Bernadotte. Un aide-de-camp de l'Empereur arriva bientôt avec la mission de s'assurer si le pont était terminé, et si le maréchal Soult était en mesure de résister à l'ennemi. Ayant reconnu que les ordres avaient été ponctuellement exécutés, il repartit immédiatement pour en rendre compte à l'Empereur qui, de son quartier-général d'Osterode, dirigeait tous les mouvements. Il était environ deux heures du matin.

Pendant ce temps, Raverat et ses compagnons furent conduits au hameau de Stollen, où de bons lits les attendaient ; on les fit coucher entre deux matelas, afin de provoquer plus promptement le retour de la chaleur naturelle.

Ils n'étaient couchés que depuis quelques heures, lorsque se firent entendre les premières détonations d'artillerie. Raverat, réveillé le premier, comprenant aussitôt que le combat venait de s'engager, appela ses camarades et les engagea à se lever.

— « Entendez-vous le canon qui gronde, leur dit-il ; notre
» drapeau nous réclame ; nous ne sommes pas assez lâches
» pour rester couchés, tandis que nos camarades du régi-
» ment sont aux prises avec les Russes. Ce que nous avons
» fait cette nuit, ne nous dispense pas de faire mieux encore
» aujourd'hui, si nous le pouvons !.... »

Excités par ces paroles énergiques, nos braves sont

bientôt sur pied; ils s'habillent à la hâte et se dirigent au pas de course vers le nouveau pont de la Passarge qui avait été recouvert de sable et de terre pour le rendre plus viable. L'ayant traversé, ils reprirent bientôt leur place dans les rangs du 57e.

Le maréchal Soult avait fait passer deux divisions sur la rive droite de la rivière, et après s'être emparé du château de Lomitten, il avait poussé ses têtes de colonne en avant et refoulé l'arrière-garde de l'armée russe qui se repliait devant cette manœuvre offensive. Le généralissime Beningsen, s'étant aperçu de la marche des maréchaux Ney et Bernadotte, comprit qu'il lui serait impossible de résister aux troupes françaises qui allaient le presser de toutes parts; il abandonna la ligne de la Passarge, et se retira en arrière. Le maréchal Soult fit suivre son mouvement de retraite pendant l'espace de plusieurs lieues.

Après avoir balayé la rive droite de la rivière, le maréchal Soult rentra à son quartier-général. Bientôt il fit appeler le colonel Rey pour lui demander les noms des trois compagnons de Raverat, afin de rédiger son rapport et d'appeler l'attention de l'Empereur sur leur belle conduite.

Vers la fin de cette journée, Napoléon arriva à Lomitten afin d'étudier la ligne nouvellement conquise, et d'assigner d'autres positions au quatrième corps.

S'étant fait présenter nos quatre héros; « Mon brave, » dit-il à Raverat, j'ai connaissance du service important

» que vous venez de rendre à notre armée, service qui a
» assuré le succès de nos opérations. Je veux, sur le ter-
» rain même témoin de votre dévouement, vous décerner
» la récompense qui vous est due. »

Prenant alors une croix d'honneur, il la plaça lui-même sur la poitrine de Raverat, en lui disant :

« Tenez, voici qui vous fera oublier vos fatigues et les
» dangers que vous avez courus !.... »

Il décora également le grenadier Tougne. Quant au sergent de sapeurs Vanaret et au sergent-major Guimet, ils furent tous deux promus au grade de sous-lieutenant (1). Avant de les congédier, l'Empereur ajouta :

« Je veux que le trait d'héroïsme par lequel vous vous
» êtes illustrés, soit mis à l'ordre du jour de l'armée ! »

Nos quatre braves, ivres de bonheur, ne purent trouver d'autres paroles pour témoigner leur reconnaissance à leur souverain que le cri de *vive l'Empereur !*

---

(1) Guimet était natif de Bourgoin (Isère); il parvint dans la suite au grade de capitaine, et fut tué pendant la campagne de Russie. Vanaret était né à St-Jean-le-Vieux (Ain); en quittant le service actif, il passa dans la gendarmerie où il arriva au grade de lieutenant; il mourut dans son pays natal vers l'année 1850. Quant à Tougne, il demeura toujours simple grenadier et fut tué pendant la campagne de Russie.

CHAPITRE XII.

SOMMAIRE. — Le château de Lomitten; travaux de défense. — Raverat tombe malade; il entre bientôt en convalescence. — Hardi coup de main; notre sous-lieutenant enlève un poste de Cosaques et encloue deux pièces de canons. — Il est mis aux arrêts pour avoir agi sans ordres. — Une ruse de guerre. — Napoléon envoie à ses grenadiers des bouteilles de vin de Bordeaux. — Raverat, accompagné de Tougne, délivre un soldat français enlevé par les Cosaques. — Le prince Murat vient visiter le poste commandé par Raverat. — Repic et capot; le dîner interrompu; les hussards par circonstance.

Les opérations militaires accomplies dans la journée du 4 mars 1807 avaient rendu l'armée française maîtresse de la rive droite de la Passarge. Le maréchal Soult se rapprocha des avant-postes et transporta son quartier-général à Liébstadt. Le général Carra-Saint-Cyr, qui avait remplacé le général Leval, resta cantonné à Sparthenen; et le général Férey, spécialement chargé de la défense du cours de la rivière, alla s'établir au château de Lomitten avec le premier bataillon du 57ᵉ ; le reste de sa brigade occupait ses anciennes positions sur la rive gauche.

Comme nous l'avons dit, le château de Lomitten était situé près de la Passarge, dans un pays très boisé ; le village qui en dépendait se composait de plusieurs hameaux, et d'un certain nombre de fermes isolées. Ces propriétés appartenaient, pour la plus grande partie, à un riche seigneur qui n'y résidait que pendant la belle saison, et passait ordinairement l'hiver dans la ville de Kœnigsberg ; mais il avait recommandé à son intendant de bien recevoir nos soldats, et de se mettre, ainsi que tous les gens du château, à la disposition du général français.

Ce château étant devenu l'une des positions les plus avancées, et étant destiné à couvrir le cours de la moyenne Passarge, il importait de le mettre en état de défense. On construisit à cet effet de nouveaux ouvrages devant le pont de Lomitten ; le château fut entouré de redoutes en terre, consolidées par des troncs d'arbres. Au moyen d'éclaircies, on le dégagea des bois qui venaient presque au pied de ses murs ; enfin, un chemin couvert fut établi entre le château et le pont pour pouvoir entretenir une correspondance à l'abri de toute surprise.

Les grenadiers du premier bataillon occupaient l'intérieur du château, dont ils faisaient le service ; le reste du bataillon campait à quelque distance du village. On avait établi une forte garde dans le chemin couvert et à la tête du pont, et disséminé des postes dans l'intérieur des bois, qui étaient en outre parcourus fréquemment par des patrouilles.

Depuis l'affaire de la Passarge, Raverat n'avait pu reprendre son service : une abondante éruption de boutons, accompagnée d'une fièvre violente, l'avait contraint de se mettre au lit, qu'il garda pendant une quinzaine de jours. Bien que doué d'une constitution robuste, il n'avait pu braver impunément les flots glacés de la Passarge. Ainsi que les deux autres officiers de la compagnie, il occupait au château une chambre à côté de celle de l'aide-de-camp Pierron, et ce voisinage fut l'origine d'une liaison assez intime.

Cet officier, qui portait à Raverat un vif intérêt, comprenant combien pouvait être utile à l'avancement de celui-ci son acte de courage de la Passarge, lui conseilla de le faire relater dans ses états de service. D'après son avis, Raverat en ayant fait la demande au maréchal, celui-ci l'informa que cet acte était trop honorable pour qu'il ne s'empressât pas de faire droit à sa réclamation ; il lui annonça en même temps, qu'il venait d'inviter le colonel Rey à le mentionner sur les états de service de Raverat, déjà remarquable par plusieurs actions d'éclat.

Depuis la rentrée du quatrième corps dans ses cantonnements, l'armée russe, qui avait reparu à notre suite, avait pris position en face de Lomitten. Les bois au milieu desquels s'élevait le château étaient constamment battus par des détachements de hussards et de Cosaques. Malgré les mesures de précautions prises par les Français, ceux de nos soldats qui s'écartaient des postes couraient risque d'être enlevés par les fourrageurs ennemis, lesquels avaient établi un avant-poste au bout d'une éclaircie, à la distance d'une petite portée de canon du château. Ce poste, composé d'un fort peloton de Cosaques, soutenu en outre par quelques artilleurs et deux pièces de canon, occupait une ferme, de laquelle dépendaient deux granges contiguës. De là, les Russes tiraillaient sur tout ce qui passait à leur portée ; ils envoyaient des boulets jusque dans le château.

Plusieurs fois des officiers supérieurs avaient eu la pensée de s'emparer de cet avant-poste, afin d'éloigner ces dangereux voisins ; mais le général Férey s'y était toujours opposé, dans la crainte que cette attaque n'attirât sur lui les détachements ennemis cantonnés dans les environs ; le maréchal avait, du reste, formulé la défense expresse de faire aucune démonstration sans son ordre, et il avait prescrit de se tenir seulement sur la défensive.

Cependant, le général Férey, tout en refusant d'autoriser une tentative contre l'avant-poste ennemi, avait témoigné plusieurs fois le désir d'être débarrassé d'un voisinage plus inquiétant que dangereux.

Dans le courant du mois d'avril, un matin que Raverat était de garde au quartier-général, l'aide-de-camp Pierron lui dit, en lui montrant les balles russes qui venaient s'aplatir contre les murs du château : « Cet avant-poste peut
» nous causer quelque malheur ; à coup sûr, le général ne

» serait pas fâché de pouvoir en débusquer l'ennemi ; je
» crois qu'il remercierait de grand cœur celui qui en viendrait à bout ; mais il n'ose pas en donner l'ordre, dans
» la crainte d'assumer sur lui la responsabilité de cette
» affaire. »

Il y avait précisément ce jour-là un grand souper au quartier-général, à l'occasion de la visite d'un aide-de-camp de l'Empereur. Le commandant Langlès, chef du premier bataillon du 57e, et quelques autres officiers, entre autres le capitaine Joly, le lieutenant Lavigne et le sous-lieutenant Raverat, tous trois appartenant à la compagnie des grenadiers, y avaient été invités. Un peu avant de se mettre à table, Raverat devait pousser une reconnaissance dans les environs. Vers la fin du jour, il commença sa tournée d'inspection, à la tête d'une vingtaine de grenadiers. Après avoir visité les petits postes français, il observa la position de l'ennemi, et arriva, sans être aperçu, à peu de distance des granges où les Russes avaient établi leur avant-poste. Il aperçut les Cosaques, au nombre d'une cinquantaine environ, couchés autour d'un grand feu, et ne songeant à autre chose qu'à fumer, à boire et à chanter. Leurs chevaux étaient attachés le long du mur.

L'occasion était favorable pour un coup de main ; Raverat voulut en profiter. Il communiqua son projet à ses grenadiers, qui tous se montrèrent disposés à le seconder. Ils s'avancèrent sans bruit jusqu'à peu de distance du bivouac ; puis, lorsqu'ils jugèrent le moment favorable, ils firent tout-à-coup une décharge sur les Cosaques rangés autour du feu, et fondirent sur eux la baïonnette en avant. Etourdis par cette brusque attaque, les Cosaques s'enfuirent dans les bois, sans se donner le temps de prendre leurs armes et de monter à cheval. Raverat, avec des pointes de lance, encloua immédiatement les deux pièces de canon, pendant qu'une partie de ses grenadiers, pénétrant dans la ferme et dans les granges, mettaient en fuite ou hors de combat tous ceux qu'ils y rencontraient.

Avant de se retirer, nos grenadiers prirent des tisons enflammés, et les jetèrent sur les toits de chaume des bâtiments, qui devinrent bientôt la proie des flammes. Pendant qu'ils retournaient au château, ils entendirent les houras des Cosaques qui, s'étant réunis aux hommes d'un poste voisin, revenaient en forces pour couper la retraite à nos grenadiers. Raverat ordonna aussitôt à sa petite troupe d'entrer dans le bois, afin de se mettre à couvert contre la cavalerie. En effet, les Cosaques vinrent bien caracoler devant eux, mais ils n'osèrent s'avanturer dans les taillis.

Toutefois, l'incendie n'avait atteint qu'un des bâtiments. Le grenadier Tougne qui, s'en est aperçu, passe à travers l'ennemi, arrive au foyer et lance de nouveaux tisons enflammés sur le toit de la grange épargnée. Effrayé du danger auquel s'expose cet imprudent, Raverat court à lui, et est obligé d'employer la contrainte pour le ramener au détachement.

CHAPITRE XII.

La petite expédition fit tête aux Cosaques, et fut assez heureuse pour rentrer au château, sans qu'aucun de ceux qui la composaient eût reçu la moindre blessure. La lueur projetée par l'incendie était telle, que l'on y voyait comme en plein jour.

Cependant, le quartier-général était en émoi ; tout le bataillon avait pris les armes, dans la crainte d'une attaque. Le général Férey, qui était sorti accompagné de l'aide-de-camp de l'Empereur, ayant aperçu Raverat, s'avança vers lui, et lui demanda la cause de cette alerte.

« — Mon général, répondit celui-ci en souriant, j'ai mis
» le feu aux granges qui sont là-bas pour fêter l'arrivée de
» l'aide-de-camp de l'Empereur ; les Russes ont été re-
» poussés, et j'espère qu'ils nous laisseront souper en paix.

» — C'est trop d'honneur pour moi qu'une pareille illu-
» mination, reprit l'aide-de-camp. La veille de la bataille
» d'Austerlitz, pour fêter la présence de Napoléon, on se
» contenta de brûler quelques bottes de paille ; mais vous,
» vous brûlez des granges entières !.... »

Le général Férey prenant à son tour la parole, dit à Raverat, avec un mélange de bienveillance et de sévérité : « Votre imprudence peut amener de graves compli-
» cations dont vous aurez à supporter les conséquences.
» Et d'abord, pour avoir agi sans mes ordres, je vous in-
» flige les arrêts pour huit jours. Néanmoins, comme
» vous êtes invité ce soir avec ces messieurs, vos arrêts
» ne commenceront que demain. »

Avant de se mettre à table, l'aide-de-camp Pierron s'approchant de Raverat, le prit par le bras et lui dit tout bas à l'oreille : «Vos arrêts ne seront certainement pas de longue
» durée ; c'est seulement pour la forme, et afin de mettre
» sa responsabilité à couvert que le général vous a puni ;
» mais au fond de l'âme, il n'est pas fâché de ce que vous
» venez de faire. »

En effet, le lendemain, les arrêts furent levés.

Peu de jours après cette petite expédition, notre sous-lieutenant fut envoyé avec quelques-uns de ses grenadiers pour occuper un poste dans l'intérieur du bois. Dans ce nouveau cantonnement, le service des subsistances étant fait avec irrégularité, il fallait que nos soldats pourvussent eux-mêmes à leurs besoins. La contrée avait été tellement ruinée par les armées qui l'avaient déjà occupée, qu'elle ne présentait que de bien faibles ressources. Un jour cependant, un fourgon rempli de vivres arriva à notre avant-poste, et comme les grenadiers commençaient à le décharger, un groupe de Cosaques, qui sans doute avaient aperçu le fourgon au passage, firent tout-à-coup irruption, dans l'espoir d'enlever les provisions qu'il renfermait. Raverat n'avait sous la main qu'un petit nombre d'hommes, les autres avaient été envoyés en reconnaissance. Ne se sentant pas assez fort pour repousser les assaillants, et voulant gagner du temps, il eut recours à la ruse suivante.

Au moment où les Cosaques s'avançaient, il entra dans la baraque qui servait de corps-de-garde, et en sortit bientôt après, tenant à la main un tison enflammé ; il s'approcha alors avec précaution du fourgon, comme s'il eût contenu des munitions; il mit le feu à des bottes de foin qui étaient attachées par-dessus, et se sauva précipitamment pour laisser croire aux assaillants qu'une explosion allait avoir lieu. Les Cosaques furent dupes de ce stratagème, et, craignant d'être atteints par les projectiles ; ils s'éloignèrent rapidement, et ne s'arrêtèrent qu'à une assez grande distance.

Durant cet intervalle, le poste s'était complété, et Raverat put faire vider le fourgon sans redouter d'être inquiété de nouveau.

Parmi les provisions envoyées à nos grenadiers se trouvaient quelques bouteilles de vin de Bordeaux, provenant de la place de Dantzick, qui venait de capituler. L'Empereur, pour causer une agréable surprise à ses troupes campées vers la Passarge, avait donné l'ordre qu'on leur expédiât cet échantillon des crûs de la mère-patrie.

Hâtons-nous de dire que le présent fut accueilli avec transport par nos soldats, peu habitués aux vins de pareille provenance.

Pendant la nuit qui suivit l'arrivée de ce fourgon, Raverat sommeillait profondément, couché sur la paille, lorsqu'il fut réveillé par la détonation d'une arme à feu. En un instant, il fut sur pied et courut s'assurer si les factionnaires étaient à leur poste ; il apprit bientôt que la sentinelle la plus avancée venait d'être enlevée par deux Cosaques.

Le grenadier qui lui racontait cet événement avait fait feu sur les assaillants, mais sans les atteindre ; un petit chien appartenant au factionnaire enlevé, aboyait dans le lointain comme pour appeler au secours de son maître.

Notre sous-lieutenant s'armant aussitôt d'un fusil, et se faisant accompagner du grenadier Tougne, se dirigea du côté où l'appelaient les aboiements du petit chien. Ils eurent bientôt rejoint le fidèle animal, qui continua de s'avancer en reconnaissant, à l'aide du flair, le chemin suivi par son maître. Un brillant clair de lune permit, au bout de peu d'instants, d'apercevoir les Cosaques dans le lointain ; mais arrivé à un ruisseau, au-delà duquel le chemin se divisait en deux, le chien perdit la piste. Tougne reconnut sur le sol des marques récentes et non équivoques du passage des chevaux. Nos deux braves se jetèrent alors dans le sentier où ces traces étaient apparentes, tout en caressant le petit chien pour arrêter ses aboiements. Lorsqu'ils furent parvenus à l'extrémité d'un petit taillis, ils entendirent des jurons et ne tardèrent pas à voir les deux Cosaques entraînant le grenadier malgré sa résistance. Aussitôt deux coups de feu bien dirigés partent en même temps, tuent l'un des cavaliers et blessent l'autre, qui cependant conserve assez de force pour prendre la fuite.

Le grenadier ainsi délivré par l'intrépidité et l'intelligence de son sous-lieutenant, était tellement étourdi de cet événement, qu'il ne trouva pas de mots pour exprimer sa reconnaissance à ses libérateurs ; il se borna à les serrer dans ses bras et à les embrasser. C'était, du reste, un excellent sujet, dont la perte eût été vivement sentie par tous ses camarades.

Le poste qu'occupait Raverat reçut un jour la visite du prince Joachim Murat. Il arriva escorté de quelques hussards, dans le brillant costume qui lui était habituel. Son air militaire, ses manières franches firent sur nos grenadiers une impression des plus favorables. Ayant mis pied à terre, il entra dans le bivouac, dont il inspecta la tenue. Il demanda, en terminant, si les soldats s'y trouvaient bien.

» — Pas trop, répondit l'un d'eux. L'eau-de-vie est rare,
» et quant au vin, — à part quelques bouteilles que l'Em-
» pereur nous a envoyées l'autre jour, et qui ont été bien-
» tôt vidées, — il n'en paraît jamais ici...

» — Cependant, reprit Murat, vous avez une cantinière
» avec vous... Bonne mère, approchez; je veux trinquer
» aujourd'hui avec les grenadiers du *Terrible*...»

Les verres se remplirent, et chacun but à la santé du prince.

Murat s'entretint quelques instants avec Raverat, et lui parla de l'affaire de la Passarge, au sujet de laquelle il lui adressa ses félicitations. Notre sous-lieutenant, flatté des éloges qui lui étaient adressés par un homme aussi compétent que le prince en fait de bravoure, et désirant les partager avec ses compagnons de péril, appela Tougne, et le présenta au prince. Murat parut frappé de l'étrange figure de ce grenadier, dont les moustaches semblaient se confondre avec le bonnet à poil; il lui glissa dans la main une pièce d'or, qu'il accompagna d'un petit compliment.

Raverat ayant reconduit le prince Murat jusqu'à quelque distance du poste, celui-ci, à la vue des Cosaques qui voltigeaient dans la plaine, dit à notre officier : « Comment » pouvez-vous souffrir ces gens-là si près de vous? Atten- » dez, je vais vous en débarrasser...

» — Mon prince, il est difficile de les empêcher de rôder » autour de nous; nous ne sommes pas assez nombreux, » et nous n'avons ici ni chevaux, ni canons pour les tenir » à distance. Au reste, ils ont bien soin de ne pas venir » jusqu'à la portée de nos fusils... »

Mais déjà Murat, se laissant aller à son ardeur naturelle, avait piqué des deux, et, fouettant l'air avec sa cravache, s'était élancé contre les Cosaques, qui, à son approche, avaient pris la fuite. Cependant ceux-ci, reconnaissant bientôt qu'ils n'avaient affaire qu'à un seul homme, firent volte-face, et chargèrent à leur tour le prince. Les hussards de son escorte arrivèrent fort à propos à son secours, et secondés par Raverat, qui était aussi accouru au pas de course avec ses grenadiers, ils eurent bientôt mis en déroute les Cosaques, qui disparurent dans les bois.

Après quelque temps de séjour dans ce bivouac, Raverat rentra à Lomitten. Le printemps avait ramené les beaux jours, et la neige avait disparu. Cette contrée était plus agréable et plus fertile que la rive gauche de la Passarge L'œil se reposait avec plaisir sur de riches pâturages et sur

CHAPITRE XII.

de petites collines couvertes de bois. Peu de cavalerie ayant séjourné dans la contrée, le foin récolté l'année précédente abondait dans les fenils du château. Aussi, toutes les semaines un détachement du 8ᵉ régiment de hussards venait s'y approvisionner. Ce régiment était campé à quelques lieues au-dessous de Lomitten, sur la route de Warmditt. Il communiquait avec la rive gauche de la Passarge au moyen d'un petit pont. Les officiers alternant chaque semaine pour la conduite du détachement, Raverat eut ainsi l'occasion de faire la connaissance de quelques-uns d'entre eux. Invité plusieurs fois à venir les voir dans leur cantonnement, il promit de leur rendre une visite lorsque les exigences du service lui en laisseraient le loisir.

Une après-dîner, notre sous-lieutenant, se promenant avec d'autres officiers de son bataillon dans une petite prairie située au milieu d'une éclaircie de la forêt, montra tout-à-coup à ces derniers deux vedettes russes qui, au lieu de faire leur faction, s'étaient négligemment assises sur la lisière du bois, et fumaient leur pipe en faisant une partie de cartes.

« — Messieurs, dit-il en riant à ses camarades, demain
» le lieutenant Vialla et moi nous irons rendre visite aux
» hussards du 8ᵉ. Quand on a plusieurs lieues à faire, il
» est bon d'avoir un cheval ; mais quand on n'en a pas,
» vous allez voir comment on peut s'en procurer... Voici
» deux joueurs qui ne se doutent pas du coup qui les at-
» tend ; ils vont être faits repic et capot... »

Aussitôt, nos deux officiers se jettent dans le bois et s'emparent des chevaux qui étaient attachés à un arbre, dont ils broutaient les jeunes pousses. Le sous-lieutenant saute sur l'un des chevaux, le lieutenant enfourche l'autre, et tous deux reviennent au galop auprès de leurs camarades, simples spectateurs de ce hardi coup de main. Les pauvres vedettes, se voyant ainsi démontées, déchargèrent leurs mousquetons et leurs pistolets sur nos deux officiers, mais sans les atteindre; elles firent même quelques pas pour les poursuivre, mais elles s'arrêtèrent bientôt, craignant de tomber dans une embuscade.

Raverat et Vialla venaient à peine d'arriver, que le général Férey, qui avait aperçu l'ennemi à leurs trousses, et entendu quelques coups de feu, accourut à leur rencontre.

» Imprudents que vous êtes! leur dit-il, ne savez-vous
» pas à quoi vous nous exposez avec ces coups-là. Tenez,
» regardez comme ils arrivent en nombre...

» — Attendez, attendez, mon général, répondit Rave-
» rat en riant, ils se garderont bien d'avancer; ils savent
» que nous appartenons au *Terrible*... Nous vivons sur
» notre réputation.»

Le lendemain de cette petite expédition, Raverat et son ami Vialla se rendirent à l'invitation qu'ils avaient reçue des officiers du 8e de hussards. Ils arrivèrent juste au moment où l'on allait se mettre à table. Raverat fut placé à côté du colonel. Les traits de bravoure qu'il avait accomplis défrayèrent en partie la conversation. Le repas touchait à sa fin, quand soudain des décharges de carabine se firent entendre. C'étaient les vedettes françaises qui se repliaient en donnant l'alarme : des cavaliers russes arrivaient en force. Les convives se lèvent aussitôt de table pour courir à leurs armes. Le colonel et ses officiers montent à cheval; nos deux fantassins font comme eux, et deviennent hussards par circonstance. Tous ensemble ils chargent cet ennemi importun, qui ne tarde pas à tourner bride, laissant ainsi aux officiers français le loisir d'achever leur repas interrompu.

CHAPITRE XIII.

SOMMAIRE. — Combat de Lomitten ; Raverat reçoit une balle dans la cuisse; il est nommé lieutenant par le maréchal Soult. — Bizarres incidents. — Le convoi de blessés. — Encore l'intendant et la comtesse. — Le chirurgien Larrey. — Mort du capitaine Joly. — Le lieutenant Dupont. — Les suites d'un coup de cravache. — L'Empereur à l'hôpital de Marienbourg; il reconnaît Raverat. — Traité de paix de Tilsit. — Le czar Alexandre. — Le banquet de Stargard. — Le général Lasalle. — Le général Férey et le colonel Rey font leurs adieux au 57e.

Depuis quelque temps, à l'exception de petites escarmouches qui avaient lieu aux postes avancés entre nos fourrageurs et ceux de l'ennemi, le premier bataillon du 57e, cantonné à Lomitten et sur la rive droite de la Passarge, vivait en assez bonne intelligence avec les Russes; mais, vers le commencement de juin 1807, on remarqua chez l'ennemi des mouvements extraordinaires qui semblaient présager quelque affaire décisive.

En effet, le généralissime Beningsen, dans le but de

reprendre la rive droite de la Passarge, se proposait d'attaquer le corps du maréchal Ney. Il faisait avancer deux divisions pour s'emparer du pont et du château de Lomitten, afin d'empêcher le maréchal Soult de se porter au secours du maréchal Ney.

Le général Férey, informé de la marche de l'ennemi, ordonna à tous les postes avancés de se replier sur le château et de s'y concentrer. Le 5 juin, après plusieurs escarmouches, les Russes parurent à cinq heures du matin devant Lomitten; ils s'avançaient en colonnes serrées et menaçaient toutes les positions à la fois.

Le général Férey plaça une partie de ses forces dans le chemin couvert et à la tête du pont; ensuite, il se porta au-devant de l'ennemi pour défendre les abatis d'arbres amassés au débouché des bois, et qui couvraient tous les autres ouvrages. Il se livra en ce lieu un combat opiniâtre entre les Russes et nos grenadiers; les abatis furent pris et repris plusieurs fois; mais enfin, l'ennemi en resta maître. Pendant ce combat, une colonne d'infanterie et de cavalerie traversait à gué la Passarge, au-dessous de Lomitten, pour prendre notre bataillon entre deux feux et lui couper la retraite.

Au plus fort du danger, le général Férey confia à la compagnie de grenadiers la défense du quartier-général. Mais toutes les mesures qu'il avait prises devenaient inutiles, parce qu'un corps de six cents Russes s'établissait derrière l'abatis, à gauche du château, sur un terrain qui, par une pente douce, s'élevait assez pour dominer tout à la fois le château, le chemin couvert et la tête du pont. Le poste n'était pas tenable pour nos grenadiers; le feu que l'ennemi dirigeait de haut en bas, leur causait d'énormes pertes; ainsi, un tiers de ces braves fut mis hors de combat. Le capitaine Joly eut la cuisse brisée par une balle, et le lieutenant Lavigne fut dangereusement blessé. Par suite de ces accidents, le sous-lieutenant Raverat dut prendre le commandement de la compagnie.

Il était quatre heures de l'après-midi, la fusillade retentissait sur les deux rives de la Passarge; l'ennemi se disposait à attaquer les débouchés du pont, et cette communication une fois perdue, notre bataillon se trouvait séparé du quartier-général de Liebstadt. On se battait depuis bientôt vingt-quatre heures; nos soldats étaient épuisés de fatigue. Cependant, voyant que l'inaction à laquelle sa compagnie était condamnée depuis un moment l'exposait à être décimée, si ce n'est anéantie, Raverat, ne prenant conseil que de son courage, se décida à attaquer la position.

« Plutôt que de nous laisser tuer ici l'arme au bras, dit-
» il à ses grenadiers, sans aucun résultat pour l'armée,
» il nous faut, coûte que coûte, enlever cette position;
» nous sauverons ainsi et le pont et le château ! »

Pendant que notre intrépide sous-lieutenant disposait ses hommes pour l'attaque, le général Férey arrivait au château. Il a bientôt reconnu l'importance du point dont les

Russes se sont emparés; par bonheur, il a encore sous la main quelques hommes intrépides, et il compte sur leur courage. Raverat va au-devant des ordres de son chef.

« — Général, lui dit-il, nous ne pouvons laisser cette
» position au pouvoir des Russes; je me disposais à l'at-
» taquer quand vous êtes arrivé, mais maintenant ordon-
» nez, et nous allons marcher contre elle.

» — Je n'attendais pas moins de vous, lui répondit le
» général en lui pressant la main. » Puis, pénétrant dans les rangs de la compagnie : « Grenadiers, reprit-il, vous
» êtes la seule ressource qui me reste; mais rien n'est
» impossible aux *terribles* du 57e! Votre sous-lieutenant l'a
» prouvé à Stollen!.... »

Aussitôt le tambour bat la charge; Raverat marche à la tête de la compagnie, et pour surexciter son ardeur, il ne cesse de crier : « En avant! à la baïonnette! vive
» l'Empereur!.... »

Nos soldats, électrisés par la voix de leur chef, s'avancent résolument; mais à peine sont-ils arrivés à la moitié du chemin qu'une décharge meurtrière abat toute la première ligne; le tambour lui-même est emporté. A la vue de ce désastre, les grenadiers sont frappés d'épouvante; ils hésitent un moment. Mais plus prompt que l'éclair, Raverat saisit la caisse, et avec la poignée de son sabre il continue de battre la charge.

« Et quoi! grenadiers, s'écrie-t-il, au moment d'arriver
» au but, vous hésitez! N'êtes-vous plus les *terribles* que

» rien n'arrête! Allons! en avant! et qui m'aime me sui-
» ve! »

Nos grenadiers reprennent aussitôt courage, et après avoir resserré leurs rangs, éclaircis par les balles de l'ennemi, ils s'élancent au pas de course à la suite de leur chef; mais quarante à quarante-cinq hommes seulement parviennent à escalader et à franchir l'abatis, et ils se trouvent en présence de six cents Russes rangés en bataille. Raverat jette aussitôt sa caisse devenue inutile, et tous ses grenadiers fondent sur l'ennemi la baïonnette en avant. Un combat corps à corps s'engage. Mais bientôt les Russes, étonnés de la vigueur de leurs assaillants, supposent qu'ils n'ont affaire qu'à l'avant-garde d'un corps plus nombreux, ils fléchissent sur tous les points et abandonnent le terrain en se retirant en désordre. Leur général, l'épée à la main, les rallie et cherche à les ramener contre cette poignée de Français.

Raverat s'adresse alors de nouveau à ses grenadiers :

« Il ne suffit pas, dit-il, d'avoir enlevé la position, il
» s'agit de la conserver. Le salut de notre bataillon et
» l'honneur de notre drapeau en dépendent. Il faut nous
» faire tuer plutôt que de l'abandonner!...

» — Oui, oui, répondent-ils; nous serons vainqueurs,
» ou nous tomberons ici! Nous mourrons avec vous... »

La fusillade de nos grenadiers est impuissante pour ralentir la marche de l'ennemi. Notre héros ne se dissimule pas le péril; mais il espère qu'une résistance prolongée donnera le temps d'arriver aux troupes que le général Férey a fait demander.

Cependant les Russes viennent d'aborder une seconde fois le terrain ; nos grenadiers se groupent autour de leur officier comme autour de leur drapeau. Les assaillants s'avancent contre le petit peloton qu'ils sont prêts à envelopper. Tout-à-coup, Raverat tombe frappé d'une balle à la jambe droite ; mais, malgré sa blessure, il encourage ses grenadiers ; aucun d'eux n'est disposé à se rendre ; c'est en vain que l'ennemi les presse. Chaque blessure est reçue aux cris de *vive l'Empereur!* Enfin, au moment où ils vont être écrasés, nos héros voient arriver à leur secours des baïonnettes françaises. Ce sont deux bataillons du 46e et le deuxième du 57e. Ces troupes refoulent aussitôt les Russes, dégagent la compagnie, et restent définitivement maîtresses de la position. Il était environ six heures du soir, et de tous côtés, l'ennemi battait en retraite.

Voici à quelle circonstance Raverat devait ce secours si long-temps attendu. Le maréchal Soult, averti par la canonnade et par un aide-de-camp, était accouru de Liébstadt ; il avait envoyé le général Viviès contre les colonnes de cavalerie et d'infanterie qui occupaient la rive gauche de la Passarge ; puis, il avait passé le pont de Lomitten avec de nouvelles troupes, soutenues par douze pièces de canon. Ce renfort arrivait fort à propos ; car le général Férey, épuisé par une aussi longue lutte, se disposait à évacuer les retranchements auxquels il avait déjà fait mettre le feu, dans le but de masquer sa retraite. A l'arrivée des bataillons français, ce général avait repris l'offensive, culbuté l'ennemi et dégagé l'héroïque compagnie que commandait Raverat.

Pendant que ces événements se passaient à Lomitten, le maréchal Ney opérait à Guttstadt une retraite brillante devant les forces nombreuses que commandaient le généralissime Beningsen et le grand-duc Constantin..

Mais revenons à Raverat. Relevé couvert de sang du milieu des morts et des blessés, il fut transporté au château, qui venait d'être transformé en ambulance. Quatre fusils, disposés en croix, lui servirent de brancard. Le grenadier Tougne, blessé lui-même, soutenait la jambe de son officier. Le général Férey, qui était venu au-devant du convoi, embrassa Raverat, et voulut le présenter au maréchal Soult, auquel il avait rapporté tous les détails de cette lutte héroïque. Le maréchal se pencha sur le brancard, et adressa au valeureux blessé les paroles suivantes, d'autant plus précieuses pour lui, que celui qui les prononçait était d'ordinaire avare de compliments.

« L'action par laquelle vous venez de vous illustrer de
» nouveau est une des plus éclatantes dont un officier puisse
» se glorifier ; elle sera, je n'en doute pas, consignée dans
» les fastes de la gloire française! L'affaire de Lomitten est
» un digne pendant de votre dévouement au pont de la
» Passarge. J'en ferai mon rapport à l'Empereur, qui, s'il
» ne vous connaissait déjà, croirait difficilement qu'avec

» soixante-deux grenadiers vous ayez culbuté un bataillon
» russe fortement retranché... Et d'abord, pour récom-
» penser votre intrépidité, je vous nomme lieutenant... »

Ce beau fait d'armes, qui à lui seul suffirait pour illustrer un homme, paraît tellement incroyable, que l'on serait tenté de le révoquer en doute, s'il n'était attesté par plusieurs historiens, qui en le rapportant avec des détails différents ont fourni la preuve qu'ils n'avaient pas puisé leurs renseignements à la même source. C'est pour rétablir les faits tels qu'ils se sont passés que nous avons cru devoir entrer dans quelques développements, et notre récit, à défaut d'autre mérite, aura du moins celui d'une scrupuleuse exactitude.

Arrivé au château, Raverat fut placé dans la chambre de son ami Pierron; car celle qu'il occupait précédemment était déjà encombrée de blessés. Une inflammation très vive et qui lui causait des douleurs atroces avait fait grossir énormément sa cuisse. Du reste, on avait déjà fait la remarque, que les balles russes étant d'un calibre plus fort que les balles françaises, causaient, en général, des blessures extrêmement graves.

Raverat eut à subir, encore une fois, l'opération douloureuse de l'extraction de la balle, et il la supporta avec le courage et l'énergie dont il avait déjà donné si souvent des preuves.

Le combat de Lomitten avait été très meurtrier des deux côtés. Les Français, sur 4,000 combattants, avaient eu

102 hommes tués, et 1,025 blessés ; quant aux Russes, ils avaient eu 1,200 hommes tués, et 2,400 blessés, sans compter 200 prisonniers et la perte de leur artillerie.

Depuis quelques jours, Raverat gardait le lit, lorsqu'un matin il reçut la visite du grenadier Tougne, qui, déjà guéri de sa blessure, venait s'informer de l'état de la santé de son lieutenant. Dans le courant de la conversation, Tougne lui fit part d'un événement qui l'avait beaucoup intrigué, et dont il n'avait pu encore trouver l'explication. Pendant le combat de Lomitten, Tougne allait percer un Russe de sa baïonnette, lorsque celui-ci, se jetant à ses genoux, lui avait tendu les mains en criant, d'un air suppliant : *Tougne ! Tougne !* Etonné d'entendre prononcer son nom, notre grenadier avait relevé sa baïonnette en s'écriant : « Mais, je ne te connais pas ; je ne t'ai jamais vu. Com-
» ment sais-tu mon nom ? »

Pour toute réponse, le soldat russe répétait toujours : *Tougne ! Tougne !* Ne pouvant obtenir d'autres mots plus explicites, le vieux grognard finit par lui dire : « Eh bien !
» puisque tu me connais, je ne te *démolis* pas ; seulement,
» je te fais prisonnier... »

Le combat terminé, notre Gascon avait emmené son prisonnier au bivouac ; il lui avait donné à boire et à manger, et l'avait même fait coucher avec lui ; enfin, il le traitait comme son camarade.

Telle était l'aventure dont il venait demander l'explication à son lieutenant.

« Ma foi, mon ami, répondit Raverat, je n'en sais pas
» plus que toi. C'est assez bizarre!... Mais voici un officier
» russe qui se promène dans la cour ; prie-le de venir me
» parler, et il nous donnera sans doute la clé de cette
» énigme. »

Cet officier se rendit aussitôt à cette invitation. C'était un jeune homme de bonne famille, ayant reçu une instruction supérieure, et parlant le français avec la plus grande facilité. Il avait été fait prisonnier dans une des dernières affaires. Après avoir entendu le récit de Tougne, il se prit à rire.

« Cette aventure est toute simple, dit-il ; *tougne,* en
» langue russe, veut dire *grâce !* et voilà pourquoi mon
» infortuné compatriote vous a répété plusieurs fois ce
» mot en se jetant à vos genoux. »

L'explication ne convainquit pas complètement notre grognard ; il demeura toujours persuadé que son prisonnier l'avait connu quelque part.

Nous croyons devoir rapporter ici une remarque assez singulière qu'avait faite Raverat, lors de sa dernière affaire. Il s'était aperçu que son sabre pliait sous les coups qu'il portait, soit sur le dos, soit sur la poitrine des soldats russes. Il ne pouvait attribuer cela à la mauvaise qualité de son arme, qui était solide et bien trempée.

« Ces drôles-là, disait-il, ne doivent pas avoir aujour-
» d'hui la peau plus dure qu'ils ne l'avaient hier ? Est-ce
» que par hasard je n'aurais plus le poignet aussi solide ? »

Il apprit bientôt la cause de sa surprise. Après le combat, en déshabillant les blessés russes, on trouva sur leur poitrine et sur leurs reins, entre la chemise et l'habit, des morceaux de cuir, dont ils se servaient en campagne pour raccommoder leurs chaussures, ou pour en confec- de neuves.

Ainsi que nous l'avons fait observer plus haut, les blessures reçues par nos hommes à Lomitten étaient fort graves. D'ailleurs, la chaleur était si forte à cette époque de l'année, que la gangrène, qui se déclarait presque toujours dans les blessures, les rendait mortelles. Comme le château était encombré de blessés, et que ces malheureux ne pouvaient recevoir tous les soins qu'exigeait leur position, l'ordre fut donné de diriger sur les principales villes du littoral de la Vistule tous les blessés en état de supporter les fatigues du transport. En vertu de cette décision, Raverat fut dirigé sur Marienbourg.

La charrette qui le transportait cheminait lentement, afin d'éviter les secousses, toujours douloureuses pour les malades, lorsqu'elle fut rencontrée par l'intendant dont nous avons parlé plus haut, et qui faisait une tournée sur les domaines de la comtesse. Il reconnut Raverat, et l'engagea à venir au château pour y passer le temps de sa convalescence. « Vous y serez parfaitement soigné, lui dit-il; le » médecin de la maison pourra suivre votre traitement; et » Madame la comtesse éprouvera un grand plaisir à vous » revoir. »

Raverat accepta cette offre, préférant le séjour du château à celui de l'hôpital. A l'aide de quelques bras, il quitta la charrette pour s'installer dans la voiture de l'intendant.

Il fut reçu par la comtesse avec toutes les marques de l'affection la plus sincère. Quoique le médecin du château lui eût annoncé que sa blessure ne serait pas longue à guérir, elle empira néanmoins au bout de quelques jours, en dépit des soins empressés dont il était l'objet. Bientôt, soit par suite de la chaleur de la température, soit par toute autre cause, le malade sentit son état s'aggraver d'une manière sensible; enfin sa blessure ayant pris un caractère alarmant, on lui conseilla alors de recourir aux chirurgiens de l'armée.

S'étant rendu à cet avis, notre blessé se mit en route pour Marienbourg. Il fit le trajet dans une charrette recouverte d'une toile épaisse, et sur laquelle on avait étendu un matelas. En arrivant dans cette ville, il trouva l'hôpital rempli de blessés et de malades. Comme les lits manquaient, les nouveaux-venus étaient logés et soignés chez les particuliers. Raverat fut transporté dans une maison bourgeoise située sur une des places de la ville, et appartenant à une riche famille. On l'installa immédiatement dans l'une des meilleures chambres, et l'on mit un domestique à sa disposition. Deux fois par jour, un aide-chirurgien de l'hôpital venait le panser. Cependant, malgré tous les soins dont il était l'objet, loin de s'améliorer, son état semblait au

CHAPITRE XIII.

contraire empirer : la gangrène menaçait de se mettre à sa plaie. L'aide-major, à bout de ressources, prévint le chirurgien en chef, qui vint à son tour examiner la blessure.

Il rassura d'abord le malade sur la gravité de sa position ; puis, s'étant mis en devoir de sonder la plaie, il en retira des esquilles, ainsi qu'un petit lambeau de drap que la balle avait enfoncé dans les chairs.

Pendant l'opération, la douleur ayant arraché au malade quelques imprécations contre le chirurgien, celui-ci, sans s'arrêter dans son travail, lui avait répondu avec le plus grand sang-froid : « Allez, allez toujours, mon brave;
» je suis habitué à tout cela; j'en ai entendu bien d'au-
» tres!.... »

Lorsque le major fut parti, l'aide dit à Raverat:

« — Vous ne connaissez sans doute pas celui qui vient
» de vous opérer?

» — Ma foi, non, et je n'ai pas envie de faire de lui une
» plus ample connaissance, car il m'a fait terriblement
» souffrir.

» — Eh bien! c'est le premier chirurgien de l'armée;
» celui dont le savoir égale le dévouement, enfin, c'est
» M. Larrey.

» — Ah diable! je suis fâché des mots inconvenants que
» je viens de lui dire; mais si j'en reviens, après ma guérison,
» j'irai le remercier de ses soins et lui faire des excuses. »

L'opération du docteur Larrey amena dans l'état de notre blessé un changement si sensible, qu'au bout de peu de temps sa guérison ne fut plus douteuse. En effet, une semaine après, il était en pleine convalescence. Il sortit un jour appuyé sur une canne, et se rendit à l'hôpital; s'étant présenté au chirurgien en chef de l'armée, il le remercia et lui demanda pardon des expressions inconvenantes qu'il avait proférées devant lui.

Notre lieutenant rencontra dans les salles de l'hôpital le commandant Langlès et deux de ses compatriotes, officiers dans le 57e, l'un nommé Chapuis (1), natif de Saint-Ondras, et l'autre, nommé Pevet, né à Bourgoin. Tous trois avaient été blessés à l'affaire de Lomitten. En parcourant les salles où gémissaient des centaines de malades et de blessés, Raverat s'entendit appeler par son nom. Il s'approcha, et vit dans un lit son infortuné capitaine dont l'état était désespéré. Il eut de la peine à le reconnaître, tant la souffrance l'avait défiguré.

Blessé, comme on se le rappelle, dans la cour du château de Lomitten, par une balle qui lui avait brisé une cuisse, le capitaine Joly avait été transporté à l'ambulance; mais sa blessure étant très grave, il avait été immédiatement dirigé sur Marienbourg. Enfin, la gangrène s'étant déclarée, l'amputation avait été jugée indispensable par le chirurgien en chef; et c'était quelques jours après avoir

---

(1) M. le capitaine Chapuis vit encore aujourd'hui (1854); il habite le village de Saint-Ondras, près de la Tour-du-Pin. C'est un des hommes les plus honorables du pays.

subi cette douloureuse opération qu'il avait aperçu Raverat.

Le capitaine Joly, serrant la main de notre lieutenant, lui dit d'une voix éteinte : « Mon cher Raverat, je souffre bien...
» Je sens que je suis perdu... Plus heureux que moi, lors-
» que tu reverras les camarades du régiment, prie-les de
» me pardonner les torts que j'ai pu avoir envers eux... Je
» suis un peu brusque, tu le sais... Le quartier-maître te
» remettra ce qui me revient de ma solde. Avec cet argent,
» tu acquitteras les quelques petites dettes que j'ai laissées,
» et qui me pèsent terriblement sur la conscience... Après
» tout, quand j'y réfléchis bien, la mort ne m'effraie pas !..
» Que diable ferais-je maintenant avec une jambe de bois !..
» Tu le comprends, il vaut mieux que je parte pour lais-
» ser la place à d'autres... Mais, je t'en prie, ne m'oublie
» pas... ; pense quelquefois à ton capitaine... »

Notre lieutenant lui en fit la promesse, et nous pouvons ajouter qu'il la tint religieusement. Après avoir serré une dernière fois la main de cet infortuné, il s'éloigna le cœur rempli d'une douloureuse émotion.

Quelques instants après, il rencontra dans les cours de l'hôpital un de ses amis, nommé Dupont, officier dans le 46ᵉ régiment. A la suite du combat de Lomitten, la brigade Férey s'étant portée en avant, avait été engagée dans une affaire meurtrière à Heilsberg. C'était là que le lieutenant Dupont avait été grièvement blessé au bras droit. Mais au moment de la rencontre, le blessé était en voie de guérison. Heureux de se retrouver, nos deux amis s'efforçaient mutuellement de se procurer toutes les distractions que leur convalescence leur permettait.

Raverat, ayant été un jour invité par ses hôtes à une soirée qu'ils donnaient, y présenta son ami, le lieutenant Dupont. Celui-ci joignait aux habitudes de la bonne société, quelques talents d'agrément. Il dansait, faisait de la musique ; en un mot, c'était un aimable cavalier. La soirée se passa fort gaiement; les demoiselles de la maison chantèrent quelques romances, que Dupont accompagna. On se mit ensuite à danser, et Dupont, qui aimait passionnément cet exercice, s'y livrait avec toute l'ardeur de son âge, lorsqu'au milieu d'une valse il poussa tout-à-coup un cri de douleur, et tomba sans connaissance sur le parquet. L'écharpe qui soutenait son bras s'étant détachée, et le bras étant retombé lourdement, la blessure s'était rouverte, et le sang s'en échappait avec abondance. On s'empressa de lui donner les premiers soins, et un médecin, qui fut immédiatement appelé, ordonna de le transporter à l'hôpital, déclarant son état très alarmant.

Cette scène douloureuse produisit une triste impression sur les invités. Raverat en fut lui-même si profondément affecté, qu'il en éprouva un violent accès de fièvre, à la suite duquel il garda le lit pendant plusieurs jours.

Un matin, les roulements funèbres d'un tambour se firent entendre sous les fenêtres de sa chambre. Ayant envoyé son domestique pour demander le nom du militaire dont on accompagnait le convoi, il apprit que c'était celui du lieutenant Dupont. A la suite de l'accident survenu dans la soirée, la gangrène s'était déclarée dans sa blessure et avait occasionné la mort. A cette nouvelle, Raverat sentit sa maladie empirer ; pendant plusieurs jours, son état inspira les plus vives inquiétudes. Dans ses accès de délire, il avait toujours présent à l'esprit le convoi du pauvre Dupont. Néanmoins, la force de sa constitution triompha de ces secousses ; et il parvint enfin, quelques jours après, à rentrer en convalescence.

Lorsqu'il fut complétement rétabli, il alla rendre visite à un officier de cavalerie, avec lequel il avait une affaire d'honneur à régler. Voici à quelle occasion.

A son arrivée dans la ville de Marienbourg, la charrette sur laquelle Raverat était couché passait dans une rue très étroite, lorsqu'un officier de cavalerie, arrivant dans un autre sens, fut arrêté par le véhicule. Dans son impatience, celui-ci, ayant frappé le cheval de la voiture d'un violent coup de cravache, l'animal, surexcité, imprima à la charrette une forte secousse, qui causa à Raverat une douleur aiguë. Notre lieutenant en fit des reproches à l'officier, et cela dans des termes peut-être un peu blessants. Ce dernier, dont l'impatience était extrême, se borna à répondre : « Il » n'entre pas dans mes habitudes de souffrir une insolence » sans en demander réparation ; mais comme vous n'êtes » pas en état de me rendre raison pour le moment, j'atten-» drai que vous soyez rétabli. »

Et avant que notre lieutenant ait eu le temps de lui répondre, il piqua de l'éperon les flancs de son cheval, et partit après avoir seulement donné son nom. C'était chez cet officier que Raverat s'était rendu avec deux témoins.

« Je suis au désespoir, lui dit-il, de vous avoir fait
» attendre si long-temps; c'est contre mon habitude; mais
» la maladie ne m'a pas permis de venir plus tôt. Enfin,
» me voici, et je suis à votre disposition... »

L'officier de cavalerie se souvenait à peine de la querelle engagée dans les rues de Marienbourg. Cependant, comme il n'était pas homme à reculer devant une affaire d'honneur, il alla aussitôt chercher deux témoins. A l'heure et au lieu convenus, on se rendit sur le terrain, et l'on se battit à l'épée. Après quelques passes, Raverat ayant atteint son adversaire au bras, les témoins déclarèrent l'honneur satisfait, et les épées s'abaissèrent. Les deux combattants se touchèrent la main, et se quittèrent bons amis.

Cet officier, chef d'escadron dans un régiment qui tenait alors garnison à Marienbourg, était le fils du maréchal Lefebvre.

Vers les derniers jours de juin, la nouvelle de la bataille de Friedland arriva à Marienbourg : l'armée russe avait été anéantie, et la coalition des puissances européennes était encore une fois dissoute.

Quinze jours plus tard, on y apprit la conclusion du traité de Tilsitt, qui, signé le 9 juillet, termina glorieusement la seconde campagne de 1807. Le bruit se répandit aussi que l'Empereur, retournant en France, devait passer par Marienbourg, et qu'il en visiterait probablement les hôpitaux.

En effet, pendant son séjour, Napoléon visita avec le plus grand soin ces vastes établissements. Il se fit rendre compte des moindres détails de l'administration intérieure. Il parcourut toutes les salles, et s'entretint avec un grand nombre de blessés. A tous, il prodigua des consolations et des espérances, et en décora quelques-uns. A sa vue, les moribonds, oubliant leurs souffrances, se soulevaient sur leur lit, et trouvaient encore assez de force pour crier *vive l'Empereur!*

Comme Napoléon se disposait à sortir de l'hôpital, il aperçut Raverat : « J'ai appris votre énergique conduite à
» Lomitten, lui dit-il; avant mon départ de Kœnigsberg
» j'ai ratifié votre nomination au grade de lieutenant. Adieu,
» continuez de déployer la même bravoure, et toujours
» avec le même bonheur, car mes anciens d'Italie devien-
» nent de plus en plus rares. »

Peu de jours après, Raverat reçut son brevet de lieutenant, ainsi que celui de chevalier de la Légion-d'Honneur. A la fin du mois de juillet il partit de Marienbourg pour se rendre à Kœnigsberg où il pensait rejoindre son régiment, mais il n'y était déjà plus; il avait été dirigé sur Tilsit. Lorsque Raverat arriva dans cette dernière ville, les fêtes qui y avaient eu lieu en l'honneur de l'entrevue des deux empereurs, venaient à peine de se terminer.

A cette occasion, Napoléon avait fait distribuer des gratifications à l'armée. Tous les soldats reçurent une simple part; ceux qui avaient fait les quatre dernières campagnes en reçurent une double, et les blessés une triple. L'Empereur voulait ainsi récompenser ses troupes des fatigues qu'elles avaient endurées et des dangers qu'elles avaient courus ; il cherchait à effacer dans leur esprit le souvenir de leurs misères. Les soldats furent tour à tour réunis, régiment par régiment, dans des banquets patriotiques où l'on célébra la gloire française et les hauts faits de nos armées. Le moment ne pouvait être mieux choisi : la France était à l'apogée de sa puissance, et nos soldats avaient triomphé de l'Europe entière !

La paix ayant été conclue avec la Russie, et l'Allemagne se trouvant dans l'impossibilité de se soustraire à notre domination, la plus grande partie de l'armée française reçut l'ordre de se rapprocher du Rhin.

Au mois d'octobre 1807, la brigade Férey quitta les frontières de la Russie, pour se rapprocher de la France; et elle arriva à Dantzick. Cette ville portait encore les traces du siége terrible qu'elle avait soutenu six mois auparavant ; les édifices publics et les maisons particulières avaient tous été plus ou moins fortement endommagés par les bombes et les boulets.

Les deux premiers bataillons du 57ᵉ ne firent qu'un court séjour dans cette ville; ils en répartirent bientôt pour Stargard, en Poméranie ; le troisième resta à Dantzick pour renforcer la garnison ; quant au quatrième, qui formait le dépôt, il était depuis long-temps à Strasbourg.

Raverat, remplissant en cette occasion les fonctions de capitaine, fut chargé, de concert avec un lieutenant du 46ᵉ, de faire préparer, le long de la route, les logements de la brigade et ceux de la division. Un ordre, qui leur indiquait l'itinéraire que les troupes devaient suivre, leur fut remis, en même temps qu'une instruction pour leur faire connaître la nature des rapports qu'ils devaient avoir avec les bourgmestres des localités dans lesquelles ils s'arrêteraient. Ces mêmes instructions, dans le but de soustraire les populations allemandes aux exigences de nos soldats, expliquaient avec des détails très minutieux les seules fournitures que ceux-ci avaient le droit de se faire délivrer.

Après avoir traversé plusieurs petites villes de la Poméranie, la brigade arriva à Stargard, où le général Férey fixa son quartier-général. Les soldats furent logés chez les habitants. Raverat demeurait chez une famille juive, d'origine française, nommée Lavigne. Les ancêtres de cette famille s'étaient expatriés sous le règne de Louis XIV, par suite des persécutions religieuses qui suivirent la révocation de l'édit de Nantes.

Le général Férey allait très souvent à Stettin, où se trouvait le quartier-général du maréchal Soult; presque toujours il s'y faisait accompagner par Raverat, auquel il portait une grande estime. Un jour qu'ils rentraient tous deux à Stargard, notre lieutenant fit une chûte de cheval, et se foula le pied gauche. C'était malheureusement de ce même côté qu'il s'était déjà fait une foulure à Iéna, et qu'il avait été blessé à Zurich. Le général Férey le releva et le fit transporter à son logement. Ses hôtes le soignèrent comme s'il eût été le fils de la maison, et l'accident n'eut pas de suites fâcheuses.

Dans le courant du mois de septembre de l'année 1808, on apprit que l'empereur de Russie devait bientôt passer par Stargard, en se rendant à Erfurt, où Napoléon était en ce moment. Ces deux souverains se proposaient de régler, dans une conférence à laquelle assisteraient tous les rois et princes de la confédération du Rhin, les diverses questions de la politique européenne; ils devaient aussi compléter le système du blocus continental, seul moyen de frapper et de vaincre l'Angleterre, que l'on retrouvait toujours derrière les ennemis de la France.

Conformément aux ordres qui lui avaient été envoyés, le général Férey reçut le czar avec tous les honneurs réservés aux têtes couronnées. Alexandre était accompagné du maréchal Lannes; il passa en revue nos troupes, et les complimenta sur leur belle tenue. Dans les quelques mots qu'il adressa, soit aux officiers, soit aux soldats, le czar fit preuve de tant de tact et d'affabilité, que tous conservèrent de lui un très agréable souvenir.

Confiant dans les protestations d'amitié que lui avaient données le czar, Napoléon dégarnit la Pologne et la Prusse de la majeure partie de ses troupes, pour les diriger sur l'Espagne, où la guerre prenait des proportions plus colossales qu'il ne l'avait pensé d'abord. Ces nouvelles dispositions amenèrent la dissolution du corps d'armée du maréchal Soult. Le 57ᵉ et le 46ᵉ, qui avaient si long-temps combattu ensemble, allaient se trouver séparés : le 46ᵉ devait partir pour l'Espagne avec le général Férey, et le 57ᵉ devait rester cantonné en Prusse pour faire partie du corps d'armée du maréchal Davoust.

Avant son départ, le 46ᵉ fut convié par le 57ᵉ à un dîner d'adieu, auquel furent invités les généraux et les officiers qui se trouvaient à Stargard. Le hasard voulut que le général Lasalle fût de passage dans la ville. Une députation des officiers du 57ᵉ se rendit auprès de lui pour le prier de vouloir bien honorer ce repas de sa présence. Raverat fut chargé de porter la parole au nom de ses camarades; le général répondit qu'il acceptait de grand cœur l'occasion de faire connaissance avec les braves soldats de la *Brigade de Fer*.

A ce dîner, les regrets que les deux régiments éprouvaient de leur séparation furent hautement et plus d'une fois manifestés. Le général Lasalle ayant témoigné qu'il approuvait sincèrement ces nobles sentiments de confraternité, un vieil officier du 57ᵉ, dont la sensibilité avait été surexcitée par de nombreux toasts, s'adressant directement à lui :

» — Mon général, dit-il, puisque vous allez rejoindre
» l'Empereur à Erfurt, et que vous lui parlez sans plus de
» gêne qu'à un camarade, ne pourriez-vous pas lui deman-

» der, en notre nom, de ne pas diviser la *Brigade de Fer;*
» car, voyez-vous, général, nous sommes unis ensemble
» comme les cinq doigts de la main!...

« — L'Empereur sera instruit de votre désir, répondit
» le général en se levant, et je ne doute pas qu'il n'y fasse
» droit. »

« — Vive le général, » s'écrièrent les convives.

Le banquet se termina par de nouvelles santés portées soit au général Lasalle, soit à l'Empereur.

Le général tint sa promesse : l'ordre de départ fut contremandé, et le 46e resta en Prusse avec le 57e. Quant au général Férey, qui venait d'être promu au grade de général de division, il partit seul pour la Péninsule.

Une autre promotion amena pour le 57e une perte qui fut vivement sentie. Le colonel Rey quitta le régiment, et passa général de brigade dans l'armée d'Espagne. Avant son départ, il témoigna à ce corps les regrets qu'il éprouvait en se séparant d'aussi bons officiers et d'aussi braves soldats. Il serra affectueusement la main à Raverat, pour lequel il conserva toujours une sincère amitié.

Le colonel Charrière succéda au colonel Rey. Le jour de son installation, par quelques phrases empreintes d'une mâle éloquence, il exprima au corps d'officiers combien il était fier d'avoir été appelé à l'honneur de commander un régiment aussi illustre; et promit de consacrer tous ses efforts pour lui conserver sa glorieuse réputation, n'ayant pour cela qu'à suivre les traces de ses prédécesseurs.

Ce nouveau colonel était originaire du département de la Drôme. Sorti du corps de l'état-major, il n'avait pas encore vu le feu; mais plus tard, il se montra digne du poste auquel la confiance de l'Empereur l'avait appelé.

CHAPITRE XIV.

SOMMAIRE. — L'Autriche rompt le traité de paix de Presbourg. — Savante disposition du corps d'armée du maréchal Davoust. — Tengen. — La division Saint-Hilaire. — Bataille de Thann ; Raverat est encore une fois blessé ; glorieux fait d'armes. — Une redoute pour titre de noblesse. — Le colonel prisonnier. — Appréciations historiques. — L'ambulance ; récapitulation des blessures de Raverat. — Paroles de Napoléon. — Un brave entre tous. — La grande revue à Ratisbonne. — Le baron de l'Empire.

Au commencement de l'hiver de 1808 à 1809, les 46ᵉ et 57ᵉ furent envoyés de Stargard à Berlin, pour former une brigade sous les ordres du général Duppelin. Réunis au 72ᵉ de ligne, au 24ᵉ léger et au 8ᵉ de hussards, ils composaient la division Saint-Hilaire, qui elle-même faisait partie du corps d'armée commandé par le maréchal Davoust. Ce corps prit le nom d'Armée du Rhin ; il était le seul qui fût resté dans les provinces prussiennes ; tous les autres étaient rentrés en France ou avaient été dirigés sur l'Espagne. L'Empereur en avait confié le commandement supérieur à l'un des maréchaux les plus capables; il y avait appelé les plus braves régiments que l'Empire possédât à cette époque. Du reste, ce corps d'armée était extrêmement nombreux, puisqu'il se composait de plus de cinquante mille hommes.

On comprendra le motif des soins tout particuliers apportés à sa formation, lorsqu'on connaîtra l'importance de sa mission. Il devait d'abord avoir la main sur la Prusse, qui mettait du retard dans l'acquittement de ses contributions de guerre, et dont la soumission ne paraissait pas bien sincère ; il était chargé en même temps d'exercer une surveillance active sur la conduite de l'Autriche, qui, par ses levées considérables, faisait présager une rupture plus ou moins prochaine.

Depuis la campagne de 1805, l'Autriche humiliée subissait l'influence de son vainqueur, et le traité de Presbourg l'avait réduite à l'état de puissance de second ordre. Elle ne pouvait oublier l'éclat de nos victoires, ni la honte de ses défaites. Au commencement de 1809, l'empereur François II, poussé par le cabinet britannique, qui lui promettait non-seulement des subsides considérables en argent, mais encore l'envoi d'un corps de troupes auxiliaires, voyant Napoléon engagé dans la guerre de la Péninsule, et l'Allemagne presque dégarnie de régiments français, et d'un autre côté, comptant peut-être aussi sur l'intervention de la Russie et de la Prusse, l'empereur

François II, disons-nous, jugea le moment favorable pour courir de nouveau les hasards de la guerre, et pour tâcher de reconquérir les provinces qu'il avait perdues.

Le 7 avril 1809, il signifia à Napoléon que le traité de Presbourg était rompu, et prescrivit à l'archiduc Charles, généralissime des armées autrichiennes, de traverser l'Inn, et d'envahir les états du roi de Bavière, notre allié.

Mais Napoléon, parfaitement instruit des menées de l'Angleterre et des armements de l'Autriche, avait, de son côté, dès le commencement de l'année, ordonné au maréchal Davoust de se rapprocher peu à peu des frontières de la Bohême, afin de se tenir prêt à marcher sur le Danube. Dans ce but, l'armée du Rhin avait, depuis deux ou trois mois, quitté la Prusse, en laissant toutefois des garnisons dans les places fortes ; elle était venue prendre ses cantonnements dans la Saxe, la Franconie et le Haut-Palatinat. Lorsque la division Saint-Hilaire reçut l'ordre de se porter sans délai sur Ratisbonne, le 57e, suivi du reste de la brigade Duppelin, quitta Wurtzbourg, et après quelques rencontres sans importance avec l'archiduc Louis, il s'établit dans cette ville au moment où l'ennemi occupait déjà les hauteurs qui la dominent. Les dernières troupes du maréchal Davoust y arrivèrent le lendemain, 18 avril, à une heure très avancée dans la soirée.

L'Empereur avait prescrit l'occupation de cette place parce qu'il craignait que les Autrichiens ne s'en emparassent eux-mêmes. En les prévenant, il déjouait leurs projets, séparait l'armée de l'archiduc Louis de celle de l'archiduc Charles, et assurait la jonction du corps du maréchal Davoust avec les autres corps français. Le sort de la campagne dépendait de l'occupation de Ratisbonne, qui allait devenir le point de toutes les opérations.

De fausses mesures manquèrent de faire avorter le plan de l'Empereur, et il fallut toute l'habileté du maréchal Davoust pour empêcher son armée d'être brisée entre les troupes des deux archiducs. Il chercha à se rapprocher de Napoléon par un mouvement rétrograde, en conservant toutefois Ratisbonne. Cette manœuvre présentait de grands obstacles : plus de trente lieues d'un pays difficile le séparaient d'Augsbourg, point fixé par l'Empereur pour la réunion de tous les corps qu'il envoyait en Allemagne, et l'archiduc Charles allait occuper toutes les positions intermédiaires.

Espérant devancer les Autrichiens, le maréchal effectua ce mouvement hardi. Il laissa un régiment dans la place de Ratisbonne, et, divisant son armée en quatre colonnes, il se dirigea sur la ville d'Augsbourg.

Dans la nuit du 18 au 19 avril 1809, l'armée se mit en marche. La division Morand et la division Saint-Hilaire faisaient partie de la troisième colonne. L'arrière-garde de division Morand, qui marchait la première, ne devait pas quitter un village, un défilé, ou un passage difficile, sans y être remplacée par l'avant-garde de la division Saint-Hilaire. Le 57e, qui était en tête de cette dernière division, traversa successivement plusieurs villages de peu d'importance, et arriva, à la pointe du jour, dans celui de Tengen. La compagnie du lieutenant Raverat avait déjà dépassé ce village, et allait entrer dans un fourré épais, quand, malgré la brume du matin, elle y aperçut des tirailleurs autrichiens. En attendant les ordres de leur colonel, nos grenadiers prirent position sur la lisière de ce fourré, dans un endroit où des arbres avaient été abattus.

Peu de temps après, les généraux Duppelin et Saint-Hilaire arrivèrent vers notre avant-garde, et s'informèrent de la position présumée de l'ennemi.

Le jour naissant permit à nos soldats de distinguer le pays où ils s'étaient arrêtés. A leur gauche, s'élevaient des collines boisées ; à leur droite, de vastes prairies dont le sol marécageux, semé de bouquets de bois et coupé de fossés profonds, s'étendait jusqu'au Danube. Derrière eux se trouvait le village de Tengen, occupé par la division Saint-Hilaire ; en face d'eux, au fond d'un demi-cercle, paraissait celui de Hausen, sur les bords d'une petite rivière, appelée la Sail, qui se jette dans le Danube ; enfin, à peu près à un quart de lieue au-delà de ce dernier village, le hameau de Thann se montrait au pied d'un coteau faisant suite aux collines précédentes. Ce coteau dominait le chemin que les Français devaient parcourir pour rejoindre la grande route.

L'ennemi occupait tous les débouchés du bois et des vallons ; à gauche, et en face des Français, il était maître de toutes les hauteurs et du village de Hausen, d'où il avait chassé l'arrière-garde des divisions Morand et Gudin. Son premier soin avait été de s'établir sur le coteau de Thann et d'y élever une redoute, qu'il avait garnie de huit pièces de canon. Cette excellente position était en outre défendue par un des bataillons de la réserve de l'archiduc Charles, et par un régiment de cavalerie placé un peu en arrière de la redoute.

Parvenue à Tengen avant le jour, la division Morand avait été bientôt rejointe par la division Gudin, qui formait la tête de la troisième colonne. Elles avaient déjà traversé ce pays avant l'arrivée de l'ennemi ; mais l'occupation du village de Hausen et du coteau de Thann par le général Hohenzollern les tenait séparées des autres divisions françaises.

Le général Saint-Hilaire, qui allait être renforcé par la division Friant, dont l'avant-garde commençait à paraître, comprit aussitôt qu'il devait brusquer l'attaque afin d'empêcher l'ennemi d'occuper de plus fortes positions. Le 57e, soutenu par un autre régiment, fut chargé d'enlever Hausen ; il s'en empara bientôt, mais il ne put s'y maintenir, et fut contraint de se retirer, écrasé qu'il était par le feu de la redoute de Thann. Lancés de nouveau, nos deux régiments reprirent et reperdirent les masures de ce village, qui demeura définitivement au pouvoir de l'ennemi. Ils rétrogradèrent jusque derrière Tengen, et, couverts par un petit ruisseau, ils prirent position sur la lisière d'une forêt.

CHAPITRE XIV.

auprès de laquelle leur division était réunie. Le général Saint-Hilaire avait admirablement disposé ses forces, en profitant de la configuration du terrain, qui décrivait une courbe en forme de fer à cheval.

Les Autrichiens, dont les rangs se grossissaient sans cesse par l'arrivée de nouveaux renforts, poursuivirent ces deux régiments, et vinrent attaquer notre division. Mais, par un feu bien nourri, le 57e, qui occupait l'une des extrémités du fer à cheval, contint l'ennemi et repoussa ses attaques. Malheureusement, les munitions commençaient à manquer, et le mauvais état des chemins ne permettait pas aux fourgons d'en apporter; la même cause n'avait pas permis l'arrivée de l'artillerie. C'est alors que les Autrichiens, voyant que notre feu se ralentissait, nous attaquèrent avec une nouvelle ardeur. Le 57e, parfaitement embusqué, repoussa à la baïonnette six régiments autrichiens qui se présentèrent successivement.

Au moment où le combat était le plus chaudement engagé, le maréchal Davoust parut avec six pièces de canon et des fourgons de munitions. La division Friant, suivie de notre cavalerie, se montra aussi. Peu d'instants après, elle arriva jusqu'à Tengen, où elle parvint à se déployer malgré les forces envoyées contre elle.

Après avoir reconnu le terrain et fait parvenir aux divisions Morand et Gudin l'ordre de ne pas aller plus avant, le maréchal comprit que toute attaque contre les villages échouerait tant que le coteau de Thann resterait au pouvoir de l'ennemi; il était persuadé que toutes les autres positions devaient tomber avec celle-là; mais le temps pressait, et il ne fallait pas attendre que l'archiduc arrivât avec sa réserve. Le maréchal ne se faisait pas illusion sur la gravité de sa situation; il était séparé, non-seulement de l'armée de Napoléon, mais encore de ses deux divisions, et il était privé de ses parcs d'artillerie, lesquels, arrêtés dans un défilé, étaient exposés à tomber au pouvoir de l'ennemi.

Il envoya au général Saint-Hilaire l'ordre d'enlever la position de Thann, pendant que le général Friant et la colonne de cavalerie maintiendraient l'ennemi, et attaqueraient même les deux villages.

Vers le milieu de la journée, le général Saint-Hilaire, à la tête d'une partie de sa division, se mit en marche, précédé par le 8e régiment de hussards, et, à la faveur des brouillards qui s'élevaient des marais, il s'avança dans les prairies en faisant un détour derrière les bouquets de bois. Il laissa sur sa gauche les deux villages de Tengen et de Hausen, repoussa les éclaireurs ennemis répandus du côté du Danube, et après deux heures de marche, arriva en face du coteau de Thann.

Avant de sortir des prairies, le général Saint-Hilaire s'arrêta derrière une pointe de la forêt qui s'avançait dans la direction de Thann, et envoya un détachement de hussards sur la droite du coteau, à l'effet de reconnaître si quelque sentier pourrait y donner accès, en le prenant à revers. Craignant d'être débordé, il plaça le reste de sa

CHAPITRE XIV. 311

cavalerie et plusieurs compagnies du 57ᵉ entre sa division et un corps ennemi qui se tenait en réserve sur les derrières de Hauzen. Ces dispositions prises, le général se démasque, s'élance des prairies, franchit le chemin, et, sous le feu de l'artillerie, commence à gravir le mamelon. De vigoureuses décharges le reçoivent ; des files entières sont emportées ; mais nos soldats serrent les rangs, et continuent leur marche. Déjà ils ne sont plus qu'à une faible distance de la batterie, lorsque la mitraille renverse le 72ᵉ presque en entier ; le 57ᵉ et les autres régiments font des pertes énormes. Néanmoins, excitée par ses officiers, la division à demi détruite, tente un nouvel effort, mais sans obtenir plus de succès.

Le général, reconnaissant l'impossibilité de forcer la position, fit sonner la retraite, qui fut soutenue par le 57ᵉ avec sa vigueur habituelle. Notre première compagnie de grenadiers déploya surtout une grande énergie dans cette affaire, qui lui coûta bon nombre des siens. Ainsi, le capitaine Escudier fut tué par un boulet ; le sergent-major Baumès fut frappé mortellement d'un biscaïen ; Raverat, en voulant relever le sous-lieutenant Guimet, renversé par un éclat de mitraille, fut atteint d'une balle à la main gauche. Les pentes de la colline de Thann étaient couvertes de morts et de blessés ; près de la moitié de la division y était restée. Le général Saint-Hilaire, blessé lui-même, fut donc obligé de rétrograder jusqu'au pied du coteau, où il s'abrita derrière des massifs d'arbres.

Devenu chef de sa compagnie par suite de la mort du capitaine Escudier, Raverat, dans la prévision d'une nouvelle attaque, ne suivit pas le mouvement de retraite de son régiment; il fit faire halte à ses grenadiers derrière quelques arbres qui bordaient un petit ruisseau longeant le bas du mamelon. Là, il pria le tambour-maître du bataillon, nommé Français, de lui dénouer sa cravate et de la lui mettre en sautoir pour supporter son bras blessé.

Ce que Raverat avait prévu ne tarda pas à se réaliser. Le général Saint-Hilaire, ayant rallié ses troupes, les ramena contre la position. La colonne gravit de nouveau les pentes du coteau, et livra à la redoute un troisième assaut, sans plus de succès que les précédents. Repoussé avec une perte considérable, le général se replia vers la prairie, afin de sauver ce qui lui restait de sa malheureuse division. Raverat et ses grenadiers furent rejetés dans le ravin, et ce ne fut pas sans peine que notre lieutenant parvint à rassembler ses hommes sous le feu de l'ennemi.

Le colonel Charrière apercevant ce petit peloton embusqué derrière un taillis, se dirigea vers lui, et lui ordonna de suivre la division; puis voyant Raverat qui portait son bras en écharpe, il l'engagea à se rendre à l'ambulance.

« — Colonel, répondit notre lieutenant, permettez que
» je reste ici au milieu de mes grenadiers; la compagnie
» n'a plus d'autre officier que moi; je ne suis encore capi-
» taine que par intérim, et j'ai l'espoir de gagner mes
» épaulettes sur cette redoute!.... »

Le colonel Charrière lui représenta combien il y aurait de témérité, ou plutôt de folie, à tenter un coup de main contre une position aussi formidable, contre laquelle des forces considérables avaient déjà échoué. Il avait à peine terminé ses observations, qu'une nouvelle décharge de mitraille vint labourer le sol autour d'eux. Le colonel, supposant que Raverat allait renoncer à son projet, s'éloigna aussitôt pour rejoindre son régiment.

A peine fut-il parti, que notre lieutenant, laissé à sa liberté d'action et inspiré par cet esprit d'initiative qui se révéla en lui tant de fois, s'occupa de mettre à exécution le projet qu'il avait conçu, d'enlever par un coup de main hardi la redoute de Thann. Soixante grenadiers lui restent encore ; quelques voltigeurs et quelques fusiliers séparés de leur compagnie sont venus se joindre à eux ; le tout réuni forme tout au plus une centaine d'hommes. Raverat leur fait part de son plan, et s'efforce de leur communiquer son ardeur en leur représentant le succès comme assuré.

» — Mes amis, leur dit-il, l'ennemi ne se doute pas de
» notre présence dans ce ravin ; à la faveur de la fumée qui
» obscurcit encore l'horizon, il nous sera facile de parvenir,
» sans être vus, jusqu'au sommet du monticule. Une fois
» arrivés, la redoute est à nous !.... Grenadiers du 57e,
» rappelez-vous la devise de notre drapeau ! rappelez-
» vous Lomitten !.... Marchons sans bruit, et ne perdons
» pas notre temps à brûler des cartouches ! A la baïonnette!
» à la baïonnette !.... »

Electrisée par la voix de son lieutenant, cette poignée de braves gravit à la course ces pentes abruptes, rougies du sang de nos soldats et jonchées de leurs cadavres. Marchant à la tête de sa petite colonne, Raverat tient son bonnet à poil sur la pointe de son épée, pour simuler un drapeau; mais le vent a bientôt dissipé la fumée, et l'ennemi, apercevant ces nouveaux assaillants, dirige sur eux le feu de ses pièces et de sa mousquetterie. Nos braves sont déjà si près de l'artillerie, que l'air, ébranlé par ses éclats, leur fouette le visage. La terre tremble sous ces détonations successives. Une partie de la petite troupe est écrasée, mais le reste s'élance au pied de la redoute, l'escalade et y pénètre par les embrasures.

Effrayés d'une attaque aussi inattendue, les canonniers autrichiens abandonnent le service de leurs pièces pour ne s'occuper que de leur défense personnelle. Pendant que le sabre à la main, ils luttent contre les baïonnettes de nos grenadiers, Raverat, malgré son bras en écharpe, s'occupe, avec l'aide de quelques hommes, de détruire la batterie. Aussitôt, les pièces sont précipitées en dehors de la redoute, et vont rouler jusqu'au fond du ravin. Enfin, le commandant de la batterie est lui-même fait prisonnier par notre lieutenant.

A la nouvelle de cette attaque audacieuse, la cavalerie autrichienne, qui se trouvait un peu en arrière, s'ébranla pour se porter au secours des artilleurs, mais les hussards français, qui, ayant trouvé un sentier tracé sur le revers du monticule, se disposaient à rejoindre la division, ne se furent pas plutôt aperçus de cette manœuvre et de la présence de la petite troupe de Raverat dans la redoute, qu'ils débouchèrent à leur tour, et tinrent en échec la cavalerie autrichienne. La position de nos grenadiers devenait néanmoins de plus en plus périlleuse : revenu de sa première surprise, l'ennemi s'était rallié et se disposait à les envelopper.

Par bonheur pour eux, le maréchal Davoust, fidèle à sa persistance habituelle, qui dégénérait parfois en opiniâtreté, pressait toujours l'attaque des villages de Tengen et de Hausen. Etonné du silence de la redoute et de la retraite de la division chargée de l'enlever, il va lui-même sur les lieux, et, arrivé au pied de la colline, il apprend, de la bouche d'un mourant, le sergent-major Baumès, ce qui vient de se passer sur le plateau. Aussitôt, et sous les ordres du général Saint-Hilaire, des forces suffisantes sont envoyées au secours de Raverat. La division gravit de nouveau le mamelon, au sommet duquel elle parvient, cette fois, sans difficulté, et en a bientôt chassé les Autrichiens.

Ravi de ce beau fait d'armes, le général Saint-Hilaire embrassa notre lieutenant sur ce champ de bataille conquis si audacieusement, et lui exprima toute l'admiration dont il était pénétré par son héroïsme. Le colonel Charrière ne fut pas moins expansif dans ses félicitations, et ce fut avec une effusion sincère qu'il remercia Raverat du nouvel éclat que son intrépidité venait de faire rejaillir sur le 57e.

« Lieutenant Raverat, lui-dit le maréchal Davoust en
» s'approchant de lui ; l'Empereur sera instruit de votre
» conduite admirable, ainsi que de celle de vos intrépides
» grenadiers ; il saura, je n'en doute pas, la récompenser
» comme elle le mérite !..... »

Avant de se séparer du commandant de la batterie, son prisonnier, Raverat lui rendit l'épée qu'il lui avait enlevée. Il accompagna cet acte de courtoisie de quelques paroles de consolation. Il eut aussi soin de le recommander à un officier d'état-major, afin de lui épargner les mauvais traitements et les insultes auxquels il aurait pu être exposé de la part des soldats de la Confédération, chargés plus spécialement de la garde des prisonniers. Touché de ces procédés, le commandant lui en témoigna une vive reconnaissance ; s'adressant ensuite au maréchal, il lui dit : « Si
» tous vos officiers ressemblaient à celui-là, vous n'auriez
» pas besoin de soldats pour faire la conquête du monde
» entier ! »

Le maréchal, voyant cet officier verser des larmes, s'efforçait de le consoler en lui rappelant que la guerre a ses succès et ses revers ; mais celui-ci répondit qu'après s'être laissé enlever une semblable position par un aussi petit nombre d'hommes, il regardait sa carrière comme irrévocablement perdue.

Privés du point d'appui qui faisait leur principale force, les Autrichiens furent contraints d'abandonner les deux villages de Tengen et de Hausen, et de se replier sur leur corps de réserve. Sur toute la ligne, les troupes ennemies s'en allaient à la débandade, poursuivies par notre cavalerie légère.

Maîtres de ce champ de bataille si chèrement acheté, nos soldats campèrent dans les habitations, ou plutôt dans les masures de Tengen, de Hausen et de Thann. Ces villages étaient encombrés de blessés. Le général Friant n'avait perdu que 300 hommes, mais la division Saint-Hilaire avait été beaucoup plus maltraitée. On n'y comptait pas moins de 1,700 hommes tués, et de 3,000 blessés. Les divisions Morand et Gudin avaient réussi à tenir en échec un autre corps ennemi, et avaient permis au maréchal Davoust d'opérer sa jonction la nuit suivante avec le maréchal Lefebvre, qui, à la tête du contingent fourni par le roi de Bavière, venait de battre les Autrichiens à Abensberg. Le corps du maréchal Lefebvre formait, pour ainsi dire, l'avant-garde de l'armée française, que nous appellerons désormais armée d'Allemagne.

Nous sommes entré dans des détails un peu circonstanciés sur ce fait d'armes, parce que, jusqu'à ce jour, il a été très imparfaitement rapporté par les historiens. En effet, quelques-uns l'appellent bataille de Tengen ; d'autres bataille d'Abensberg ; mais l'Empereur, avec plus de justesse, l'a nommé bataille de Thann, du nom de la colline où s'est illustré le lieutenant Raverat. On a pu comprendre, par ce que nous avons dit de cette glorieuse affaire, qu'elle contribua puissamment à faciliter les manœuvres du maréchal Davoust, et qu'elle exerça une grande influence sur les débuts de la campagne de 1809.

Mais revenons à notre lieutenant, que nous avons laissé au pied du monticule, recevant les félicitations du maréchal et des témoins de sa valeur, qui, tous, le proclamèrent le plus brave de la division. Bientôt, conduit à l'une des ambulances établies à Tengen, il y eut encore une fois à subir la douloureuse opération de l'extraction de la balle restée dans sa main, et qui y avait déterminé, ainsi que dans l'avant-bras, une enflure très douloureuse. Les chirurgiens eurent aussi à enlever de la plaie plusieurs esquilles, provenant des petits os de la main que la balle avait brisés.

Le lecteur n'a sans doute pas oublié le grand nombre de blessures plus ou moins graves que notre héros avait déjà reçues, et à la suite desquelles il eut chaque fois à subir les souffrances d'une opération chirurgicale. Dans le comté de Nice, il eut le cou percé par une balle ; à Zurich, un biscaïen s'enfonça dans sa cuisse gauche ; à Lomitten, il eut la cuisse droite déchirée par une balle de gros calibre ; enfin, à Thann, la balle s'était logée dans la main gauche. Dans toutes ces affaires, Raverat dut toutefois bénir la Providence, qui n'avait pas permis qu'aucun des organes vitaux ait été atteint par les projectiles. En effet, quelques lignes plus haut ou plus bas, la blessure du cou eût été infailliblement mortelle ; quant aux autres blessures, elles eussent pour le moins entraîné la perte d'un membre.

Pendant son séjour à l'ambulance, Raverat était réquemment entouré d'officiers et de soldats qui venaient entendre de sa bouche les détails de son mémorable fait d'armes. Son sabre faussé et ébréché, sa capote et son bonnet à poil percés de vingt-cinq coups de feu, étaient l'objet de l'admiration de tous.

Le maréchal Davoust, qui avait rejoint Napoléon à Abensberg le 20 avril, lui rendit compte de l'affaire de Thann, en l'accompagnant des détails les plus circonstanciés. Lorsqu'il eut achevé son récit, l'Empereur, qui l'avait écouté avec un vif intérêt, lui dit : « Ce que vous m'apprenez de ce lieu-
» tenant ne m'étonne pas ; c'est un de mes vieux d'Italie.
» Ni grade, ni décoration ne peuvent récompenser un pa-
» reil fait d'armes ; il faut autre chose... J'y réfléchirai !...
» Lorsque je passerai en revue la division Saint-Hilaire à
» Ratisbonne, vous me le présenterez... »

Le 23 avril, dans l'après-midi, après la rentrée des Français dans Ratisbonne, le maréchal chargea un de ses aides-de-camp d'aller chercher Raverat, retenu à l'ambulance de Tengen, et de le ramener avec lui.

En arrivant à Ratisbonne, Raverat se rendit sur la place d'armes, où étaient rangés en ligne les débris de la division Saint-Hilaire, et reprit sa place dans le 57e, dont les rangs étaient sensiblement éclaircis. Tout-à-coup, les tambours battent aux champs ; des officiers d'ordonnance débouchent sur la place, et Napoléon paraît. Son arrivée est accueillie, comme toujours, par les démonstrations du plus vif enthousiasme. Il descend de cheval, et, suivi d'un nombreux état-major, il passe lentement devant le front de chaque régiment. Arrivé devant le 57ᵉ, il salue le drapeau et s'arrête, dans son attitude habituelle, les mains croisées derrière le dos. Son regard est fixe; le plus grand silence règne dans les rangs. Il s'approche du colonel Charrière, et après quelques paroles, il lui demande quel est l'officier le plus brave du régiment.

» — Ils le sont tous, Sire, répond le colonel; cependant,
» il en est un, entre autres, qui s'est distingué d'une ma-
» nière toute particulière.

» — Son nom?

» — Le lieutenant Raverat!

» — Eh bien! reprit l'Empereur d'une voix forte, que le
» lieutenant Raverat sorte des rangs et s'approche!... »

A ce moment, le plus beau de sa vie, Raverat, saisi d'émotion, s'avance devant Napoléon.

« Je connais votre conduite, lui dit l'Empereur; toute
» l'armée a été témoin de votre valeur... En récompense,
» je vous nomme baron de l'Empire, avec une dotation de
» quatre mille francs de rente!

» — Sire, répond Raverat, je m'efforcerai de me rendre
» digne de cet honneur. Mon bras sera toujours consacré à
» la défense de la patrie et à la gloire de l'Empereur!... »

De vives acclamations accueillirent cette distinction, qui devait paraître d'autant plus flatteuse à celui qui en était l'objet, qu'elle offrait le premier exemple d'un officier d'un grade inférieur, promu à la dignité de baron de l'Empire.

L'Empereur distribua ensuite des croix et des récompenses aux braves compagnons de Raverat, ainsi qu'à tous ceux qui, dans les autres corps, s'étaient distingués dans les combats qui avaient eu lieu depuis l'ouverture de la campagne. Un défilé général termina cette solennité militaire, qui fit une profonde impression sur l'esprit de tous les assistants.

Le même jour, un banquet fut donné par le 57e, en l'honneur du lieutenant Raverat, qui venait de prendre place dans les rangs de la noblesse impériale.

CHAPITRE XV.

Sommaire. — Bataille d'Essling. — L'Empereur au bivouac. — Les biftecks de cheval. — L'armée française dans l'île de Lobau. — Second passage du Danube. — La plaine de Wagram. — Trait de dévouement de Raverat. — Prise de Wagram. — La paix de Presbourg. — Rapprochement historique. — Raverat est admis à la retraite. — Les adieux de l'Empereur.

Le lendemain de la grande revue passée par l'Empereur, Raverat, ne pouvant suivre le régiment à cause de sa blessure, partit pour Neustadt, où de vastes ambulances étaient établies. En arrivant dans cette petite ville, où il devait rester jusqu'à ce qu'il fut complétement guéri, notre lieutenant fit la rencontre du capitaine Vialla, qui, comme lui, avait été blessé à la bataille de Thann.

Comme ces deux officiers aimaient mieux loger chez les habitants que d'entrer à l'hôpital, ils se rendirent à l'Hôtel-de-Ville pour s'y faire délivrer un billet de logement. Un bourgmestre leur exposa combien il leur serait difficile de pouvoir se loger convenablement, vu le grand nombre de blessés qui déjà encombrait la ville; il leur offrit de les adresser à un de ses parents propriétaire, d'un château situé à peu de distance de Neustadt.

Ce magistrat leur faisait cette proposition, autant pour leur être agréable que pour donner à son parent une sauvegarde, si nécessaire dans un pays parcouru sans cesse par des corps de troupe.

Nos deux officiers ayant accepté de grand cœur cette proposition, se mirent aussitôt en route et arrivèrent dans la soirée au château qui leur était indiqué. Ils y furent parfaitement reçus par le propriétaire, M. le baron d'Hornstein, qui les installa dans un riche appartement. Ils n'eurent qu'à se louer des prévenances dont les entourèrent, soit leur hôte, soit ses nombreux domestiques.

Comme on se trouvait au commencement de la belle saison, et que la campagne était des plus agréables, nos deux officiers faisaient souvent de longues promenades en compagnie du seigneur bavarois. Un jour, ayant poussé leur promenade jusqu'à Neubourg, ils visitèrent le monument élevé à la mémoire du célèbre Latour-d'Auvergne, sur le lieu même où il avait été tué huit ans auparavant.

Après une quinzaine de jours passés au château, Raverat et Vialla, bien qu'ils ne fussent pas complètement rétablis, résolurent de partir pour rejoindre leur régiment, qui se trouvait déjà dans l'intérieur de l'Autriche. Raverat portait encore le bras en écharpe ; mais tous deux commençaient à s'ennuyer de cette vie inactive. Ils prirent congé de leur hôte, qui les accompagna jusqu'à Munich.

A peu de distance de cette capitale, les trois voyageurs rencontrèrent sur leur route un cavalier simplement vêtu et suivi d'un seul domestique. M. d'Hornstein mit aussitôt pied à terre ; il avait reconnu son souverain, le roi de Bavière, dont il était l'un des conseillers intimes. Il lui présenta Raverat et Vialla. Le roi les salua d'un air gracieux, et leur témoigna toute l'estime qu'il portait aux Français.

Nos deux officiers parcoururent des contrées qu'ils avaient déjà appris à connaître pendant les campagnes de 1800 et de 1805. Sur la route qu'ils parcouraient, ils rencontraient de distance en distance des lieux qu'avaient illustrés les nombreuses victoires remportées par les armées françaises.

Ils ne purent rejoindre leur régiment qu'à Vienne ; car, depuis l'entrée de Napoléon à Ratisbonne, la division Saint-Hilaire avait été extraite du corps d'armée commandé par le maréchal Davoust, pour passer dans le deuxième corps, aux ordres du maréchal Lannes.

Si l'on excepte l'occupation momentanée de Ratisbonne par l'ennemi, le plan de l'Empereur s'était accompli jusque-là dans tous ses détails. Il avait réussi à briser les différents corps des armées autrichiennes ; une partie avait été rejetée dans la Bohême ; l'autre avait fui devant nous jusqu'à Vienne, ou s'était dispersée dans les montagnes du Tyrol.

Quoique l'armée française fût maîtresse de la capitale de l'empire autrichien, il fallait continuer la guerre et triompher encore des forces que l'archiduc Charles avait pu réunir sur la rive gauche du Danube, où elles occupaient de bonnes positions. Tous les ponts ayant été rompus, Napoléon dut chercher les moyens de transporter ses troupes au-delà du fleuve.

Le 18 mai 1809, au point du jour, le gros de l'armée était rassemblé à deux lieues au-dessous de Vienne, à la hauteur du groupe d'îles dont fait partie l'île célèbre de Lobau. Deux ponts furent construits sur le grand bras du Danube pour faire passer nos troupes dans cette île, tandis que deux autres ponts se construisaient sur le petit bras pour effectuer le passage sur la rive gauche. La garde de ces ponts fut confiée à la division Saint-Hilaire, dont l'effectif était réduit de plus de moitié.

Le surlendemain, l'action s'engagea entre les corps des maréchaux Lannes et Masséna et l'armée autrichienne, dans une immense plaine semée de nombreux villages, parmi lesquels on remarquait ceux d'Aspern et d'Essling. La division Saint-Hilaire ne prit aucune part aux combats qui se livrèrent dans le cours de cette première journée.

Dans la soirée du 21, le 57ᵉ se trouvait sur l'île Lobau, et comme il pleuvait, les officiers s'étaient abrités sous des arbres, où ils avaient allumé du feu. De leur poste, ils apercevaient l'incendie qui dévorait les villages et les métairies de la plaine. Ils s'entretenaient des événements de la journée et des pertes considérables que l'armée française avait éprouvées. Chacun critiquait, en termes plus ou moins mesurés, la détermination de l'Empereur, qui n'avait pas craint de livrer bataille à un ennemi trois fois supérieur en forces, lorsque tout-à-coup, Napoléon en personne, débouchant du pont, vint prendre place autour du feu du bivouac. Nos officiers s'écartèrent aussitôt avec respect ; mais Napoléon les retint, se mit à causer familièrement avec eux, et honora Raverat, entre autres, de quelques paroles bienveillantes. Il était vêtu de son costume historique et si populaire ; son petit chapeau était déformé par la pluie, sa redingote grise et ses bottes étaient couvertes de boue. Après avoir séché tant bien que mal ses vêtements, il remonta à cheval, et présida au passage, sur la rive gauche, des nouvelles troupes qu'il avait appelées pour renforcer celles des maréchaux Lannes et Masséna.

Le lendemain, la division Saint-Hilaire fut dirigée sur cette même rive : c'était une réserve que l'Empereur était bien aise d'avoir sous la main. Un peu avant que la bataille s'engageât de nouveau, le général Saint-Hilaire, passant dans les rangs, s'arrêta devant Raverat, qui portait toujours le bras en écharpe, et s'informa avec intérêt de l'état de sa santé. Notre lieutenant, dont la main n'avait pas été pansée depuis deux jours, et dont la plaie s'était rouverte, fit part au général des vives souffrances qu'il ressentait.

Celui-ci s'empressa de lui envoyer un chirurgien, qui, après avoir lavé la blessure pour la rafraîchir, y apposa un nouvel appareil.

A peine ce pansement était-il achevé, que l'artillerie autrichienne rouvrit le feu. Les villages d'Essling et d'Aspern furent de nouveau attaqués avec vigueur, et au début de cette journée ils ne présentaient déjà plus que des décombres et des ruines fumantes. La division Saint-Hilaire occupait l'intervalle qui sépare ces deux villages.

Napoléon avait résolu d'écraser le centre de l'armée autrichienne, et de l'isoler de ses deux ailes. Dans ce but, il organisa une colonne d'attaque composée de la division Saint-Hilaire et de plusieurs corps d'élite, tant d'infanterie que de cavalerie et d'artillerie. Cette formidable colonne était commandée par le maréchal Lannes.

Notre artillerie avait à peine lancé ses premières décharges contre le centre autrichien que le maréchal ordonna de marcher en avant. Le 57e, placé en première ligne et à l'extrême droite, marchait au pas de charge en entretenant une fusillade bien nourrie. Les bataillons ennemis furent bientôt ébranlés, puis renversés dans le plus grand désordre. C'est en vain que l'archiduc Charles s'efforça de les retenir, il fut lui-même entraîné dans la déroute. Déjà le 57e allait aborder la réserve autrichienne, lorsqu'à dix heures du matin il reçut l'ordre de suspendre son attaque, et même de se replier.

On sait que l'archiduc Charles avait profité de la crue

du Danube pour détruire les ponts qui permettaient à l'armée française de communiquer avec l'île Lobau et la rive droite. Des moulins enflammés, des bateaux et des radeaux chargés de pierres, et abandonnés au courant du fleuve, étaient parvenus à renverser tous les ponts. L'armée française, réduite à quarante mille homme combattants, avait ainsi à lutter contre plus de cent cinquante mille hommes.

L'archiduc, voyant que son stratagème avait réussi, et que la colonne battait en retraite, rallia ses soldats dispersés et reprit l'offensive. En vain notre cavalerie essaya de lui opposer une digue; elle fut forcée de se retirer et de venir se reformer derrière les rangs de l'infanterie. Le 57e recevant de front et de flanc un feu de mitraille presque à bout portant, rétrograda lentement, en défendant le terrain pied à pied et faisant face à l'ennemi, sans que le moindre désordre ou la plus légère indécision se fissent remarquer dans ses rangs. Déterminé à soutenir à tout prix sa vieille réputation, il se dévoua au salut de l'armée, et, à bout de munitions, il repoussa à la baïonnette toutes les charges de la cavalerie ennemie. Il favorisa ainsi la retraite en laissant le sol couvert de ses morts et de ses blessés. Le maréchal Lannes, le général Saint-Hilaire et les autres généraux firent, à la tête de leurs troupes, des efforts surhumains pour résister à ces masses innombrables qui s'avançaient sur eux. L'artillerie autrichienne causait dans nos rang des ravages affreux. Celui que l'armée avait surnommé le *chevalier sans peur et sans reproche*, le brave Saint-Hilaire venait d'être atteint d'un biscaïen, et le maréchal Lannes venait d'avoir les deux cuisses emportées par un boulet.

Le bruit du canon couvrait les cris des blessés et des mourants; la fumée était si épaisse qu'elle dérobait à la vue tous ces infortunés dont les cadavres jonchaient la terre. Le feu que vomissaient les trois cents pièces de l'archiduc, ressemblait à une fournaise ardente; on ne respirait qu'avec peine au milieu de cette atmosphère embrasée, et, — pour nous servir de l'expression énergique de Raverat, — on se croyait dans le cratère d'un volcan.

L'Empereur, après avoir donné des ordres pour la construction de nouveaux ponts, parcourut le champ de champ de bataille, et arriva devant les débris de notre colonne. Il pénétra dans les rangs pour encourager les soldats; mais ceux-ci, effrayés des dangers qu'il court, l'entourent et le conjurent de ne point exposer une vie aussi précieuse. Le général Walther, commandant les grenadiers de la Vieille Garde, poussant plus loin la sollicitude, s'approche de l'Empereur et lui dit brusquement: « Retirez-vous, sire, ou je vous fais enlever par mes grenadiers ! »

Napoléon ne tint aucun compte de cet avertissement, et, avec son sang-froid habituel, il veilla sur le mouvement de retraite.

Tandis que par une résistance héroïque nos soldats contenaient le centre de l'armée ennemie, des engagements meurtiers avaient lieu sur les ailes. L'archiduc tentait de s'emparer des deux villages; Aspern fut pris et repris six fois, Essling treize fois. Par cette lutte désespérée, nos troupes parvinrent à arrêter la marche de l'ennemi.

Pendant que le génie de la destruction planait sur ce champ de bataille, les pontonniers français travaillaient avec ardeur aux ponts qui devaient rétablir les communications avec l'île de Lobau. L'Empereur se portait sur tous les points, afin d'activer les travaux; depuis la veille, il n'était pas descendu de cheval; aussi, paraissait-il harassé. Vers la fin de cette terrible journée du 22, il mit enfin pied à terre, marcha pendant quelques instants, puis s'assit sur une caisse de tambour. Il était ruisselant de sueur, son visage et ses vêtements étaient couverts de poussière. Des soldats lui apportèrent un bidon rempli d'eau du fleuve, et dans laquelle il trempa les mains pour se rafraîchir; puis ils lui offrirent quelques oranges qu'il mangea pour se désaltérer.

Un douloureux spectacle s'offrait à la vue. Au milieu de débris de toutes sortes, des centaines de blessés qui s'étaient traînés sur le bord du fleuve, attendaient, dans les angoisses de la mort, que les ponts fussent rétablis. Ils étaient foulés aux pieds des chevaux abandonnés, qui, effrayés par les détonations continuelles, couraient éperdus dans toutes les directions. Les eaux du Danube atteignirent bientôt ces malheureux, qui, trop faibles pour se soustraire à ce nouveau danger, furent presque tous entraînés par le courant.

Après des travaux inouïs, les ponts furent rétablis. L'Empereur voulut que les blessés fussent transportés les premiers dans l'île de Lobau ; l'armée défila ensuite, et à deux heures du matin, toutes les divisions françaises ayant effectué leur passage, les ponts furent reployés. Nos soldats se trouvaient sans communications avec les deux rives, au milieu du Danube qui croissait à vue d'œil et menaçait de tout envahir

Dans cette terrible bataille d'Essling, l'armée française avait perdu dix-huit mille hommes ; le deuxième corps pleurait la mort du maréchal Lannes, la division celle du général Saint-Hilaire ; toutes les brigades, tous les régiments avaient fait des pertes cruelles. Le 57° surtout avait beaucoup souffert : la compagnie de grenadiers du premier bataillon avait eu la plupart de ses hommes blessés; ceux que les balles ou les boulets avaient épargnés étaient abattus et démoralisés. Ajoutez à cela que les vivres et les médicaments manquaient partout.

En attendant que les ponts fussent rétablis sur le grand bras du Danube, et que les subsistances pussent arriver, les soldats se mirent en campagne pour s'en procurer. L'île, qui ne renfermait qu'un petit nombre de fermes isolées, et de moulins abandonnés à notre approche par les habitants, fut visitée et fouillée dans tous les sens par nos soldats affamés. Le lieutenant Raverat et les hommes restés au bivouac attendaient avec impatience le résultat de ces recherches, quand au bout d'une heure ils virent revenir Tougne, accompagné de quelques grenadiers apportant de la viande et des casques de cuirassiers.

« Ma foi, mon lieutenant, dit Tougne, nous n'avons pas
» voulu revenir au bivouac sans apporter quelque chose.
» Là bas, près d'un moulin, nous avons trouvé un cheval
» tué à défaut de mieux nous l'avons dépécé, et pour mon
» compte, je vous en apporte une tranche qui a assez bon
» air ; voyez plutôt... Les camarades ont fait comme moi...
» et faute de pot-au-feu, nous avons rapporté pour nous
» en tenir lieu des casques de cuirassiers. »

Pendant plusieurs jours, l'armée n'eut d'autre nourriture que la chair des chevaux tués ou noyés. Un semblable régime devait naturellement causer de graves maladies parmi des hommes déjà éprouvés par les fatigues et les privations, couchant sans abri sur un sol humide, et respirant un air vicié par les émanations des cadavres demeurés sans sépulture. Un instant, l'épidémie menaça de devenir générale ; mais, grâce à de sages mesures, on parvint à arrêter la source du mal. Ainsi, on fit creuser des fosses profondes, où furent transportés les cadavres restés épars sur les divers points de l'île, ou que les eaux du fleuve déposaient sur ses rives.

Dès que les ponts furent rétablis, les fourgons commencèrent à arriver ; mais les provisions qu'ils apportaient étant insuffisantes, les hommes furent rationnés pendant les premiers jours à quelques onces de pain seulement.

Les soldats s'étaient construit des cabanes avec des

branches d'arbres, des roseaux et des joncs. Ils s'y établirent le plus commodément possible, attendu que leur séjour paraissait devoir y être de longue durée; ils donnèrent même des noms de circonstance aux îles nombreuses qui composent cet archipel, et dont celle de Lobau est la plus considérable; elle a plusieurs lieues d'étendue. Toutes étaient en notre pouvoir, et comme elles n'étaient séparées que par des canaux étroits, elles étaient reliées ensemble par de petits ponts.

Le 57e resta cantonné à Lobau dans un site des plus agréables, appelé Mühleiten, sur la rive orientale; il occupait un bois assez touffu, qui avant la guerre était, dans la belle saison, le rendez-vous des citadins de Vienne et des villageois du littoral, lesquels venaient s'ébattre sous ces ombrages, et au milieu des vertes prairies qui formaient un gracieux paysage. Cette île, — naguère si riante et si paisible, où, à part les jours de fête, on ne voyait que les rares habitants des moulins que quelques pêcheurs et quelques bergers, qui en composaient toute la population; — cette île, disons-nous, était devenue, depuis l'occupation française, un vaste camp retranché, encombré de soldats de toutes armes, de chevaux, de canons et d'équipages militaires. Une partie de ses taillis avaient disparu pour les usages journaliers des bivouacs, et ses rivages avaient été bouleversés par la construction des épaulements des batteries. Une ceinture de redoutes l'entourait, et la mettait ainsi à l'abri de toute surprise.

La mort du maréchal Lannes et celle du général Saint-Hilaire amenèrent divers changements dans le deuxième corps, dont le général Oudinot prit le commandement. Notre division passa sous les ordres du général Grandjean, et notre brigade sous ceux du général de Lorencey. Le général Grandjean connaissait depuis long temps le 57ᵉ, qu'il avait déjà eu sous ses ordres dans la campagne d'Allemagne, en 1800. A la première revue qu'il passa, ce général félicita Raverat sur sa nouvelle dignité, dans les termes les plus flatteurs, et lui témoigna une extrême bienveillance.

Vers les premiers jours de juillet, l'Empereur vint du château de Schœnbrunn, établir son quartier-général dans l'île de Lobau, où son armée résidait depuis un mois et demi, sous le commandement du maréchal Masséna. Déjà il avait rappelé de l'Espagne toutes les forces qui s'y trouvaient disponibles. Le prince Eugène et les généraux Macdonald et Marmont étaient accourus de l'Italie et de la Dalmatie pour renforcer la grande armée d'Allemagne. Napoléon était prêt à reprendre l'offensive et à réparer l'échec des deux fatales journées d'Essling.

Le 4 juillet 1809, un peu après la fin du jour, la division Grandjean passa en bateaux sur la rive gauche du Danube pour favoriser l'établissement des ponts. Un violent orage éclata; bientôt le bruit du tonnerre se mêla aux détonations de notre artillerie, qui faisait une fausse attaque pour dérouter l'ennemi. Sur tous les points où sa présence pouvait être nécessaire, Napoléon déployait une incroyable activité. Chaque éclair qui embrasait l'atmosphère le laissait voir présidant au passage de l'armée. Malgré une averse furieuse, nos bataillons, massés en colonnes serrées, franchirent le Danube sur quatre points différents, et présentèrent le lendemain un front imposant à l'ennemi.

On sait ce qui se passa dans cette journée du 5 juillet; les batteries autrichiennes qui garnissaient les bords du fleuve, et les retranchements élevés en face des villages d'Aspern et d'Essling furent réduits à une complète impuissance, grâce aux savantes manœuvres de l'Empereur; et l'archiduc Charles dut abandonner la plaine d'Essling pour prendre position sur les petites collines où se trouve le village de Wagram. C'était une bataille de géants qui allait se livrer : le front des deux armées s'étendait sur un espace de plus de quatre lieues.

Nous ne citerons de l'immortelle bataille de Wagram que les événements auxquels le 57ᵉ prit une part active. A onze heures du soir, le deuxième corps se porta sur le petit village de Baumersdorff, qui était au pouvoir des Autrichiens. Notre régiment aborda résolument les premières pentes des collines sur lesquelles le village est assis. Le bruit sourd de la fusillade et de la canonnade qui partait de la plaine devenait de plus en plus distinct, à mesure que nos soldats gravissaient les hauteurs. A la gauche du régiment, le feu de l'artillerie projetait sur le ciel noir de soudaines clartés, et l'oreille exercée de nos soldats distinguait parfaitement les décharges de l'artillerie française de celles de l'ennemi ; mais on ignorait encore quels seraient les résultats de la bataille. Il était minuit, le 57ᵉ poursuivait sa marche en poussant devant lui les vedettes autrichiennes.

Dès que les premières lueurs du matin éclairèrent le clocher et les collines de Baumersdorff, nos soldats virent aussi briller sur les hauteurs les baïonnettes autrichiennes. Bientôt le signal de l'attaque est donné ; le régiment escalade les pentes difficiles de ces coteaux complantés de vignes. L'ennemi est abordé ; rien ne peut résister à l'élan de nos troupes ; Baumersdorff est emporté d'assaut. Le 57ᵉ s'y établit, mais la cavalerie autrichienne, à la suite d'une charge brillante, parvient à rallier les fuyards et à reprendre la position. Le village est pris et repris plusieurs fois, et chaque fois nos soldats sont écrasés par l'artillerie ou par les charges redoublées de la cavalerie. Les rues sont jonchées de morts et de blessés. Malgré son intrépide résistance et des prodiges de valeur, le 57ᵉ est forcé de se réfugier au milieu des vignes pour se mettre à l'abri de la cavalerie.

Cependant, quelques compagnies du centre étaient demeurées en arrière ; isolées du régiment et un peu en désordre, elles étaient exposées à être écrasées par l'ennemi. En bons frères d'armes, Raverat et ses grenadiers s'élancent à leur secours, sans calculer les chances du danger. Avec leurs baïonnettes, ils arrêtent les cavaliers autrichiens, et donnent ainsi aux compagnies compromises le temps de se reformer. Bientôt, quelques pièces d'artillerie légère viennent soutenir nos braves; mais la cavalerie, dont le nombre grossissait sans cesse, menaçait de les envelopper. Alors, — il nous en coûte de le dire, car une pareille lâcheté n'avait pas d'exemple dans les annales du régiment, — ces compagnies, composées en partie, il est vrai, de jeunes conscrits, se débandèrent, laissant nos grenadiers aux prises avec l'ennemi. Ceux-ci soutinrent d'abord seuls le choc des cavaliers, car les artilleurs obligés de tirer par-dessus leurs têtes, hésitaient à commencer le feu; mais bientôt Raverat et ses hommes s'étant couchés ventre à terre, notre artillerie ne tarda pas à jeter le désordre dans les rangs autrichiens, et nos grenadiers purent venir reprendre leur position.

Tandis que nos hommes réparaient leurs forces à l'aide des vins généreux trouvés dans les celliers élevés au milieu de chaque vigne, ils reçurent l'ordre de s'emparer sur-le-champ, et à tout prix, de Baumersdorff, afin d'assurer le succès de la bataille qui se livrait dans la plaine. Au même instant, les secondes lignes de cavalerie et de nouvelles batteries vinrent renforcer le deuxième corps, qui remonta sur les collines en reprenant l'offensive. L'artillerie foudroya le village, et la mitraille balaya les rues; l'infanterie pénétra dans les maisons et en délogea les tirailleurs autrichiens; la cavalerie accourut à son tour disperser les derniers bataillons ennemis, et le corps d'armée demeura définitivement maître du village de Baumersdorff.

Quelques heures après, la bataille s'engagea de nouveau sur des terres à blé, couvertes encore de leurs récoltes. Tout fut dévasté, la paille fut broyée sous les pieds des chevaux, et bientôt les obus allumèrent un incendie qui n'arrêta pas l'ardeur des combattants. Les flammes dévoraient les morts, étouffaient les blessés. Des caissons, atteints par le feu, ayant fait explosion au milieu de nos troupes, causèrent d'horribles ravages.

Cependant, les Français s'avançaient rapidement sur Wagram, en chassant devant eux les Autrichiens. A mesure qu'ils approchaient de ce village, ils apercevaient plus distinctement l'immense plaine sur laquelle, depuis trente-six heures, quatre cent mille hommes luttaient avec acharnement. Quand les nuages de fumée venaient à se dissiper pour un moment, ils voyaient le prince Eugène et Macdonald abordant de front le village de Wagram, pendant que Bernadotte et Masséna l'attaquaient par la gauche, et Oudinot et Davoust par la droite. Bientôt, on put voir l'armée autrichienne fuyant en désordre dans toutes les directions.

Le soir de cette mémorable journée, le 57ᵉ établit ses bivouacs à la droite du village de Wagram, où il fit mettre bas les armes à un carré ennemi qui résistait encore.

Le lendemain, l'Empereur fit poursuivre les Autrichiens, qui, dans leur fuite, voulaient gagner les montagnes de la Bohême et de la Moravie. Il était résolu à ne laisser à l'ennemi ni trêve ni repos avant d'avoir contraint l'archiduc Charles à demander la paix. Le deuxième corps resta vingt-quatre heures au quartier-général de l'Empereur, puis il se porta avec la Vieille Garde entre les routes de la Moravie et de la Bohême, et manœuvra de manière à pouvoir renforcer les maréchaux Davoust et Masséna qui occupaient tous les chemins.

On sait que l'archiduc, pressé de tous côtés par nos colonnes victorieuses, fut obligé, pour sauver la monarchie autrichienne et les débris de ses armées, de solliciter enfin un armistice, qui fut signé à Znaym le 12 juillet 1809.

A la suite de cette glorieuse campagne, Napoléon distribua des récompenses aux chefs de corps, ainsi qu'aux officiers, sous-officiers et soldats qui avaient fait preuve de génie ou de courage. Les généraux Macdonald, Marmont et Oudinot furent élevés à la dignité de maréchaux de l'Empire. Des principautés furent accordées aux maréchaux Berthier, Masséna et Davoust. Ces diverses promotions étaient datées du 15 août 1809. Cette date est aussi celle du décret qui confère au lieutenant Raverat le titre de baron de l'Empire, et lui accorde des terres pour former la dotation de sa nouvelle noblesse. Il semblait, par cette similitude de dates, que Napoléon eût voulu mettre sur la même ligne tous ses généraux illustres, tous les hommes de cœur et d'intelligence, quel que fût leur point de départ.

Les conférences d'Altenbourg, qui s'ouvrirent bientôt après l'armistice de Znaym entre les plénipotentiaires français et autrichiens, amenèrent le traité de Vienne, qui nous livrait le tiers de l'empire d'Autriche, apportait dans nos caisses cent millions de contributions de guerre, en même temps qu'il donnait à la France une nouvelle impératrice.

Le baron Raverat, voyant la paix conclue, présuma que son épée ne serait plus désormais aussi utile à son pays, et pensa qu'il avait bien mérité de prendre un peu de repos. Son corps couvert de cicatrices, labouré, pour ainsi dire, par les balles ennemies, sa santé épuisée par vingt années de rudes campagnes, tout lui commandait de prendre sa retraite. Les médecins le lui conseillaient aussi ; ils lui disaient que le plus sûr remède qu'ils pussent lui indiquer, était d'aller respirer l'air natal. Tels furent les motifs qui le déterminèrent à demander sa mise à la retraite.

Dès que sa demande fut parvenue au ministère de la Guerre, il reçut l'ordre de se rendre au bataillon de dépôt de son régiment, qui se trouvait alors à Strasbourg, pour y attendre que toutes les formalités nécessaires aient été remplies.

Les bataillons de guerre du 57e tenaient à cette époque garnison dans la capitale de l'Autriche ; Raverat, avant de partir de cette ville, alla faire ses adieux soit à ses officiers supérieurs, soit à ses collègues. Il reçut de chacun d'eux les témoignages du regret que leur causait cette séparation. C'était pour lui aussi un grand sujet de tristesse que la pensée de s'éloigner de ses vieux compagnons de gloire, d'abandonner, à trente-trois ans, une carrière dans laquelle il avait déjà obtenu de si brillants succès, et alors surtout que sa réputation militaire, hautement établie, pouvait lui faire espérer un plus rapide avancement.

La veille de son départ, Raverat se rendit à Schœnbrunn pour faire ses adieux à un officier de la Garde ; il se promenait avec celui-ci dans les vastes jardins du palais de Marie-Thérèse, quand, au détour d'une allée, nos officiers se trouvèrent tout-à-coup face à face avec Napoléon. Ils se rangeaient pour lui livrer passage, lorsque l'Empereur, qui avait reconnu Raverat, vint à lui, et lui dit d'un ton affectueux : « Mon brave Raverat, vous allez rentrer dans vos » foyers ; reportez-y les vertus que vous avez fait briller » dans votre vie militaire, et je ne doute pas que vous » ne soyez heureux ! »

Raverat était tellement ému, qu'il ne put d'abord trouver aucune parole à répondre à ce compliment flatteur ; mais, se remettant bientôt de l'espèce de fascination que Napoléon exerçait sur presque tous ceux qui l'approchaient :

« Sire, lui répondit-il, mon cœur et mon épée seront » toujours à votre service ; ma vie vous appartient !... »

L'Empereur parut satisfait de cette réponse ; et se découvrant pour saluer Raverat, il lui dit : « Adieu, Monsieur » le baron ! » Puis il continua sa promenade.

Qui aurait pu prévoir, en cet instant, qu'un jour viendrait où le puissant monarque, le dominateur de l'Europe, ferait appel au dévouement de celui qui lui devait et ses titres et sa fortune ?...

CHAPITRE XVI.

Sommaire. — Raverat en arrivant à Strasbourg apprend la mort de sa mère. Son retour au pays natal. — Mariage du baron Raverat. — Coup-d'œil sur la situation de l'Empire français. — Le 4e bataillon des gardes nationales mobiles de l'Isère. — Raverat est nommé commandant supérieur. — Levée en masse. — Les volontaires. — Affaire du Gaz. — Le Pont-de-Beauvoisin. — Le baron Raverat et le comte de Saint-Vallier. — Le conseil municipal de la Tour-du-Pin vote des remerciments au baron Raverat. — Première capitulation de Lyon. — Licenciement des gardes nationales mobiles de l'Isère.

C'est toujours avec une vive impression de bonheur qu'après une longue absence, on revoit le sol de la patrie. Aussi, quelle dût être la joie de Raverat, lorsque vers la fin du mois d'août 1809 il arriva aux frontières de France. Pendant les quatre années qu'il avait passées sur la terre étrangère, les périls de la guerre n'avaient fait que surexciter en lui ce sentiment que Dieu a gravé dans le cœur de tous les hommes : l'amour du pays.

En arrivant à Strasbourg, notre lieutenant se rendit d'abord au quartier qu'occupait le dépôt du 57ᵉ, afin de s'informer si, depuis son départ de Vienne, il était arrivé quelque lettre à son adresse. Son attente ne fut point trompée; le vaguemestre en avait reçu plusieurs. Une d'elles était scellée d'un cachet noir; elle portait le timbre de Crémieu. Avant de l'ouvrir, un triste pressentiment agita son esprit, et ce pressentiment fut bientôt justifié par la lecture de la missive. Elle lui annonçait la mort de sa mère, qui depuis quelque temps avait succombé à une maladie, d'abord peu grave en apparence, mais qui plus tard n'avait pas tardé à faire de rapides progrès, et avait finalement causé la mort. Cette nouvelle l'affligea profondément; elle brisait les projets de bonheur qu'il avait formés et qui consistaient à vivre auprès de sa mère, et à lui faire partager les douceurs de l'aisance que sa nouvelle position lui assurait.

Indépendamment de cette lettre de deuil, Raverat en reçut plusieurs autres venant, soit de ses amis, soit de ses anciens chefs alors en Espagne, entre autres, du général Férey, et de son ancien colonel, le général Rey, qui tous les deux le complimentaient sur sa belle conduite à Thann, et sur son élévation à la dignité de baron de l'Empire. L'ancien gouverneur de l'île de Tabago, César Berthier, alors commandant le Valais, lui adressait aussi une lettre de félicitations.

Raverat était logé à Strasbourg chez un de ses compatriotes, le capitaine d'habillement Souvras (1). Ce fut dans cette ville, que, remplissant l'engagement pris par lui lorsqu'il était prisonnier dans la forteresse de Magdebourg, il se fit affilier à une loge maçonnique. Enfin, le 8 septembre, ayant reçu du ministère de la Guerre les titres qui réglaient définitivement sa solde de retraite, il se mit en route pour retourner dans sa ville natale.

Le jour de son arrivée à Crémieu fut pour le pays une véritable fête. Bon nombre des habitants étaient venus à sa rencontre. Les autorités l'attendaient aux limites de la commune, sur la route de Lyon. M. Plantier, qui remplissait à cette époque les fonctions de maire, portant la parole au nom du conseil municipal, complimenta Rayerat dans les termes les plus flatteurs, sur ses actes de dévouement et d'héroïsme. Il lui exprima en même temps le bonheur avec lequel la ville de Crémieu avait appris par quels titres et quelles dignités l'Empereur avait cru devoir récompenser d'aussi éminents services.

M. Alricy, juge de paix du canton, et M. Polosson, curé de Crémieu, le félicitèrent à leur tour sur le bonheur qu'il avait dû éprouver en revoyant ses foyers, après avoir tant de fois affronté la mort.

---

(1) Le capitaine Souvras était né aux Avenières, village de l'arrondissement de la Tour-du-Pin; il y mourut vers les dernières années de la Restauration. C'était un des plus braves militaires de cette contrée, et son désintéressement égalait son courage.

Ce fut, entouré ou suivi des principaux habitants, que notre héros rentra dans cette même ville qu'il n'avait revue qu'une seule fois depuis son départ en 1791. Le soir, un grand souper réunit à la cure toutes les notabilités du pays.

Après un semblable accueil, après ces protestations d'estime et d'affection, qui aurait pu penser que celui qui en était l'objet, serait, six ans plus tard, en butte à des dénonciations calomnieuses, à des actes de basse méchanceté de la part de quelques-uns de ces mêmes hommes qui lui prodiguaient en ce jour tant de marques de sympathie? Une semblable versatilité dans l'esprit humain fait naître de bien tristes réflexions !

En revenant à Crémieux, Raverat éprouva cependant un vif chagrin, ce fut de n'y plus retrouver aucun membre de sa famille, et de n'avoir pas même la consolation de pouvoir loger dans la maison qui l'avait vu naître. L'*Auberge de Bourgogne* n'existait plus depuis la mort de sa mère. Force lui fut d'accepter l'asile provisoire que lui offrit un ancien ami de sa famille, M. le curé Thévenin (1).

Ce digne ecclésiastique, qui, à une grande douceur de caractère joignait une piété solide, était en même temps un homme d'esprit. Au début de la Révolution, lorsque le

---

(1) A cette époque, M. Thévenin était curé de Dizimieux, petit village situé aux environs de Crémieu; plus tard, il devint curé de Trept, où il établit un pensionnat de jeunes gens. L'auteur de cet ouvrage a eu l'honneur d'être au nombre de ses élèves.

gouvernement, non content de renverser les autels, proscrivait encore les prêtres ou les envoyait à l'échafaud; M. Thévenin dut quitter la soutane et le bréviaire, pour endosser l'uniforme et prendre le fusil. Mais quand des jours plus calmes eurent succédé à l'orage révolutionnaire, il se hâta de revenir à son premier état qui convenait si bien à son caractère et à son savoir.

Lorsqu'un jeune militaire rentre dans ses foyers, son premier soin est d'ordinaire de chercher à se marier. Ce fut aussi à quoi le baron Raverat songea à son retour à Crémieu. Près de cinq mille francs de rente, un beau nom, une réputation méritée de probité et de bravoure, un caractère plein de douceur et d'aménité : de tels avantages réunis étaient bien faits pour lui aplanir les voies du mariage. Aussi, lui citait-on telle famille riche, ou même telle maison noble, comme disposées à agréer son alliance. Mais les affections de Raverat lui avaient désigné d'avance, pour la compagne de sa vie, la sœur de son ancien frère d'armes, le sous-lieutenant Dufresne, tué à la bataille de Zurich, et dont nous avons raconté les derniers moments. M. le curé Thévenin fut chargé d'entamer les négociations, et le traité d'alliance ne tarda pas à être signé. Ainsi, un mois s'était à peine écoulé depuis le retour de notre officier que les bans du mariage de M. le baron RÉNÉ-CLAUDE-JEAN DE RAVERAT avec Mlle VIRGINE-MARIE-FRANÇOISE DUFRESNE étaient affichés à la mairie de la commune, et publiés le dimanche à la messe paroissiale.

Peu de temps après son mariage, Raverat reçut de la grande chancellerie les lettres-patentes qui lui conféraient, ainsi qu'à sa descendance mâle par ordre de primogéniture, le titre de baron de l'Empire; à ce titre étaient jointes les lettres d'investiture qui le mettaient en possession des biens qui constituaient son majorat.

Les lettres d'investiture portaient que le titulaire devait aliéner ce fief, qui était situé à Ardesdorf, dans le duché de Hanovre, à la charge d'en faire remploi en une propriété de même valeur et située en France.

Cette condition, que Raverat remarqua à peine, fixa vivement l'attention de M. Dufresne, son beau-père (1). Celui-ci la regarda, non comme une charge, mais plutôt comme un avantage qu'il était prudent de mettre à profit; il offrit

---

(1) M. Dufresne était un des hommes notables de la petite ville de Crémieu; avant la Révolution il avait fait partie de l'échevinage, et après 1789 il remplit les fonctions de syndic de la commune; mais quelques années après, il fut destitué, puis dénoncé comme appartenant au parti modéré. Il fut poursuivi et mandé devant le tribunal révolutionnaire, aux rigueurs duquel il eut le bonheur d'échapper.

Sobre de paroles, il ne parlait guère que par sentences. Sa maison était une espèce de tribunal de conciliation, auquel les habitants venaient soumettre leurs contestations; et il était rare que les décisions du père Dufresne fussent frappées d'appel. On ne saurait mieux le faire connaître qu'en disant que c'était un *homme d'autrefois*.

Il s'est éteint en 1824, à quatre-vingt-un ans, emportant l'estime et les regrets de tous ses compatriotes.

même à son gendre de mener à bien cette opération. Raverat, connaissant l'aptitude de son beau-père pour de semblables transactions, lui remit tous les pouvoirs nécessaires à cet effet.

De riches marchands de domaines, MM. Fusier, de Saint-Ondras, proposèrent de se charger, à leurs risques et périls, de cet échange; ils offrirent, pour le prix du fief d'Ardesdorf, une propriété de la valeur de soixante mille francs, située à Dolomieu, arrondissement de la Tour-du-Pin. Mais Raverat n'ayant jamais voulu consentir à perdre la plus minime somme sur son majorat, le marché ne put être conclu.

Peu de temps après, il se présenta une occasion qui parut plus avantageuse. Un M. Reynaud, homme d'affaires, offrit, pour quatre-vingt mille francs, un bel immeuble, situé sur les bords du Rhône, et dépendant de la commune de Chavanoz, arrondissement de Vienne. Le vendeur consentait à attendre son paiement jusqu'à ce que le prix de la baronnie de Hanovre fût réalisé. Il était stipulé, en outre, que dans le cas où quelque circonstance imprévue ne permettrait pas à l'acheteur de remplir ses engagements, M. Reynaud reprendrait sa propriété, moyennant toutefois une indemnité de six mille francs qui lui serait comptée. Le marché fut terminé d'après ces bases.

Afin d'obtenir l'autorisation dont il avait besoin pour aliéner son fief, le baron Raverat adressa une requête au comte de Lacépède, grand-chancelier de la Légion-d'Honneur;

celui-ci répondit que cette affaire rentrait dans les attributions de l'archi-chancelier de l'Empire, le prince Cambacérès, auquel il fallait adresser les titres et la demande d'autorisation. A son tour, l'archi-chancelier, auquel Raverat avait écrit, répondit que l'objet de la demande était du ressort de M. de Villemanzy, régisseur des biens affectés aux dotations du Hanovre ; et celui-ci fit parvenir la lettre de Raverat au comte Defermon, intendant-général du domaine extraordinaire. M. Defermon informa le baron Raverat que l'Empereur ayant réuni en société les donataires qui avaient leurs propriétés dans le Hanovre, c'était auprès de M. Fournel, administrateur de cette société, qu'il fallait se pourvoir pour la vente projetée.

Raverat, peu au courant de semblables affaires, perdit ainsi plus d'une année en démarches inutiles ; et une fois parvenue à M. Fournel, sa requête eut encore à subir auprès de celui-ci toutes les lenteurs de la bureaucratie administrative.

Bien qu'il eût conservé l'immeuble que sa femme lui avait apporté en dot, et qui était situé à Crémieu, Raverat s'était installé dans sa propriété de Chavanoz, qui allait être érigée en fief baronial ; mais les bâtiments, depuis longtemps inhabités, exigeaient de nombreuses réparations, et il fallut d'abord les faire restaurer. Le nouveau propriétaire s'occupa ensuite de donner une bonne direction à la culture des terres, qui, abandonnées à la cupidité des fermiers, se trouvaient en un pitoyable état.

Dans sa nouvelle position, le baron Raverat, toujours simple et modeste au milieu de la fortune et des honneurs qu'il avait obtenus par son courage, se fit bientôt aimer et estimer de tous ses voisins. Nobles, prêtres, propriétaires et fermiers, chacun put apprécier la douceur et l'aménité de son caractère, son désintéressement, ses sympathies et sa bienveillance pour l'infortune. Entouré de la considération générale, honoré des visites de ses anciens compagnons d'armes, retirés dans le Dauphiné, il put goûter, pendant quatre années, les douceurs de la vie champêtre ; et ce bonheur fut d'autant plus vif pour lui, que jusqu'alors il en avait été privé.

Pendant ce temps, des événements d'une haute importance se passaient en Europe. Napoléon, parvenu à l'apogée de sa gloire et de sa puissance, n'avait plus à redouter aucune nation européenne, à l'exception de l'Angleterre, qui toutefois se bornait à entretenir la guerre dans la péninsule Ibérique. Libre de toute préoccupation étrangère à la France, l'Empereur allait s'appliquer à déployer dans la paix le génie qu'il avait déployé dans la guerre, pour rendre notre patrie aussi heureuse à l'intérieur qu'elle était grande à l'extérieur. Mais les rapports entre la France et la Russie, qui depuis le traité de Tilsitt respiraient la plus parfaite intimité, se refroidirent à propos de l'application du blocus continental dont l'empereur Alexandre avait éludé quelques clauses. Cette froideur, entretenue et habilement exploitée par la diplomatie britannique, amena la campagne de 1812, et tous les désastres qui en furent la suite.

Le baron Raverat, bien qu'occupé des soins qu'il donnait à sa famille et à sa propriété, suivait néanmoins avec sollicitude les opérations de nos armées dans cette mémorable campagne de Russie. Avec quel intérêt il lisait les bulletins du *Moniteur!* Avec quel orgueil il apprenait la part glorieuse que son ancien régiment, le 57e de ligne, avait prise dans la terrible bataille de la Moskowa, où il était entré le premier dans une des redoutes élevées par l'armée russe. Mais en même temps son cœur était attristé par le récit des pertes au prix desquelles ces succès avaient été achetés; plusieurs de ses anciens camarades du régiment y avaient trouvé la mort; le capitaine Vialla, entre autres, avait été tué à la tête de sa compagnie, en pénétrant dans cette redoute.

A peu près vers la même époque, les papiers publics lui apprirent la mort de son ancien chef, le général Férey, emporté par un boulet à la bataille des Aripiles, en Espagne; ce brave n'eut pas le chagrin de survivre à la défaite de son armée.

Bientôt une suite d'événements malheureux se succédèrent pour la France et pour l'Empereur. Après avoir pénétré jusqu'au cœur de la Russie et planté ses aigles victorieuses sur les tours du Kremlin, Napoléon ne put mener à fin sa gigantesque entreprise, qui avait pour but principal de forcer le czar à s'unir franchement à la France. Les rigueurs d'un climat glacial, la disette, les maladies, tous les fléaux se réunirent pour faire avorter le plan le plus grandiose qu'eût jamais enfanté le cerveau d'un homme de guerre.

De retour en France, après la désastreuse expédition de 1812, l'Empereur se hâta de rassembler de nouvelles forces pour voler au secours de ses armées, arrêtées sur les bords de l'Elbe. Mais malgré les victoires remportées par nos soldats dans les plaines de la Silésie, de la Prusse et de la Saxe, il devint impossible de résister plus longtemps à l'Europe coalisée. Abandonné par ses alliés de la veille, trahi par les généraux dont il avait fait la fortune, Napoléon se vit contraint de repasser le Rhin.

La victoire semblait avoir déserté nos drapeaux; nos aigles abattues ne guidaient plus nos armées à la poursuite de l'ennemi; elles ne leur indiquaient que le chemin de la retraite. Nos régiments, décimés par les frimas des régions septentrionales, bien plus que par le feu et le fer des Russes, ne comptaient plus qu'un petit nombre d'anciens soldats; ils étaient composés en majeure partie de recrues inexpérimentées, et peu en état de résister avec succès aux masses innombrables que les puissances alliées lançaient de tous côtés contre nous.

L'année 1814 s'ouvrit pour la France sous les plus sombres présages; une déplorable fatalité semblait planer sur toutes nos opérations militaires. Nos troupes avaient été forcées de repasser nos frontières; en Allemagne, les places fortes occupées par des garnisons françaises venaient de tomber au pouvoir des alliés. L'Espagne, le Portugal, l'Italie, la Belgique, la Hollande, les Etats de la Confédération, en un mot, tous les pays qui relevaient du grand Empire avaient été évacués. Les armées étrangères, que le Rhin avaient arrêtées pendant quelques jours, franchissaient ce fleuve; au commencement de janvier elles foulaient le sol de la France, et bientôt plusieurs de nos villes frontières tombaient en leur pouvoir.

Cependant, avec les ressources admirables de son génie et de son infatigable activité, l'Empereur improvisa une nouvelle armée, à la tête de laquelle il allait faire l'immortelle campagne de France. Il venait de décréter une levée extraordinaire, sous le nom de garde nationale mobile, dans tous les départements voisins des frontières. Le commandement de ces bataillons fut donné le plus ordinairement à des officiers en retraite, habitant la localité. Ainsi, dans le département de l'Isère, le baron Raverat fut chargé, par l'administration départementale, de la défense du canton de Crémieu, l'un des points les plus exposés aux invasions de l'ennemi.

Dès qu'il fut investi de ses nouvelles fonctions, il se mit en rapport avec M. le comte de Saint-Vallier, commissaire extraordinaire du gouvernement dans la septième division militaire. Il se concerta également avec le général Marchand, qui commandait alors les levées en masse du département, et il s'occupa avec ardeur d'enrôler dans son bataillon tous ceux qui y étaient appelés par la loi.

Dans ce nombre se trouvaient beaucoup d'anciens militaires retirés dans leurs foyers. Les grades furent donnés de préférence aux officiers retraités, afin d'avoir immédiatement de bons instructeurs pour enseigner l'exercice et la manœuvre aux hommes qui n'avaient pas encore servi.

Grâce à l'élan que le commandant Raverat sut communiquer aux officiers et aux gardes nationaux placés sous ses ordres, son bataillon, qui devint le quatrième de l'Isère, fut bientôt assez familiarisé avec les armes pour pouvoir entrer en campagne. Malheureusement, les munitions manquaient, et le baron fut obligé de se rendre encore une fois à Grenoble pour s'en faire délivrer.

On sait que dès le mois de janvier 1814, une armée autrichienne, sous les ordres du général comte de Bubna, menaçait nos frontières de l'est. Le maréchal Augereau, commandant les troupes rassemblées à Lyon, n'avait à opposer aux troupes alliées que quelques régiments dont l'effectif était loin d'être au complet.

Sachant qu'ils trouveraient peu de résistance dans cette direction, les Autrichiens qui s'étaient emparés de Genève, après une simple sommation faite aux autorités de cette ville, avaient pénétré dans le Bugey, où ils s'étaient rendus maîtres du fort de l'Ecluse et des principales places fortes. En même temps que le corps d'armée commandé par le général Bubna envahissait le département de l'Ain, et se dirigeait sur Lyon, d'autres troupes pénétraient en Savoie, et se portaient sur Grenoble.

Le Dauphiné se trouvait ainsi menacé et par le nord et par l'est.

Dans ces circonstances, le commandant Raverat, qui avait reçu du général Marchand l'ordre d'échelonner ses compagnies le long du Rhône, s'établit lui-même au château de Vertrieux, point le plus menacé, et d'où il pouvait observer les Autrichiens qui occupaient déjà les villages de Saint-Sorlin et de Sault, situés en face de Vertrieux, de l'autre côté du fleuve. Le pont du Sault, par lequel l'ennemi pouvait pénétrer dans l'arrondissement de la Tour-du-Pin, se composait de plusieurs arches en pierre, dont l'une, détruite pendant les guerres de religion du XVI° siècle, était remplacée par une passerelle en bois. Raverat fit jeter à bas cette arche, et confia la garde de ce point à un poste nombreux; puis, se transportant sur la rive droite du fleuve, malgré les patrouilles autrichiennes qui battaient le pays, il fit détacher et amener sur la rive gauche tous les bateaux qui auraient pu favoriser le passage.

Cependant, le général Bubna s'était avancé jusque sur les hauteurs de Rillieux et de la Pape, lesquelles dominent Lyon; et il aurait pu pénétrer dans cette ville s'il eût eu à sa disposition une armée plus nombreuse. Mais bientôt, menacé par le général Musnier, il fut forcé de se retirer à Montluel. En attendant des renforts, il résolut d'attaquer le département de l'Isère et de l'envahir par deux points à la fois. Il se disposait à faire traverser le Rhône par une colonne de son armée pour donner la main aux autres troupes qui s'avançaient par le département du Mont-Blanc.

Bien que Raverat n'eût que d'assez vagues renseignements sur les projets des Autrichiens, il comprit néanmoins que leur attaque sur le village d'Anthon n'avait pour but que de cacher leurs véritables intentions, qui étaient de se porter, avec toutes leurs forces, sur les villages de Saint-Sorlin et du Sault, afin d'y traverser le Rhône. Le 23 janvier, il fit donner au bataillon du canton de Meyzieux, qui se trouvait aussi sur les bords du Rhône, l'avis officieux de se tenir sur ses gardes. Des postes furent établis sur tous les points propices à la défense. Le lendemain, avant le jour, une vive fusillade se fit entendre du côté d'Anthon, et peu après on vit les Autrichiens s'avancer dans la direction des villages de Saint-Sorlin et du Sault. Mais ils éprouvèrent, au Sault, une telle résistance, qu'ils ne purent utiliser les madriers qu'ils avaient apportés pour le rétablissement de l'arche détruite par les ordres de Raverat. A Vertrieux, ils ne purent non plus traverser le fleuve.

Pendant que le baron Raverat défendait avec succès la ligne du Rhône, les Autrichiens pénétraient dans le cœur de la Savoie, sans rencontrer d'obstacles sérieux. Ils s'emparaient de la ville de Chambéry que le général Dessaix ne pouvait plus défendre. Alors, et dans le but de couvrir la ligne du Guiers et l'entrée de la vallée du Graisivaudan, le général Marchand, qui avait remplacé le général Laroche dans le commandement de la 7e division militaire, disposa à Chapareillan les troupes du général Dessaix, et concentra au pont de Beauvoisin la plus grande partie des gardes nationaux de l'arrondissement de la Tour-du-Pin. Les forces chargées de défendre ce point si important étaient sous les ordres d'un commandant du 5ᵉ de ligne, qui n'avait avec lui que la moitié de son bataillon.

On ne saurait se faire une idée de l'état d'abandon dans lequel se trouvait notre ancienne frontière de Savoie. Quelques gendarmes, quelques compagnies de conscrits tirées des dépôts, enfin des volontaires connaissant à peine l'exercice, composaient l'unique force destinée à arrêter la marche de l'ennemi. Ajoutez à cela que cette poignée d'hommes n'avait pas une seule pièce de canon, très peu d'armes et presque pas de munitions!... Malgré les demandes réitérées faites à Grenoble, il avait été impossible d'obtenir des cartouches pour les gardes nationaux, à tel point, que le commandant du 5ᵉ de ligne en fit distribuer deux par homme sur celles qu'il avait reçues.

Dans les derniers jours de janvier, les Autrichiens firent une attaque sur toute la ligne, depuis Pontcharra jusqu'au Pont-de-Beauvoisin. Le général Dessaix fut forcé d'évacuer Montmeillan, et le général de Barral d'abandonner le village des Echelles. Au Pont-de-Beauvoisin, la troupe de ligne et les gardes nationaux, ne pouvant résister à l'ennemi qui descendait des montagnes de l'Epine par le col de la Gublette, durent renoncer à défendre le passage de la Bridoire, et se retirer derrière la ligne du Guiers, où ils se dispersèrent.

Le Pont-de-Beauvoisin et tous les villages de la frontière furent aussitôt occupés par les troupes alliées, et la Tour-du-Pin était menacée de subir le même sort. Le sous-préfet, M. Sapey, par mesure de prudence, avait déjà abandonné le chef-lieu de son arrondissement, et s'était retiré à Bourgoin avec le personnel de son administration. Le fardeau de l'occupation étrangère commençait à peser péniblement sur ce malheureux pays.

Dans ces circonstances désespérées, M. le comte de Saint-Vallier, commissaire extraordinaire, et l'administration départementale de l'Isère, eurent recours au zèle et au courage du baron Raverat. Ils mirent sous ses ordres tous les bataillons de gardes nationales actives qui avaient battu en retraite, et ils l'autorisèrent à prendre toutes les mesures d'urgence qu'il jugerait nécessaires.

En sa qualité de commandant en chef des troupes mobilisées de l'arrondissement de la Tour-du-Pin, le baron, d'accord avec M. le sous-préfet, enjoignit à tous les maires des villages non encore occupés par l'ennemi, de faire sonner le tocsin, et d'ordonner une levée en masse de tous les habitants en état de porter les armes. Les hommes les plus valides et les mieux armés devaient être dirigés sur le chef-lieu de l'arrondissement.

Sur ces entrefaites, et avant que ces forces fussent arrivées au rendez-vous, Raverat, de retour à Vertrieux, après avoir parcouru la plupart des communes de l'arrondissement pour activer les levées, apprit que les Autrichiens qui occupaient la petite ville de Pont-de-Beauvoisin se disposaient à surprendre celle de la Tour-du-Pin. Les ordres supérieurs se faisant attendre, le baron résolut d'épargner à cette ville la honte d'une occupation. Ayant laissé sur les rives du Rhône trois ou quatre cents hommes sous les ordres du capitaine Busque (1), il s'avança avec le reste de son bataillon et quelques volontaires armés à la hâte, vers la ville menacée. Il traversa successivement Crémieu, les villages de Saint-Chef, Montcarra, et le 14 février; il arriva devant la Tour-du-Pin. Là, il apprit qu'un détachement de hussards hongrois y était déjà entré, précédant une colonne d'infanterie autrichienne. Sans hésiter, le baron pénètre dans la ville et en chasse cette avant-garde ennemie; il lance même quelques hommes à sa poursuite, tout en leur recommandant de ne pas trop s'éloigner de la Tour-du-Pin. Ces gardes nationaux étaient sous les ordres d'un brigadier de gendarmerie.

---

(1) Joseph Busque, né à Grenoble, s'engagea, sous la République, dans un régiment de chasseurs à cheval; il parvint au grade de capitaine et obtint la croix de la Légion-d'Honneur. Après avoir pris sa retraite, il vint se fixer à Crémieu, afin de vivre auprès du baron Raverat, avec lequel il était étroitement lié : leur connaissance datait du camp de Saint-Omer. Homme aimable, le capitaine Busque avait conservé la gaîté et la franchise militaires; doué d'une mémoire heureuse, enrichie de tout ce qu'il avait vu dans ces campagnes, il racontait avec esprit et se faisait rechercher dans les sociétés. Les cicatrices qui sillonnaient sa figure attestaient sa bravoure. Il est mort à Crémieu vers l'année 1840.

CHAPITRE XVI.

Dès que la ville fut délivrée, le baron Raverat y réinstalla le sous-préfet et ses employés ; puis, faisant appel au courage et au patriotisme des habitants, il organisa un bataillon de volontaires, véritable corps-franc, dans lequel chacun s'arma et s'équipa à ses frais. Il eut bientôt réuni ainsi un millier d'hommes auxquels il distribua les munitions que venait de lui envoyer l'arsenal de Lyon. Tous les gendarmes de l'arrondissement s'étant joints à sa petite troupe, il se disposait à dissiper la colonne autrichienne qui menaçait la Tour-du-Pin, et à marcher sur le Pont-de-Beauvoisin pour en déloger l'ennemi, quand il reçut du commissaire extraordinaire l'ordre, un peu tardif, de se concerter, avant de se porter en avant, avec le général Dessaix qui, traversant l'Isère, allait attaquer Chambéry, et avec le général Marchand qui, de Voiron, se dirigeait sur les Echelles.

Ce plan d'opérations s'accordait en tous points avec celui que Raverat avait conçu, et qu'il se proposait de mettre à exécution, avec les seules forces à sa disposition.

Le 15, vers midi, il apprit que le général Marchand, à la tête du bataillon des gardes nationales actives du canton de Voiron et d'un fort détachement de troupes de ligne, venait de quitter Saint-Laurent-du-Pont pour aller attaquer le village des Echelles. Il donna aussitôt à sa troupe l'ordre du départ.

Entre la Tour-du-Pin et le village des Abrets, coule un petit ruisseau que la route traverse au moyen d'un pont.

Cet endroit, appelé le Gaz, présente un terrain bas et marécageux qui en rend la défense très facile. Là, s'était arrêtée la colonne autrichienne qui avait envahi l'arrondissement. Nous venons de raconter qu'après avoir mis en fuite les hussards envoyés en éclaireurs, Raverat les avait fait poursuivre par quelques gardes nationaux. Afin d'arrêter nos volontaires, l'officier autrichien, qui commandait cette colonne, avait disposé une partie de ses hommes en avant du pont, et d'autres en embuscade, soit derrière le ruisseau, soit derrière des granges. Notre avant-garde, oubliant l'ordre formel de Raverat, et n'écoutant que son ardeur, avait attaqué les Autrichiens rangés à la tête du pont; n'ayant pas rencontré de résistance sérieuse, elle les avait même poursuivis jusqu'au-delà du ruisseau, mais une fois arrivée là, elle avait été bientôt enveloppée par la cavalerie.

Par bonheur pour nos volontaires, le baron Raverat se trouvait à peu de distance avec une partie de ses forces, et la fusillade du général Marchand se faisait entendre du côté des Echelles. Notre commandant, arrivé au sommet de la montée du Pavé, ordonna aussitôt de presser la marche, et suivi de quelques gendarmes et de quelques hommes à cheval, il franchit le pont et se porta au secours de son imprudente avant-garde. Les Autrichiens et les Hongrois, effrayés d'une attaque aussi vigoureuse, firent aussitôt volte-face et abandonnèrent le terrain sur lequel ils laissèrent des morts et des blessés, puis traversant à la hâte le village des Abrêts, ils arrivèrent au Pont-de-Beauvoisin, où ils se réunirent à leur corps principal, qui évacua aussitôt cette ville, où le baron Raverat entrait à cinq heures du soir, aux acclamations des habitants.

Les Autrichiens ne durent leur salut qu'à une prompte fuite, protégée par l'obscurité de la nuit. Ils laissèrent cependant entre nos mains un certain nombre de prisonniers. De notre côté, nous eûmes, dans l'affaire du pont du Gaz, un gendarme tué et quelques volontaires blessés.

Vers le soir de cette même journée, le commandant Raverat envoya une avant-garde guidée par des montagnards savoisiens, pour surprendre le col de la Gublette. Il prévint ses troupes de se tenir prêtes à se mettre le lendemain à la poursuite de l'ennemi, et à marcher sur Chambéry. Il donna aussitôt connaissance de ces événements au commissaire extraordinaire et au sous-préfet, auprès duquel il expédia un de ses sous-officiers, nommé Tranchaud, qui lui servait de secrétaire (1).

Le lendemain, notre commandant se disposait à donner à ses volontaires le signal du départ, lorsque M. de Saint-Vallier, qui venait d'arriver au Pont-de-Beauvoisin, lui ap-

---

(1) M. Jean-Louis Tranchand, qui fut plus tard président du tribunal civil de Bourgoin, membre du conseil général du département de l'Isère et représentant du peuple à l'Assemblée constituante, était né à Roussillon, le 15 mai 1790; il est mort à Paris, le 18 mai 1849, à la suite d'une attaque de choléra.

prit que le général Marchand, devenu plus libre dans ses opérations, par suite de la retraite de l'ennemi, allait faire occuper Chambéry et la plus grande partie du département du Mont-Blanc. Il enjoignit aux volontaires de suspendre leur marche. A ce contre-ordre inattendu, ceux-ci manifestèrent les plus vifs regrets. En vain le baron fit-il connaître au sénateur qu'avec son avant-garde il se proposait de s'emparer du col de la Gublette, et que par cette manœuvre la brigade autrichienne tomberait infailliblement en notre pouvoir. M. de Saint-Vallier persista; des paroles assez vives furent même échangées; mais enfin notre commandant obéit aux ordres de son supérieur.

Comme pour lui faire oublier cette contrariété, une députation des principaux habitants de la Tour-du-Pin vint inviter le baron Raverat à un banquet donné pour célébrer la délivrance de l'arrondissement, la réinstallation du sous-préfet et les dernières victoires de l'Empereur. Les plus sympathiques démonstrations l'attendaient à son arrivée dans cette ville. Au milieu du repas, M. Sapey, qui présidait le banquet, lui exprima sa reconnaissance pour les services éminents qu'il avait rendus au pays. La fête se termina par des couplets improvisés pour la circonstance et chantés par leur auteur, M. Fritz Perregaux, alors capitaine de la garde nationale de Jailleu, adjoint à l'état-major du commandant, et aujourd'hui l'un des plus notables industriels du département de l'Isère.

Dans la crainte d'un retour offensif de l'ennemi, le baron Raverat s'occupa de régulariser le corps de volontaires qui avait déjà fait l'expédition du Pont-de-Beauvoisin, de réorganiser les bataillons dispersés, et de les augmenter de la plupart des levées en masse. Beaucoup de jeunes gens qui venaient d'être appelés par la conscription ayant été laissés provisoirement à sa disposition, il se trouva à la tête de troupes nombreuses et pleines de dévouement. Il les distribua dans les villages de la frontière, et transporta son quartier-général aux Abrets, position plus centrale, d'où il pouvait observer à la fois la ligne du Rhône et celle du Guiers.

Le conseil municipal de la Tour-du-Pin, dans sa séance du 25 février 1814, vota à l'unanimité, des remerciements au baron Raverat, pour sa noble conduite et son courageux dévouement. Dans une autre réunion, un membre du conseil ayant fait ressortir les avantages pécuniaires que l'arrondissement avait retirés par suite de sa prompte délivrance, et les sacrifices que le baron avait faits depuis qu'il se trouvait investi de son commandement, proposa de lui faire don, à titre d'indemnité et de récompense nationale, d'un domaine d'un revenu égal à son fief de Hanovre, qui était perdu pour lui depuis les désastres de l'empire français, ainsi que sa propriété de Chavanoz, qui allait retourner à son premier propriétaire. Cette proposition fut écoutée avec sympathie ; mais malheureusement la chute de l'Empereur ne permit pas d'y donner suite.

Après les événements du 15 février, le maréchal Augereau avait résolu de forcer les Autrichiens à évacuer les départements du Mont-Blanc, de l'Ain et de Saône-et-Loire, qu'ils avaient envahis. Les brigades Pannetier, Musnier et Pouchelon, furent dirigées sur Mâcon, Bourg et Nantua; elles chassèrent de tous ces points les Autrichiens qui, ayant perdu en outre le fort de l'Ecluse, rétrogradèrent sur Genève. De son côté, le général Marchand, combinant son mouvement avec celui des généraux Dessaix et Serrant, s'était, dès le lendemain de la prise des Echelles et du Pont-de-Beauvoisin, mis en marche pour Chambéry, où il entra le 22 février, après une vive résistance. Les jours suivants, il s'empara d'Annecy et de la plupart des villes de la Savoie, jusqu'aux environs de Genève.

Le maréchal Augereau, en apprenant les succès remportés par nos troupes dans cette direction, put enfin suivre le plan tracé par l'Empereur. Avant de se porter du côté de la Haute-Saône, il voulut reprendre la ville de Genève. Dans ce but, la brigade Musnier reçut ordre de marcher contre cette place par Saint-Genix, pendant que la brigade Pouchelon traverserait le Rhône à Bellegarde, et se réunirait à la division Marchand, alors à Saint-Julien. Mais la défection du roi de Naples, qui se déclara contre le vice-roi d'Italie, permit à l'armée austro-sarde de menacer notre flanc droit, et empêcha notre corps d'armée de recueillir les fruits que semblaient devoir promettre d'aussi bonnes dispositions. Le maréchal dut alors retirer une partie des forces qui se trouvaient devant Genève, pour se porter à la rencontre du général Bianchi, qui s'avançait sur Lyon par la route de la Bourgogne. Après plusieurs combats désastreux livrés par nos troupes, le maréchal évacua Lyon le 21 mars, et se dirigea sur le département de l'Isère pour défendre Grenoble, et notre ancienne frontière de Savoie. Pendant ce temps, le général Marchand s'était maintenu devant Genève; et ce ne fut que lorsqu'il apprit que Lyon était au pouvoir des Alliés, qu'il se replia sur Chambéry, après avoir détruit tous les ponts pour retarder la marche des Autrichiens qui le suivaient d'assez près.

Tandis que ces événements se passaient, l'Empereur, secondé par la valeur de ses soldats et par le patriotisme des gardes nationales, tenait en échec, dans la Champagne, les forces considérables des souverains alliés. Tout faisait présager la déroute des ennemis et la conclusion d'un traité de paix honorable pour la France. Mais un funeste concours de circonstances vint renverser ces espérances.

Pendant ce temps, le baron Raverat, demeuré à la Tour-du-Pin, organisait ses forces et se préparait à repousser encore une fois les troupes alliées qui menaçaient de nouveau le Dauphiné. Il rencontra le plus patriotique dévouement parmi les citoyens qui venaient se placer sous ses ordres; mais il n'en fut pas de même de la part de l'autorité supérieure et de quelques fonctionnaires publics qui montrèrent l'opposition la plus évidente et la plus grande mollesse dans la formation des corps de volontaires.

Peut-être certains hommes, voyant pâlir l'étoile de l'Empereur, cherchaient-ils à se ménager la faveur de la nouvelle monarchie qui apparaissait déjà derrière les fourgons de l'étranger.

Quoi qu'il en soit, les efforts de notre commandant furent constamment paralysés ; à l'offre qu'il fit de marcher en avant, on lui répondit par un ordre de licencier ses bataillons, et cela, au moment où le pays avait le plus besoin des bras de tous ses enfants. Il obéit quoiqu'à regret, et tout en déplorant le sort de sa malheureuse patrie livrée aux ennemis de l'extérieur et de l'intérieur, il rentra aussitôt dans la vie privée.

Dans les premiers jours d'avril, les Autrichiens se présentèrent devant le Guiers et devant l'Isère, avec des forces considérables. La retraite du maréchal Augereau et du général Marchand leur permit de traverser ces deux rivières, et de s'emparer de la ville de la Tour-du-Pin ainsi que du fort Barraux.

Ce fut alors que le maréchal Augereau, apprenant la reddition de Paris et le rétablissement du gouvernement des Bourbons, conclut un armistice avec le prince de Hesse-Hombourg, généralissime de l'armée austro-sarde, et se hâta de faire sa soumission au nouveau roi de France.

On sait qu'à la suite de la capitulation qui ouvrit les portes de Paris aux souverains alliés, le Sénat, sous la pression de leurs armées, prononça la déchéance de Napoléon, et rappela sur le trône de France la famille des Bourbons. Le roi Louis XVIII fit son entrée dans Paris le 3 mai 1814.

L'abdication de Napoléon à Fontainebleau, les insultes faites à ce héros dans quelques bourgs de la Provence, l'occupation étrangère étendue sur toute la France : tous ces événements retentirent douloureusement au fond du cœur du baron de Raverat, qui, obligé d'imposer silence à ses sympathies politiques, concentra toutes ses affections sur sa femme et sur sa jeune famille.

Le Baron RAVERAT,

Commandant supérieur des gardes nationales mobilisées de l'arrondissement de la Tour-du-Pin (Isère).

1815

CHAPITRE XVII.

Sommaire. — Première Restauration. — Napoléon revient de l'île d'Elbe; son entretien avec Raverat. — Le Bataillon Sacré. — Les Cent-Jours. — La légion de la Tour-du-Pin. — Le maréchal Suchet. — Le général Dessaix. — Bataille de Waterloo. — Raverat ramène à Lyon un convoi d'artillerie. — Le défilé de Neyrolles. — Combats à Maillat et à Montluel. — Le général Mouton-Duvernet. — Présence d'esprit de Raverat. — Licenciement de l'armée française. — Adieux de Raverat à sa légion.

Louis XVIII, en remontant sur le trône de ses pères, — pour nous servir de l'expression employée alors par les écrivains royalistes, — avait une tâche immense à remplir pour faire oublier le gouvernement auquel il succédait. Ce prince était sans doute animé des meilleures intentions, et peut-être serait-il parvenu à rallier à lui les sympathies nationales, s'il eût pu se débarrasser de tout son entourage, de ces gentilshommes de l'ancien régime, dont l'humeur s'était aigrie pendant l'émigration, et qui, depuis

1789, comme on l'a dit avec beaucoup de justesse, « n'avaient rien oublié et rien appris. » Mais le nouveau roi, dans l'impossibilité de se soustraire à la pression qu'exerçaient sur lui ses anciens compagnons d'exil, fut entraîné dans un système politique qui ne satisfit pas les masses, et les porta tout naturellement à tourner les yeux vers l'île d'Elbe, où languissait dans la retraite l'homme qui, après avoir sauvé la France de l'anarchie, l'avait élevée au rang de la première nation du monde.

Personne n'ignore les circonstances du débarquement de l'Empereur à Cannes, et sa marche triomphale jusque dans le département de l'Isère; nous pouvons donc nous dispenser de les rapporter. Ce fut dans la journée du 9 mars 1815 que la nouvelle du retour de Napoléon parvint à Crémieu. Le lendemain, le baron Raverat montait à cheval; et, après avoir réuni un grand nombre d'habitants des campagnes, il allait au-devant de son Empereur.

Non loin de la petite ville de la Verpillière, à l'endroit où le chemin de Crémieu à Vienne se croise avec la grande route de Lyon, Raverat rencontra le général Cambronne qui commandait un corps de lanciers polonais et de grenadiers français formant l'avant-garde du Bataillon Sacré. L'Empereur suivait à peu de distance, dans une calèche découverte, et marchant au pas. Une nombreuse population, accourue de tous les villages d'alentour, couvrait la route. La voiture s'étant arrêtée à l'approche de Raverat, le général Drouot le présenta à l'Empereur. Napoléon l'eut

bientôt reconnu ; il lui pressa la main, comme à une ancienne connaissance, et s'entretint quelques instants avec lui. « Sire, lui dit Raverat, mon bras et mon épée sont à vo-
» tre disposition ; vous n'avez qu'à ordonner !... »

Napoléon l'engagea alors à le suivre jusqu'à Lyon, où il aurait à prendre les ordres du maréchal Bertrand, en ce moment dans la même voiture que l'Empereur.

Après cette entrevue, dont il garda toujours le plus agréable souvenir, Raverat vint prendre place dans les rangs du Bataillon Sacré. Il y retrouva plusieurs de ses anciens compagnons d'armes, entre autres le colonel Dumoulin, alors officier d'ordonnance de l'Empereur ; le capitaine Jacquin, son ami et son compatriote, le capitaine Français, ancien tambour-maître du premier bataillon du 57e, etc., etc. Il revit également un grand nombre d'officiers-généraux et de fonctionnaires publics dont il était connu. A chacune de ces reconnaissances, on s'embrassait, les larmes mouillaient les yeux, et les sentiments les plus patriotiques s'épanchaient de tous les cœurs.

La marche de Napoléon dans le département de l'Isère fut, comme on le sait, une suite d'ovations : à chaque pas, son escorte se grossissait de soldats de toutes armes ; des flots de population, ivres d'enthousiasme, et avides de contempler les traits de celui qu'elles nommaient leur libérateur, accouraient des villages environnants en faisant retentir l'air des cris de *vive l'Empereur !* A toutes les époques, le Dauphiné s'est fait remarquer par son patriotisme.

Le retour de l'île d'Elbe est un de ces faits prodigieux, sans précédent, et qui n'auront sans doute pas d'exemples dans l'avenir. Le héros débarqua sur les côtes de France, avec une poignée de braves. A mesure qu'il s'avance, son armée se grossit des troupes envoyées pour s'opposer à sa marche. Cette fascination que Napoléon exerçait sur les vétérans de ses vieilles légions ne se montra jamais plus puissante que dans cette occasion. De Grenoble à Paris, l'Empereur, acclamé par les *vivat* enthousiastes de toutes les populations, vit à chaque pas s'augmenter la foule de ses fidèles. « L'aigle impériale, comme l'avait prédit le » héros, vola de clocher en clocher, jusqu'aux tours de » Notre-Dame. »

Le 10 mars, le Bataillon Sacré touchait aux portes de Lyon. A six heures du soir, le cortège, précédé de quelques hussards, arriva dans le faubourg de la Guillotière, dont la longue rue était tellement encombrée par la foule, que l'Empereur mit plus d'une heure pour arriver jusqu'au pont.

Le comte d'Artois et le duc d'Orléans étaient partis de Paris dans le but d'arrêter à Lyon la marche de l'Empereur. Mais leurs tentatives de séduction sur l'esprit des soldats vinrent échouer devant les sympathies ardentes de l'armée pour la cause impériale. Vainement les princes avaient fait ranger les troupes sur les quais, barricader le pont de la Guillotière, et dresser son pont-levis. Dès que l'arrivée de Napoléon fut annoncée, tous ces obstacles furent bientôt levés, et la cocarde tricolore remplaça au schako la cocarde blanche. Les princes, comprenant alors qu'ils ne pouvaient rien faire pour arrêter l'élan général, reprirent la route de Paris.

L'Empereur était à peine arrivé dans le faubourg de la Guillotière, que déjà toutes les troupes de la garnison de Lyon étaient allées à sa rencontre, et s'étaient mêlées dans les rangs du Bataillon Sacré. Heureux ceux qui purent s'approcher de Napoléon et toucher sa personne, ou seulement ses vêtements !

Il était nuit lorsque l'Empereur fit son entrée dans la ville de Lyon, où il fut salué par d'immenses acclamations. Une foule compacte l'accompagna jusqu'au palais de l'Archevêché, où logeaient alors les princes et les grands personnages qui séjournaient à Lyon.

Le lendemain, Napoléon passa, sur la place Bellecour, la revue de toutes les troupes qui s'étaient ralliées à lui. Cette fête, contrariée par le mauvais temps, avait attiré néanmoins une affluence telle, que la circulation fut interrompue, pendant plusieurs heures, dans toutes les rues aboutissantes à la place.

Après la revue, le baron Raverat alla prendre à l'Archevêché les ordres du maréchal Bertrand, qui remplissait alors les fonctions de major-général. Le maréchal lui enjoignit de suivre l'Empereur jusqu'à Paris, où il lui serait donné une destination définitive.

Le surlendemain, Napoléon partit de Lyon, et fut tout le

long du chemin l'objet des mêmes acclamations qui l'avaient accueilli depuis son débarquement sur les côtes de la Provence; enfin, Paris lui ouvrit ses portes le 20 mars 1815.

Le baron Raverat qui avait suivi le cortége impérial, se présenta, quelques jours après son arrivée, au grand-maréchal Bertrand. Celui-ci lui proposa le commandement d'une compagnie dans les grenadiers à pied de la Garde Impériale. Mais, sur le désir que témoigna Raverat, il fut mis par le grand-maréchal à la disposition du comte Carnot, ministre de l'intérieur, chargé de l'organisation des gardes nationales de l'Empire. Il reçut de ce dernier l'ordre de se rendre à Cherbourg pour y organiser les bataillons des gardes nationales mobilisées.

Raverat croyant à une méprise de la part du ministre, « Il n'y a pas d'erreur, Monsieur le baron, lui répondit » le comte Carnot; le commandant de la place de Cher- » bourg, M. le général de Bruno (1) désire vous avoir » auprès de lui. Il connaît vos talents et votre énergie ; il

---

(1) M. de Bruno, qui avait été colonel de la 57e, et dont nous avons rapporté l'élévation au grade de général de brigade, commandait à Cherbourg lorsqu'arrivèrent les évènements de 1814. La Restauration le mit à la retraite ; mais en 1815, il fut investi une seconde fois du même commandement, qu'il garda jusqu'au retour de Louis XVIII. A dater de cette époque, il rentra dans la vie privée, et mourut à Chimillin (Isère), le 29 mai 1825, dans sa soixante-dixième année.

» sait comment vous avez défendu l'arrondissement de la
» Tour-du-Pin ; il tient à vous confier le commandement
» des gardes nationales des côtes de la Manche. Si cepen-
» dant vous préférez retourner dans le département de
» l'Isère, je ne m'y oppose pas ; vous êtes connu dans
» votre pays, vous pourrez y exercer plus d'influence que
» partout ailleurs !... »

Quelques jours après cette audience, Raverat, porteur d'une commission en règle, se dirigeait sur Grenoble. Arrivé dans cette ville, le lieutenant-général Chabert et le maréchal-de-camp Harlet l'envoyèrent à la Tour-du-Pin. Nommé membre du comité, il procéda immédiatement à l'organisation du premier bataillon des gardes nationales de l'arrondissement, mises en activité de service par décret du 10 avril 1815. Il fut aidé dans ce travail par le capitaine Jacquin, que lui-même avait présenté au ministre, et qui était revenu de Paris avec lui.

A peine arrivé à la Tour-du-Pin, il reçut du général Harlet une lettre par laquelle celui-ci le priait d'user de son influence pour activer les levées ; il le chargeait en même temps de s'informer s'il existait dans le pays quelque dépôt d'armes ou d'objets d'équipement militaire. Plus tard, et sur sa réponse négative, le général décida que les gardes nationaux viendraient s'armer à l'arsenal de Grenoble.

Le baron eut bientôt réuni le nombre d'hommes suffisant pour former son bataillon, qui devint le dixième de l'Isère et prit le nom de légion, parce qu'il avait été recruté dans le chef-lieu de l'arrondissement. Les six compagnies de grenadiers et de chasseurs furent seules mobilisées ; les compagnies de fusiliers affectées spécialement au service des places et des camps ne devaient pas sortir de l'arrondissement.

Raverat ne choisit ses officiers que parmi les hommes les plus notables du pays, et surtout parmi les plus énergiques et les plus dévoués à la cause impériale. Il en présenta la liste nominative aux autorités du département, qui confirmèrent sans aucune exception les choix qu'il avait faits.

Aux termes de la loi, les gardes nationaux devaient s'équiper à leurs frais ; cependant, ceux qui payaient moins de cinquante francs de contributions, étant dispensés de cette obligation, furent équipés au moyen de fonds affectés à ce sujet par les départements et les communes. Les magasins militaires se trouvaient tellement dépourvus que l'administration départementale chargea Raverat d'acheter lui-même, pour le compte de l'Etat, quelques effets de petit équipement. Elle lui prescrivit également de faire confectionner des habits et de la chaussure pour les gardes nationaux auxquels leurs ressources personnelles ne permettaient pas de faire cette dépense. Les fournisseurs hésitaient à faire la livraison des commandes, dans la crainte de ne pouvoir en être payés plus tard. Raverat ne craignit pas de les solder de ses propres deniers, et, il est pénible de le dire, depuis lors, il n'a jamais pu obtenir le remboursement des sommes qu'il avait avancées.

Dès que la légion fut au complet, son commandant lui fit présent d'un drapeau aux couleurs nationales, et sur lequel étaient brodées les inscriptions suivantes : d'un côté, *Ces couleurs ou la mort!* et de l'autre, *Vaincre ou mourir !*

Le porte-drapeau était un ancien officier décoré, nommé Badin. Le jour de la remise du drapeau, Raverat passa son bataillon en revue ; l'inspection terminée, il fit former le cercle et adressa à ses hommes une chaleureuse allocution qui se terminait ainsi :

« Rappelez-vous la devise inscrite sur notre drapeau, et » que notre cri de ralliement soit toujours : Honneur ! Patrie ! » Napoléon ! »

Cette improvisation fut accueillie par les cris unanimes de *vive l'Empereur, vive le commandant!*

Dans les premiers jours de mai, le dixième bataillon de l'Isère partit de la Tour-du-Pin pour aller prendre des armes à Grenoble. Aux Abrets, à Voiron, et dans toutes communes sur son passage, il fut accueilli par les habitants avec les plus vives marques de sympathie. Arrivés à Grenoble, nos gardes nationaux reçurent des armes à l'arsenal; et dès le lendemain, il furent passés en revue par les généraux Chabert et Harlet, qui félicitèrent Raverat de l'activité qu'il avait déployée pour organiser, dans l'espace d'un mois, une troupe aussi nombreuse et déjà si bien exercée.

Le fait suivant montrera de quel élan était animée la jeunesse du département de l'Isère. Un jeune homme de la Verpillière, nommé Girier, s'échappa du lycée de Grenoble, en compagnie de plusieurs autres élèves, et vint demander à être admis dans les rangs de la légion. Le commandant ayant bientôt remarqué son intelligence, le nomma au grade de fourrier.

Après un séjour de vingt-quatre heures à Grenoble, le baron Raverat conduisit sa légion à Crosle, dans la vallée du Graisivaudan, sur la rive droite de l'Isère. Là, se continuèrent l'instruction et les exercices militaires ; tous les jours, il s'appliqua à rompre ses soldats à la fatigue par des marches souvent répétées. C'est ici le cas de signaler les rapides progrès que firent dans l'art militaire ces hommes qui, pour la plupart, n'avaient été occupés, jusque-là, qu'aux travaux agricoles ou industriels.

« Eh ! comment aurait-il pu en être autrement, — nous
» écrivait, il y a peu de jours encore, un des anciens
» officiers de ce bataillon, — sous les ordres d'un chef
» versé dans l'art de la guerre, et possédant au plus
» haut degré la parole qui fait aimer et comprendre le ser-
» vice. Plus d'une fois, il harangua ses troupes avec cet
» accent énergique qui impressionne et qui commande
» l'admiration. Dans ces moments de chaleureuses et pa-
» triotiques inspirations, plus d'une larme tombait sur la
» poitrine du jeune volontaire, comme sur celle du vieux
» soldat !.... »

Raverat resta à Crosles jusqu'à l'arrivée du maréchal Suchet qui venait diriger les opérations de l'armée des Alpes, en remplacement du maréchal Grouchy, envoyé dans le Midi pour s'opposer aux projets du duc d'Angoulême. Les Alliés s'étaient déjà montrés sur la frontière ; les Piémontais descendaient le Mont-Cénis, et les Autrichiens avaient envahi la Suisse.

La légion de la Tour-du-Pin se mit bientôt en route et longea la rive droite de l'Isère, en passant devant le fort Barraux. Elle traversa Montmélian, et, après une marche de nuit, arriva à Chambéry, où étaient déjà réunis quelques régiments de ligne et les bataillons mobilisés des départements du Mont-Blanc et de l'Isère. Le maréchal Suchet les passa en revue sur le Champ-de-Mars, et les troupes du baron Raverat s'y firent remarquer par la précision de leurs manœuvres.

Après la revue, le maréchal envoya un de ses aides-de-camp inviter notre commandant à un repas qu'il offrait à ses chefs de corps. Le baron fut placé à table à côté du maréchal, qui le complimenta sur la bonne tenue de ses hommes et sur leur enthousiasme. Dans le courant du repas, le maréchal lui dit confidentiellement que le Ministre de la Guerre avait jeté les yeux sur lui pour l'élever au grade de colonel, et qu'il était question de lui donner le commandement du 62e régiment de ligne, qui faisait partie du sixième corps d'armée, en observation dans le Jura.

Les hostilités ayant commencé le 15 juin, le général

Dessaix, chargé d'observer les mouvements de l'armée sarde, qui s'apprêtait à envahir le département du Mont-Blanc, et ceux des Autrichiens qui s'avançaient à marches forcées par les deux rives du lac de Genève, ordonna au baron Raverat de se diriger sur Saint-Julien. Le but du général était de concentrer sa division, et d'empêcher l'ennemi de pénétrer sur le territoire de Genève. Notre légion se mit en route, et après avoir traversé Aix, Albens, Rumilly, Frangy, elle arriva le 17 à Saint-Julien.

Le lendemain de son arrivée dans ce petit bourg, qui n'est qu'à deux lieues de Genève, et qui appartenait alors à la France, Raverat détacha une de ses compagnies pour renforcer les troupes du général Montfalcon qui défendait Bonneville et une partie de la ligne de l'Arve. Le 20 juin, ce petit corps d'armée marcha sur Thonon et Evian, allant à la rencontre du corps autrichien qui longeait la rive gauche du lac, le combattit au pont de la Drance et à Meillerie, et le contint pendant quelque temps.

Cinq jours après, les Autrichiens qui s'étaient avancés sur Genève avec des forces considérables, prirent possession de cette ville. Le général Dessaix, repliant alors sa division sur Douvaine, s'établit à Anemasse et à Carouge, et disposa ses troupes pour tenter le lendemain une attaque sur Genève. La légion de la Tour-du-Pin reçut l'ordre de s'avancer de l'autre côté du pont de Saint-Julien jusqu'au Plan.

Ce fut dans la soirée de ce jour que le baron Raverat,

invité à souper par le général Dessaix, apprit la défaite de Waterloo et l'abdication de l'Empereur.

Le lendemain matin, notre commandant, après avoir coupé ses moustaches en signe de deuil, réunit son bataillon et lui fit part des tristes nouvelles qu'il venait d'apprendre ; il dit en terminant : « Mes enfants, puisque nous ne » pouvons plus crier *vive Napoléon Ier!* crions *vive Na-* » *poléon II!* »

Les gardes nationaux, quoique attérés par ces nouvelles déplorables, retrouvèrent encore assez d'énergie pour répondre à ce cri qu'ils répétèrent de toute la force de leurs poumons.

Instruits du désastre de Waterloo, les Autrichiens attaquèrent nos avant-postes avec plus de vigueur ; ils faillirent même enlever un de ces postes chargé de la garde de deux pièces de canon, et ils y seraient certainement parvenus si Raverat n'eût envoyé contre eux le lieutenant Charles Robin avec une partie de sa compagnie.

Le général Dessaix, après la réception d'une dépêche du maréchal Suchet, signa, le 28 juin, une suspension d'armes avec le général autrichien Frimont. Mais quoique cet armistice ne dût expirer que le 2 juillet, dès le 30 juin, les Sardes s'avançaient sur Frangy. D'un autre côté, un corps de troupes alliées se disposait à envahir la vallée du Graisivaudan. Le général Dessaix, trop faible pour résister, se décida à battre en retraite et à traverser le Rhône. Pendant qu'il disposait ses forces sur la rive droite du fleuve, il reçut du maréchal l'ordre d'envoyer des renforts aux généraux Maranzin et Beuret qui défendaient la frontière du pays de Gex, et tenaient l'ennemi en échec aux défilés de la Faucille et des Rousses. Il était en même temps enjoint au commandant Raverat, qui avait déjà fait traverser le Rhône à quelques-unes de ses compagnies, de retourner à Frangy, afin d'y garder des pièces de canon et des fourgons du train laissés sur la rive gauche, par suite de la rupture du pont de Seissel. Comme il était à craindre que tout ce matériel ne tombât entre les mains des Autrichiens, il y avait urgence à les ramener au plus tôt sur l'autre rive du Rhône.

Grâce à la bonne contenance de nos gardes nationaux, cette opération ne fut pas contrariée par l'ennemi, et elle s'effectua à Bellegarde au moyen d'un bac.

Dès que le commandant Raverat fut arrivé sur la rive droite du fleuve, il rassembla toute sa légion à Châtillon-de-Michaille, où elle campa pendant quelques jours. Elle se trouvait réunie à divers détachements de troupes de ligne et aux douaniers de la frontière suisse, qui avaient été enrégimentés pour les besoins de la circonstance.

Bientôt le maréchal Suchet ayant rappelé à lui ce petit corps d'armée, afin de couvrir Lyon, le général Dessaix, avant de se mettre en route, chargea Raverat, de ramener une partie du convoi qu'il escortait depuis Frangy. La légion de la Tour-du-Pin, en quittant Châtillon-de-Michaille, entra dans le défilé qui relie Bellegarde à Nantua. Les Autrichiens, qui avaient traversé le Rhône sur plusieurs points, ne s'engagèrent qu'en tâtonnant, dans les vallées profondes et sauvages de cette partie du Bugey.

Pour donner le temps de se réunir aux divers détachements des troupes françaises, la brigade Montfalcon occupa Oyonnax sur la route de Saint-Claude, et la brigade Meynardier s'arrêta près des bords du lac de Syllant que longe la route de Genève.

Le 5 juillet, Raverat fit arrêter sa légion à Neyrolles, petit village situé entre Nantua et le lac de Syllant. Puis, ne gardant avec lui que deux pièces de canon, il fit diriger sur Cerdon le reste du convoi, pour lui faire prendre de l'avance, car les Autrichiens menaçaient, en franchissant les montagnes, de tourner le défilé et de s'emparer de Nantua, ainsi que de tout le matériel rassemblé dans cette ville. La première compagnie de chasseurs, commandée par le capitaine Louis Perregaux, fut envoyée pour aller renforcer des détachements de troupes de ligne chargés de la garde d'un passage important dans les montagnes qui se trouvent entre la route de Saint-Claude et celle de Genève.

Le capitaine Perregaux s'était déjà fait remarquer plusieurs fois par son activité et son intelligence; sa compagnie était une des plus belles et des mieux instruites de la légion, et jusqu'à la fin de la campagne, elle demeura au grand complet. Dans ses rapports, le commandant avait signalé M. Perregaux comme un officier de premier mérite ; il avait même demandé pour lui la croix de la Légion-d'Honneur.

Le commandant Raverat ayant pris position, comme nous l'avons dit, à Neyrolles, s'occupa d'y établir quelques travaux de défense. Après avoir fait abattre plusieurs sapins, il les disposa en forme de redoute, et il fit ouvrir une large tranchée dans toute la largeur du défilé, afin de multiplier les obstacles sous les pas de l'ennemi. Il établit son quartier-général dans une scierie à eau, qui commandait l'entrée de la gorge, du côté de Syllant.

Le 6 juillet, les Autrichiens, qui depuis deux jours manœuvraient devant les régiments français, commandés par les généraux Meynardier et Montfalcon, ayant appris la reddition du fort de l'Ecluse, résolurent de forcer le défilé de Neyrolles. Nos troupes se défendirent vaillamment contre un ennemi bien supérieur en nombre. Le dixième bataillon des gardes nationales de l'Isère, embusqué sur les escarpements, et abrité par un coude de la route, entendait la canonnade qui retentissait du côté d'Oyonnax et de Syllant. Les boulets tirés du dernier de ces points passaient par-dessus la tête de nos Dauphinois, sans les atteindre ; cependant, des soldats du train et des canonniers postés vers l'abatis élevé au-devant de la tranchée dont nous avons parlé, furent tués. De nombreux blessés de la brigade Meynardier étaient transportés à l'ambulance de Nantua; et le long du chemin, ces braves, oubliant leurs souffrances, faisaient entendre le cri de *vive l'Empereur !*

Vers la fin de cette journée, le général Meynardier, forcé de battre en retraite, ayant envoyé au baron l'ordre de se disposer à quitter sa position, celui-ci rappela alors le capitaine Perregaux, dont la fermeté n'avait pas peu contribué à contenir l'ennemi et à garantir un de nos flancs. La légion se mit en marche au milieu de la nuit; les hommes qui le composaient étaient dispos et remplis d'ardeur; avec un bataillon d'infanterie de ligne, ils formèrent l'arrière-garde de la brigade du général Meynardier. Avant de partir, le baron Raverat fit reformer la barricade qui avait été ouverte pour livrer passage aux régiments de ligne, et laissant les feux allumés, il rétrograda lentement, traversa Nantua, et au point du jour il rejoignit la brigade qui avait pris position en arrière du pont de Maillat. Pendant cette marche, où il défendit le terrain pied à pied, il fut plusieurs fois obligé, pour contenir l'ennemi, de se servir des deux pièces de canon qu'il avait avec lui.

Les habitants de Maillat avaient pris les armes, et s'étaient réunis à la troupe afin de repousser l'ennemi. Pour les punir de leur patriotisme, les Autrichiens mirent le feu à leur village.

Constamment sur les pas de notre petite armée, les colonnes autrichiennes traversèrent Cerdon, Pont-d'Ain et Meximieux. A Montluel, le général Dessaix rencontra une partie de la division Maranzin, devenue libre par l'évacuation de la ville de Bourg. La légion de la Tour-du-Pin et le bataillon formant l'arrière-garde arrivèrent le 10 juillet au soir à Montluel, et comme la ville était déjà occupée par nos troupes, ils allèrent camper près du hameau de Dagneux, dans la plaine de la Valbonne, au pied du Mont-Châtel.

Le lendemain, le général Frimont envoya un parlementaire au général Dessaix pour l'instruire des succès des armées alliées dans le nord de la France, et pour l'engager à faire sa soumission au nouveau gouvernement. Bientôt M. le lieutenant-général Puthod, commandant les gardes nationales du département du Rhône, M. Pons de l'Hérault, préfet du même département, et M. Jars, maire de la ville de Lyon, tous délégués par le maréchal Suchet, arrivèrent à Montluel pour arrêter, de concert avec les envoyés du général Frimont, les bases de la convention en vertu de laquelle la ville de Lyon devait ouvrir ses portes aux armées alliées.

Il avait été convenu que pendant la durée des négociations, les troupes françaises et autrichiennes garderaient leurs positions respectives, et s'abstiendraient de tout mouvement. Cependant, au mépris de cette trêve, les Autrichiens dirigèrent sur le village de Béligneux, occupé par le 24e régiment de ligne, une de leurs divisions. Leur but était de s'emparer des coteaux qui séparent la grande route de Genève de la route de Pizay, de manière à déborder la ville de Montluel et à bloquer les troupes qui s'y trouvaient.

Vers le milieu de la nuit, des sentinelles appartenant au

dixième bataillon de l'Isère donnèrent l'alerte, elles venaient d'apercevoir un détachement de hussards autrichiens s'avançant au galop. Le 24ᵉ, qui couvrait la droite de notre légion, ayant été surpris dans Béligneux, avait laissé nos grenadiers et nos chasseurs exposés seuls aux attaques de l'ennemi. Raverat fit aussitôt battre la générale, et la bonne contenance de nos soldats permit au 18ᵉ régiment de dragons et à d'autres renforts d'arriver au secours du 24ᵉ. De leur côté, les hussards autrichiens furent bientôt soutenus par une forte colonne d'infanterie et d'artillerie, dont ils formaient l'avant-garde. Enfin, une affaire s'engagea et dura jusqu'au lendemain.

Pendant que les dragons contenaient l'ennemi dans la plaine de la Valbonne, nos fantassins, lancés dans les vignes qui couvraient les coteaux, en repoussaient à la baïonnette les Autrichiens, et notre artillerie, établie sur le Mont-Châtel et à Saint-Barthélemy, balayait la grande route sur toute sa longueur.

Malgré le petit avantage que venaient de remporter nos troupes, le maréchal Suchet, informé que des renforts arrivaient à l'armée autrichienne, et ayant appris, d'autre part, la capitulation de Paris, ne voulut pas prolonger une lutte devenue inutile ; il se hâta d'accepter les propositions du général Frimont. Les négociations furent reprises, et le 12 juillet, une convention intervint, en vertu de laquelle le maréchal s'engageait à faire évacuer Lyon par les troupes françaises, et à remettre la ville aux Alliés.

Aussitôt après la signature du traité, l'armée des Alpes se retira sur Lyon, qu'elle ne fit que traverser. Les troupes de ligne et la cavalerie durent se réunir derrière la Loire ; le dixième bataillon de l'Isère et quelques autres bataillons de gardes nationales reçurent l'ordre de se rendre dans le département de l'Ardèche, en dehors de la ligne de démarcation tracée par la capitulation.

Le baron Raverat arriva à la Pape le 13 juillet, au milieu de la journée ; et après avoir réuni le convoi qu'il escortait au parc général rassemblé à Rillieux et à Caluire, il entra dans le faubourg de Bresse, et fit faire halte à son bataillon devant la chapelle Saint-Clair. Sur ces entrefaites, il fut rejoint par les fourriers qu'il avait envoyés à Lyon pour y réclamer des billets de logement. Ceux-ci lui rapportaient l'ordre du commandant de place de cette ville, qui lui prescrivait de conduire son bataillon à Saint-Genis-Laval, attendu qu'aux termes des conventions passées entre le maréchal Suchet et le général Frimont, aucune troupe armée, autre que la garde nationale de Lyon, ne devait séjourner dans la ville. Notre commandant, ne voulant pas imposer à ses hommes, déjà harassés de fatigue, une nouvelle étape, prit le parti de se rendre lui-même à Lyon pour y porter ses réclamations.

Il se présenta au général Mouton-Duvernet, alors gouverneur de Lyon, et commandant la 19ᵉ division militaire, qui occupait l'hôtel de Malte, situé sur la place Bellecour. Après lui avoir exposé les motifs de sa démarche, il obtint facilement qu'on fit fléchir en sa faveur le texte rigoureux de la convention.

« Commandant, lui dit le général, je comprends la jus-
» tesse de vos réclamations ; mais, d'un autre côté, je ne
» puis violer ouvertement les conditions du traité. Ainsi,
» pour tout concilier, vous allez conduire votre troupe
» de l'autre côté du pont de la Guillotière ; le faubourg ne
» faisant pas partie de la ville, vous pourrez y passer la
» nuit, mais vous ne logerez pas chez les habitants ; vous
» ferez camper vos hommes sous les dernières arches du
» pont, et demain, au point du jour, vous vous dirigerez
» sur la ville de Tournon, qui vous a été assignée. »

Raverat venait de remercier le général Mouton-Duvernet de sa bienveillance, quand on annonça M. Teste, lieutenant de police à Lyon.

« Monsieur le général, dit celui-ci en entrant, j'apprends
» que la ville est encore en émoi, par suite des scènes
» regrettables causées par l'arrivée à Lyon des envoyés du
» général Frimont. Il est à craindre que le passage de la
» légion de la Tour-du-Pin ne donne lieu à de nouveaux
» désordres. Ces hommes, d'après ce que l'on m'a rap-
» porté, sont vivement irrités de battre en retraite devant
» un ennemi qu'ils ont constamment vaincu ; quelques
» brouillons pourront profiter de leur exaspération pour
» troubler encore la ville ; mais j'ose espérer que par sa
» prudence et sa fermeté, M. le baron saura faire échouer
» de semblables projets. »

Raverat promit d'user de toute son influence pour répondre à la confiance dont il était l'objet.

Le général Mouton-Duvernet informa M. Teste de la décision qu'il venait de prendre ; puis s'adressant à Raverat : « Monsieur le baron, lui dit-il, je me joins à M. le lieutenant » de police pour réclamer de vous le maintien de l'obéissance » et de l'ordre parmi vos gardes nationaux ; je vous re- » commande surtout de ne pas déployer votre drapeau, de » peur que ses devises n'excitent dans l'esprit des masses » des espérances qui, pour le moment, ne peuvent plus se » réaliser. »

Après avoir pris congé de ces messieurs, Raverat se hâta de rejoindre ses gardes nationaux, qui s'étaient avancés jusque sur le quai Saint-Clair, en face de la salle Gayet. Les habitants du quartier leur avaient fait servir du vin et de la bière ; une foule nombreuse les entourait en criant : *vive l'Empereur! vivent les Dauphinois!* Afin de ne pas laisser aux esprits le temps de s'échauffer davantage, Raverat donna aussitôt l'ordre du départ, et recommanda aux tambours de presser la marche. Le bataillon arriva ainsi à la Guillotière, sans qu'aucun événement fâcheux eût signalé son passage dans la ville.

Ainsi que nous l'avons dit plus haut, l'arrivée à Lyon des commissaires autrichiens, chargés de régler avec le général Mouton-Duvernet certains détails concernant l'occupation de la ville, avait excité dans la foule rassemblée sur les quais et sur la place Bellecour un vif mouvement de curiosité, qui s'était bientôt traduit en manifestations hostiles, puis en menaces et en injures. Hâtons-nous cependant de dire que ces tentatives de désordre avaient été bientôt arrêtées par le dévouement de plusieurs citoyens courageux.

Cependant, plus tard, la population qui encombrait la place de Bellecour avait remarqué qu'à l'arrivée des officiers autrichiens dans l'hôtel de Malte, des mouchoirs blancs avaient été agités aux fenêtres d'une maison de la rue du Pérat, quartier habité en partie par les familles de l'ancienne noblesse; que des saluts avaient été aussi échangés. A la vue de cet accueil fait aux étrangers par les partisans de la royauté, les sentiments de patriotisme de la foule, au sein de laquelle tous les cœurs gémissaient encore du désastre de Waterloo, se portèrent jusqu'à l'exaltation. Les Lyonnais ne purent maîtriser un premier mouvement d'indignation; ils pénétrèrent dans la maison signalée et la saccagèrent.

Ces scènes s'étaient passées le jour même de l'arrivée à Lyon du bataillon de la Tour-du-Pin. Déjà la veille, de violentes marques de mécontentement avaient éclaté dans la population lorsqu'elle avait appris la conclusion du traité qui remettait la ville aux Alliés.

Après avoir établi ses hommes dans le bivouac qui leur était destiné, et veillé à la distribution des vivres, Raverat repassa le pont de la Guillotière et vint dîner à Lyon. Il se trouvait dans le café situé à l'angle de la rue Saint-Dominique et de la place de Bellecour, quand il apprit qu'une foule nombreuse était rassemblée devant la maison habitée par la famille de Verna. On ne parlait de rien moins que de la mettre au pillage et de la brûler. Raverat, qui connaissait cette famille, originaire des environs de Crémieu, quitte aussitôt le café, et se dirige vers la maison menacée; il perce la foule et se fait ouvrir la porte de l'hôtel en s'annonçant comme un officier muni d'un billet de logement. Il entre bientôt dans les appartements et se présente à M@@ de Verna, qui, seule en ce moment, éprouvait une vive terreur. Il s'efforce de la tranquilliser, en l'assurant qu'il se fait fort de calmer la multitude et de l'éloigner.

Cependant, les cris continuent au dehors; quelques pierres lancées contre les croisées viennent tomber dans l'appartement. Raverat, se montrant à la fenêtre, et s'adressant à la foule : « Je suis, dit-il, le commandant de la » légion de la Tour-du-Pin, de passage à Lyon...; j'ai reçu » mon billet de logement pour cette maison...; je vous » prie de vous retirer et de de pas troubler plus long-temps » le repos d'un ancien officier de l'Empereur!... »

Ce petit mensonge obtint tout le résultat qu'on en pouvait espérer; la foule se retira peu à peu, et le quartier ne tarda pas à jouir de son calme habituel. M@@ de Verna insista pour que son libérateur prît en réalité son logement chez elle; mais celui-ci, obligé de retourner auprès de son bataillon, ne put accepter l'offre qui lui était faite, et se borna à rester jusqu'à une heure assez avancée de la nuit pour que toute crainte fût complétement dissipée.

Nos lecteurs se souviennent sans doute de la démarche que Raverat, alors enfant, fit auprès de M. de Chapponais au château de Saint-Jullin. Ces deux épisodes, qui se passèrent à près de trente ans d'intervalle, présentent un rapprochement assez remarquable; tous deux caractérisent les sentiments nobles et généreux de notre héros.

Le 14 juillet, au point du jour, le commandant Raverat se disposait à se remettre en route, lorsqu'il remarqua l'absence d'un grand nombre d'hommes de sa légion, qui, en apprenant qu'ils étaient dirigés loin de leur pays, pour être licenciés, avaient préféré rentrer immédiatement dans leurs foyers. Depuis qu'ils battaient en retraite, la plupart des bataillons mobilisés avaient vu leurs rangs s'éclaircir par la désertion, tandis qu'en face de l'ennemi ils étaient toujours demeurés au grand complet. Notre commandant se hâta de faire remettre entre les mains de l'autorité militaire les armes abandonnées sous les arches du pont de la Guillotière. Cette formalité remplie, il se mit en route; il suivit la rive droite du Rhône pour se diriger sur le département de l'Ardèche.

Plusieurs de ces gardes nationaux étant trop fatigués pour faire la route à pied, il avait obtenu de les faire recevoir sur un bateau qui descendait le Rhône. Plus tard, ayant appris que les troupes piémontaises qui occupaient Vienne et Sainte-Colombe, interceptaient le passage et faisaient feu sur les embarcations qui descendaient le fleuve, il laissa à Givors un de ses officiers pour y faire descendre les hommes embarqués sur le bateau. Puis, avec les débris de son bataillon, il s'engagea dans les montagnes de la Loire, et arriva ainsi à Condrieux, où il fut bientôt rejoint par le reste de sa légion. Après avoir passé la nuit dans cette petite ville, il se remit en marche le lendemain matin. Partout sur son passage, la population saluait avec respect ces derniers défenseurs de l'Empire.

Arrivé à Tournon, Raverat apprit que Grenoble avait capitulé après une résistance des plus honorables, et que les armées alliées avaient fait leur entrée dans Lyon.

Bientôt après le retour des Bourbons, le bataillon de la Tour-du-Pin se trouva menacé dans le département de l'Ardèche. Les cris de : *mort aux Buonapartistes!* se faisaient entendre autour de lui. L'autorité, sympathique à ces cris, ne semblait guère s'émouvoir des dangers que couraient nos gardes nationaux. Le commandant Raverat faillit un jour en être la victime. Des misérables, connus sous le nom de *Verdets*, avaient formé le projet de l'assassiner. Heureusement pour lui, il fut averti assez à temps par un de ses fourriers pour se soustraire au guet-apens qui l'attendait.

A la fin du mois de juillet, la légion se rendit à Valence. Une vive agitation régnait dans cette ville, occupée par une partie des débris de l'armée des Alpes. Cette effervescence avait pris un caractère des plus alarmants, et voici à quel propos.

Un régiment d'infanterie légère venant de la Corse et portant la cocarde blanche au schako, avait aperçu les Dauphinois qui n'avaient pas encore quitté la cocarde tricolore. Ils leur cherchèrent querelle. On se disposait à en venir aux mains; mais l'intervention des officiers et la fermeté de notre commandant parvinrent à empêcher cette lutte fratricide.

A cette époque, les débris de l'armée française, retirés sur la rive gauche de la Loire, pouvaient encore intimider l'étranger, et exiger des souverains alliés, quoique maîtres de la France, des conditions honorables. Cette armée fut licenciée; elle posa les armes au nom de la patrie et de la paix. L'armée des Alpes subit aussi cette mesure, et Raverat reçut du général commandant la septième division militaire, l'ordre de dissoudre la légion de la Tour-du-Pin, et de renvoyer ses soldats dans leurs foyers. Le baron rassembla sur la place de la ville ceux qu'il aimait à nommer ses enfants, et après leur avoir communiqué l'ordre de licenciement, « Mes amis, leur dit-il, nous allons déposer
» nos armes à l'arsenal. Si jamais la patrie a encore
» besoin de nos bras, vous me retrouverez toujours prêt
» à marcher à votre tête. Adieu, mes enfants ; vous m'avez
» suivi avec dévouement, je ne puis que vous remercier de
» vos bons services. Avant de nous séparer, j'ai une der-
» nière recommandation à vous faire ; hâtez-vous de re-
» tourner dans vos familles, et montrez par votre soumis-
» sion combien vous avez à cœur le bonheur du pays. »

Nos braves gardes nationaux, fortement impressionnés, ne purent lui répondre que par leur cri habituel de *vive le baron!* et avant de le quitter, ils vinrent tous successivement lui serrer affectueusement la main. Quant à lui, ému de tant de sympathies et de regrets, il se retira le cœur brisé, et les yeux remplis de larmes.

CHAPITRE XVIII.

SOMMAIRE. — Seconde Restauration. — Insulte faite à la maison de mon père. — Agitation politique dans le département de l'Isère. — Mon père est arrêté comme *suspect*, et placé sous la surveillance de la haute police. — Conspiration de Didier. — Cour prévôtale; condamnations capitales et exécutions. — Mon père est traduit devant une commission militaire; il est acquitté. — Position précaire à laquelle il est réduit par suite des événements politiques. — Révolution de 1830. — M. Paulze d'Ivoy; le général de Lapoype. — Le duc d'Orléans; le maréchal Soult. — Mon père paie son tribut à la vieillesse; ses maladies; ses souvenirs de jeunesse; sa mort et ses funérailles. — Conclusion.

Nous n'avons pas la prétention de nous poser en historien, et de raconter les événements qui suivirent Waterloo, l'abdication de Napoléon et son départ pour Rochefort, où il espérait s'embarquer afin de se rendre aux Etats-Unis. On sait que sa confiance dans le gouvernement anglais fut indignement trompée; il était venu s'asseoir, comme il le disait, « au foyer du peuple britannique, » et il fut exilé sur le rocher de Sainte-Hélène, sous ce ciel des tropiques, où il devait trouver la mort après des souffrances incessantes et une longue agonie.

Louis XVIII, ramené une seconde fois par l'étranger, venait de remonter sur le trône, après cette période fameuse que l'on a nommée les *Cent-Jours*. Mais la seconde Restauration n'eut pas le caractère timide de la première; elle était, au contraire, pleine de fiel et de rancune; elle mit aux prises deux partis : les vainqueurs et les vaincus. Des commissions militaires furent instituées pour juger ceux qui avaient pris part au retour de Napoléon, ou qui étaient simplement soupçonnés de l'avoir favorisé. La vieille gloire du maréchal Ney ne put le sauver; il reçut la mort près du palais du Luxembourg. Labédoyère, Mouton-Duvernet, les frères Faucher, payèrent de leur vie leur attachement à l'Empereur; plusieurs autres guerriers illustres furent frappés de peines plus ou moins rigoureuses.

Le baron Raverat, mon père, fut l'une des victimes de la terrible réaction politique qui se manifesta à cette triste époque. Sa fortune, intimement liée aux destinées de l'Empire, venait de s'écrouler avec le trône de Napoléon; mais la chute du gouvernement impérial ne fut pas seulement le signal de sa ruine et l'anéantissement de son avenir, elle devait encore lui susciter les plus injustes persécutions.

Après le licenciement de sa légion, à Valence, Raverat s'était rendu à Grenoble pour remettre entre les mains de l'autorité militaire les livres de sa comptabilité, et les faire apurer. En rentrant dans sa ville natale, il apprit que sa femme avait été insultée, que sa maison et son nom avaient été en butte à des actes d'ignoble vengeance de la part de quelques-uns des habitants de Crémieu. Pendant que sous les murs de Genève il remplissait ses devoirs de bon citoyen, en s'opposant à l'invasion étrangère, la réaction commençait à se montrer. Dans la nuit qui suivit le jour où l'on apprit à Crémieu le désastre de Waterloo, des misérables ne craignirent pas de manifester par de scandaleuses démonstrations la joie que leur inspirait le triomphe des Alliés. Ils escaladèrent la maison de mon père, brisèrent ses armes et mutilèrent les aigles dorées qui se déployaien sur des écussons placés au milieu des arabesques des balcons.

Dès le lendemain de cet événement, Mme Raverat déposa une plainte en violation de domicile, entre les mains de M. Alricy, juge de paix du canton de Crémieu. Ce magistrat, quoique mal disposé, dut cependant accueillir la plainte et ordonner une expertise pour apprécier l'importance des dégâts. Mais, à la rentrée de Louis XVIII, l'enquête fut suspendue, et il devint impossible d'obtenir aucune réparation. L'indignation des honnêtes gens put seule flétrir ces actes odieux.

Je me suis fait violence pour écrire ces lignes ; j'ai cherché à oublier les noms des personnes qui poussèrent à l'exécution de ces scènes scandaleuses, et de celles qui leur servirent d'instrument. D'ailleurs, la plupart de ces hommes sont morts; quant à ceux qui vivent encore, qu'ils ne craignent point de voir leurs noms dévoilés par moi; jamais ils ne souilleront ni mes lèvres, ni ma plume.

On sait que depuis la seconde Restauration le département de l'Isère était en proie à de vagues inquiétudes. De sourdes rumeurs faisaient craindre un soulèvement général. Les populations dauphinoises, demeurées fidèles aux idées de nationalité et de gloire, que le régime impérial résumait complétement à leurs yeux, n'avaient accueilli qu'avec défiance le gouvernement des Bourbons; il leur semblait que cette famille n'avait pu apporter de l'exil que des vues rétrogrades et hostiles aux grands principes d'égalité politique proclamés en 89. L'appui des baïonnettes étrangères n'était pas un des moindres griefs dont elles eussent à se plaindre.

Le préfet du département de l'Isère, M. de Montlivault, et le lieutenant-général Donnadieu, commandant la 7e division militaire, dont le siége était à Grenoble, avaient été informés par le ministère que des complots s'organisaient dans le département. En même temps qu'on leur enjoignait d'exercer la plus active surveillance sur la conduite des hommes connus ou réputés pour leur attachement à la cause impériale, on leur conférait un pouvoir discrétionnaire et absolu, afin que les formalités et les exigences de la loi ne vinssent pas entraver leurs recherches et leurs décisions. Hâtons-nous de dire que ces deux fonctionnaires déployèrent, en cette circonstance, toute la rigueur que le gouvernement était en droit de réclamer et d'attendre d'eux.

Le baron Raverat avait donné trop de preuves de dévouement à l'Empereur pour que l'attention des gens du roi ne se fixât pas sur lui. Armé de la loi terrible qui donnait aux autorités le droit d'arrêter et d'emprisonner les citoyens qui paraîtraient dangereux, le procureur-général lança un mandat d'arrêt contre mon père, et le fit écrouer à la prison de la Tour-du-Pin, sous la prévention d'avoir pris part à la « rébellion et à l'usurpation de Buonaparte. »

Dans la prison, mon père se trouva réuni au colonel Duchand, qu'il avait eu l'occasion de connaître pendant la campagne d'Italie, alors qu'il n'était encore que brigadier d'artillerie. Il y rencontra également plusieurs autres hommes honorables, poursuivis comme lui à cause de leur fidélité au souvenir de Napoléon.

Après un mois de détention préventive, les prisonniers furent interrogés par un juge d'instruction. Les accusations les plus vagues étaient portées contre eux. A la suite de l'interrogatoire, M. Donain de Rosière, ancien maire de Bourgoin sous l'Empire, et qui depuis le retour des Bourbons avait remplacé M. Sapey (1) à la sous-préfecture de

---

(1) Administrateur intelligent et dévoué à l'Empire, M. Sapey fut destitué à la première Restauration, réintégré pendant les Cent-Jours, et mis de nouveau à la retraite sous la seconde Restauration.

l'arrondissement de la Tour-du-Pin, engagea les *suspects* à se rallier franchement à la cause royale, et à racheter par un dévouement sincère à la légitimité leurs fâcheux antécédents. « Criez *vive le roi!* leur dit-il en terminant » sa harangue, et tout sera oublié!... »

Les prisonniers restèrent muets. M. de Rosière s'adressant alors directement à mon père : — « Eh bien! M. le » baron, continua-t-il, donnez donc l'exemple! — Mon= » sieur, répondit mon père, je n'ai d'autre cri à prononcer » que celui de *vive la France!* »

M. le sous-préfet, voyant le peu de succès qu'obtenaient ses exhortations et son éloquence magistrale, se retira tout confus, et le juge d'instruction se hâta de terminer les interrogatoires. Les diverses accusations portées contre les prévenus ne reposaient sur aucune base sérieuse ; elles n'établissaient nullement qu'ils eussent participé à aucun complot. Elle constataient un seul fait, que les accusés eux-mêmes ne cherchaient pas à nier, c'est-à-dire leur affection pour l'Empereur.

Quelques jours après cet interrogatoire, les nouveaux *suspects* reçurent la notification de la sentence rendue par

---

Depuis lors, il rentra dans la vie privée, où il vécut entouré de l'estime de ses anciens administrés.

M. Charles Sapey, aujourd'hui membre du Sénat, et qui pendant plusieurs années fut envoyé par le département de l'Isère à la chambre des Députés, est le frère de M. Sapey, l'ex-sous-préfet de la Tour-du-Pin.

la chambre du conseil. Cette ordonnance reconnaissait parfaitement que les motifs de la prévention n'étaient pas suffisants pour prolonger la détention des prévenus ; elle prescrivait néanmoins qu'ils resteraient provisoirement internés dans la ville de la Tour-du-Pin, sous la surveillance de la haute police.

Pendant tout le temps que mon père demeura consigné dans cette ville, il fallait qu'il se rendît chaque matin à l'hôtel de la sous-préfecture pour faire constater sa présence. Enfin, au bout de quelques semaines, l'autorité se relâcha un peu de sa sévérité, et tous les accusés purent retourner dans leurs foyers, en restant toutefois toujours assujétis à la surveillance.

Mon père rentra dans sa famille, après en avoir été séparé pendant plus de deux mois. Mais la détention préventive qu'il avait subie, l'exil provisoire auquel il avait été condamné, la surveillance à laquelle il était encore soumis, ne semblaient pas avoir satisfait la vengeance des agents du pouvoir. Ils exerçaient sur tous les faits et gestes du baron Raverat une véritable inquisition, et s'efforçaient de donner une portée politique aux choses les plus insignifiantes. Et comme si ce n'eût pas été assez que d'adresser journellement à l'autorité supérieure des délations calomnieuses contre lui, ils mettaient en œuvre les plus lâches provocations pour le faire tomber dans quelque guet-apens. Et le croirait-on? ceux qui se montrèrent le plus acharnés contre lui étaient de ses anciens amis politiques, des magistrats qui, en 1814 et 1815, luttaient avec lui de dévouement pour soutenir le régime impérial. Ces messieurs ne poussaient sans doute aussi loin leurs manifestations de fervent royalisme que pour faire oublier au nouveau gouvernement le zèle qu'ils avaient montré jadis pour l'ancien. De pareils actes ne sont que trop fréquents dans les temps de luttes et de discordes politiques!

J'imposerai silence à mes souvenirs douloureux ; je ne retracerai pas toutes les vexations auxquelles mon père et sa famille furent en butte ; je ne redirai ni ces visites domiciliaires plusieurs fois répétées, ni toutes ces scènes où se mêlaient le ridicule et l'odieux. Je ne désignerai pas quelques-uns de ces hommes qui, ayant changé de bannière, se firent royalistes de bonapartistes qu'ils étaient, et nommaient *brigands de la Loire* ces débris des phalanges héroïques qui avaient planté le drapeau de la France sur toutes les capitales de l'Europe.

Pour se dérober aux tracasseries qui venaient l'assiéger chaque jour, mon père résolut de quitter Crémieu pendant quelque temps. Toutefois, il voulut se rendre préalablement à Grenoble, afin de poursuivre la demande en remboursement des sommes qu'il avait avancées pour l'équipement d'une partie de sa légion pendant les Cent-Jours. Plusieurs fois déjà il avait formulé des réclamations à ce sujet à la préfecture de l'Isère, sans obtenir de réponse satisfaisante. Arrivé à Grenoble vers les derniers jours d'avril 1816, il alla voir un de ses amis, M. Sapey, avocat du barreau de cette ville (1). Aidé de ses lumières et de ses conseils, il fit toutes les démarches nécessaires pour arriver à faire légaliser les différentes pièces relatives à sa réclamation.

Mon père n'était que depuis peu de jours à Grenoble, retenu par l'accomplissement des formalités dont je viens de parler, lorsque les événements de mai 1816 éclatèrent dans cette ville.

Nous avons dit que la majeure partie de la population du département de l'Isère n'entourait pas de ses sympathies le gouvernement royal. Cette disposition des esprits devait naturellement faciliter l'éclosion de tout complot ayant pour but de renverser ce même gouvernement. Un homme inquiet, remuant, profondément ambitieux, et qui avait servi tous les pouvoirs sans s'attacher à aucun, résolut de mettre à profit cette effervescence de la population dauphinoise. Paul Didier, ancien avocat au parlement de Grenoble, était dans ces contrées l'agent le plus actif d'un parti qui voulait faire passer la couronne de la tête de Louis XVIII sur celle d'un autre prince. Bien que, comme on l'a su depuis, il travaillât en réalité dans l'intérêt de la branche cadette des Bourbons, Didier annonçait hautement le dessein de mettre Napoléon II sur le trône. Il fit même

---

(1) Quoique portant le même nom que l'ancien sous-préfet de l'arrondissement de la Tour-du-Pin, ce M. Sapey n'appartenait pas à la même famille.

répandre, par ses émissaires, le bruit que Napoléon Ier allait tenter un nouveau débarquement; que l'empereur d'Autriche venait de faire paraître un manifeste en faveur de son petit-fils; que d'anciens généraux et les hommes les plus influents du département de l'Isère et des départements voisins ne tarderaient pas à venir se mettre à la tête du mouvement insurrectionnel.

Egarés par ces nouvelles mensongères, les Dauphinois accueillirent avec empressement ces projets de révolution, qui s'accordaient d'ailleurs si bien avec leurs sentiments et leurs désirs. Un mouvement général devait éclater dans le département de l'Isère et dans les départements limitrophes. On espérait s'emparer, sans coup férir, des places de Grenoble et de Lyon. Une fois maître de la seconde ville de France, on devait y convoquer des états-généraux et y établir un gouvernement provisoire; le duc d'Orléans devait être nommé lieutenant-général du royaume.

Le complot, qui devait éclater à Lyon le 21 janvier 1816, avait échoué, mais Didier ne se rebuta point de cet échec. Ayant pu se soustraire aux recherches de la police, il se retira dans les montagnes du Dauphiné, aux environs de la Mûre et de Vizille, où il recommença ses manœuvres.

Le gouvernement connaissait, assure-t-on, les menées du comité de Paris, qui comptait dans son sein les personnages les plus influents des deux partis, bonapartiste et orléaniste. Il aurait pu facilement étouffer la conspiration au berceau, il préféra sans doute la laisser grandir, pour pouvoir frapper ensuite des coups plus sûrs et plus nombreux.

Dans la nuit du 4 au 5 mai 1816, Paul Didier, étant parvenu à faire prendre les armes à plusieurs centaines de paysans rassemblés à Eybeins, près Vizille, se disposait à marcher sur Grenoble; il comptait sur le concours d'un grand nombre de ses partisans pour se faire ouvrir les portes de cette place importante. Mais MM. de Montlivault et Donnadieu étaient exactement informés; ils envoyèrent des troupes contre les insurgés qui, bientôt mis en déroute, se dispersèrent et s'enfuirent dans les montagnes ; une centaine de ces malheureux furent tués, d'autres furent arrêtés.

Le gouvernement déploya dans la répression de cette déplorable tentative une excessive rigueur; le département de l'Isère fut mis en état de siége, et les commissions militaires venant en aide à la cour prévôtale, vingt-un insurgés furent condamnés à la peine de mort et fusillés dès le lendemain.

Didier, qui dans cette affaire avait donné des preuves du plus grand courage, avait essayé de résister jusqu'au dernier moment; il ne se décida à prendre la fuite que lorsqu'il vit tout espoir de succès perdu. Il réussit à passer en Savoie, et s'y tint caché pendant un mois ; mais bientôt, arrêté par les carabiniers sardes, il fut livré à la gendarmerie française. Traduit devant la cour prévôtale, il fut condamné à la peine capitale, et mourut sur l'échafaud.

Le séjour du baron Raverat à Grenoble, dans ces moments d'agitation et de persécution politiques, était de nature à le placer dans une mauvaise situation. M. Sapey, prévoyant le danger qui le menaçait, le pressa de partir.

« La police, lui disait-il, a l'œil sur vous ; retournez au
» plus tôt dans votre famille, et ne revenez ici que lorsque
» tout sera calmé ; je vous écrirai lorsqu'il en sera temps.
» Vous avez déposé vos titres à la préfecture ; j'y veillerai
» moi-même. »

Mon père suivit ce conseil, et retourna à Crémieu.

Après l'échauffourée de Didier, l'autorité envoya des commissions militaires dans les communes du département de l'Isère, soupçonnées de s'être montrées favorables à la révolte. Une commission d'enquête, présidée par le colonel Pillet, officier sarde au service de la France, se transporta dans le village de Saint-Chef. Des perquisitions minutieuses furent faites chez les habitants, et eurent d'abord pour résultat la saisie d'un grand nombre d'armes de guerre qui provenaient de celles emportées par les gardes nationaux qui avaient fait partie des bataillons mobilisés en 1815. Ce chef d'accusation motiva un certain nombre d'arrestations.

Il n'est pas hors de propos de mentionner ici que, dans le commandement exercé en 1814 et 1815, mon père avait fait preuve d'une telle sagesse et d'une telle habileté, qu'il avait laissé les souvenirs les plus sympathiques dans l'arrondissement de la Tour-du-Pin.

« — Quel était votre but en vous soulevant, et qu'auriez-
» vous fait en réussissant ? avait demandé le juge d'instruc-
» tion à des paysans arrêtés dans les environs de Saint-
» Chef.

» — Notre ancien commandant, le baron de Crémieu,
» celui qui nous a déjà aidé à chasser l'ennemi, se serait
» mis à notre tête, et nous l'aurions suivi partout!... »

La naïveté de cet aveu, et l'affection dévouée que ces braves villageois portaient à mon père, inspira de suite aux magistrats d'alors, toujours prêts à soupçonner la pensée d'un rapprochement perfide entre les paroles échappées à des hommes simples, et le voyage du baron à Grenoble. MM. les gens du roi, ainsi qu'on les appelait à cette époque, en conclurent que pendant son séjour dans cette ville, le baron avait eu plusieurs entrevues avec Didier.

A peine arrivé à Crémieu, mon père reçut un avis officieux qui l'engageait à se cacher, afin de se soustraire à un mandat d'arrêt décerné contre lui. J'ai tout lieu de croire que cet avis lui fut communiqué par le brigadier de gendarmerie du canton de Crémieu, nommé Crochat, ancien soldat, qui avait pour lui la plus grande considération, et qui déjà, en maintes circonstances, s'était efforcé d'adoucir et de tempérer les rigoureuses exigences de son devoir.

Quoi qu'il en soit, mon père, pressé par ma mère, résolut de mettre à profit l'avertissement qu'il avait reçu. Des amis généreux lui offrirent un asile ; et dans ce nombre nous citerons MM. Brunet, de Saint-Marcel; Monet, de Saint-Chef; Bertrand, de Montcarra; Bréjot, de Couvalou; Gros, de Chanizieu; le docteur Dandelle, le chevalier de Perret; enfin, des nobles et des curés des villages voisins.

Que ces hommes de cœur reçoivent ici le légitime tribut de la reconnaissance de ma famille! Puissé-je, en acquittant une dette sacrée, signaler leur généreux dévouement comme un modèle à suivre. Le souvenir de ce qu'ils firent pour mon père ne s'effacera jamais de ma mémoire et de mon cœur.

Il faut ajouter à la louange des hommes honorables que je nomme ici, qu'ils ne professaient pas tous les mêmes opinions politiques que mon père.

Parmi ceux qui lui montrèrent le plus de dévouement, je dois citer M. l'abbé Rippert, curé de Chavanoz, qui après les plus persévérants efforts pour le soustraire aux poursuites dont il était menacé, lui avait ménagé une retraite chez l'un de ses frères, également ecclésiastique et curé de Château-Renard, en Provence. Des mariniers du Rhône s'étaient chargés de prendre mon père sur leur bateau.

Il y avait, à cette époque, un véritable courage à recueillir un homme sous le coup des poursuites. Dans toutes les communes, l'autorité avait fait afficher des arrêtés portant des peines sévères contre quiconque était convaincu d'avoir donné asile aux factieux, et des primes étaient offertes pour encourager la délation.

Mon père, craignant de compromettre ses amis, prit le

parti de se constituer lui-même prisonnier. Hélas! je me souviens de ce jour où ma mère, le pressant dans ses bras, et moi-même, enfant de quatre ans, m'attachant à ses vêtements, nous voulions l'empêcher de mettre son projet à exécution. Fort de sa conscience, il persista dans sa résolution, et la gendarmerie de Crémieu le conduisit à Saint-Chef, où siégeait la commission d'enquête.

Peu de jours après, il fut traduit devant ce tribunal exceptionnel, sous les chefs d'accusation les plus graves. Suivant les termes du rapport, il n'était prévenu de rien moins que d'avoir tramé des complots contre le roi et la sûreté de l'Etat; d'avoir reçu chez lui des hommes suspects, des conspirateurs; d'avoir distribué de l'argent parmi les paysans, à la tête desquels il devait se mettre pour piller les châteaux et les presbytères; d'avoir armé en secret ces mêmes paysans avec les fusils qu'il aurait indûment gardés après le licenciement de sa légion; d'avoir été en correspondance avec Didier, et de s'être mis en rapport avec lui à Grenoble, pour se concerter à l'effet de s'emparer de cette ville, de faire soulever le département, et de proclamer Napoléon II, etc....

Après des débats assez vifs, dans lesquels les personnes les plus honorables du pays, et notamment des curés de plusieurs villages, vinrent témoigner en faveur de mon père, il fut acquitté et rendu à la liberté.

Cet acquittement combla de joie les amis qu'il comptait dans le bourg de Saint-Chef. Son vieux camarade Richard, ancien chirurgien au 57ᵉ, l'emmena chez lui, et pour fêter cet heureux événement, il réunit dans un grand dîner ses parents et ses amis.

De retour dans sa famille, mon père se tint sur la réserve la plus prudente ; il évita avec le plus grand soin de se montrer dans les lieux publics, de fréquenter les hommes ayant une couleur politique quelconque. A cette fatale époque, que quelques historiens ont surnommé avec assez de raison la *terreur blanche*, une parole, un regret, un soupir, pouvait être regardé comme coupable, et il n'en fallait souvent pas davantage pour être arrêté.

Nous venons de raconter une partie des persécutions et des vexations morales auxquelles fut en butte le baron Raverat, depuis la chute de Napoléon ; il nous reste à faire connaître combien il fut rigoureusement frappé dans sa fortune, dans sa position sociale.

Le Hanovre, sur le territoire duquel était situé son majorat, étant retourné, en 1814, sous la domination de son ancien souverain, avait été perdu pour la France : ainsi, depuis le paiement du premier semestre de 1813, le baron Raverat ne toucha pas une obole sur le revenu de sa dotation. J'ai raconté plus haut toutes les démarches qu'il avait faites pour être autorisé à aliéner son majorat, et à le reporter sur un immeuble en France. Aucun reproche de négligence ou d'imprévoyance ne pouvait donc lui être imputé ; mais les événements politiques, survenus contre toute prévision, marchèrent avec bien plus de rapidité que les formalités bureaucratiques ; et tout était déjà perdu avant que l'intendance du domaine extraordinaire eût seulement fait une réponse. Mon père fut forcé de rendre à M. Reynaud la propriété de Chavanoz, qu'il n'avait achetée que conditionnellement. Dix mille francs dépensés en réparations dans les bâtiments, et en améliorations dans les terres, furent perdus pour lui. Ajoutons qu'il dut, en outre, selon les clauses du contrat d'acquisition, compter à son vendeur, à titre d'indemnité, un dédit de six mille francs. Et comme si toutes ces pertes n'eussent pas été un assez rude coup pour sa fortune, les dépenses qu'il avait faites dans son commandement, en 1814, et la somme de neuf mille deux cents francs qu'il avait payée de ses propres deniers en 1815, aux fournisseurs chargés de l'équipement d'une partie de sa légion, ne lui furent jamais remboursées, malgré ses nombreuses réclamations. La Restauration avait refusé, comme on le sait, de reconnaître les actes accomplis et les dettes contractées pendant le gouvernement des Cent-Jours. Enfin, et comme pour combler la mesure des spoliations à son égard, la moitié de son traitement de membre de la Légion-d'Honneur lui fut supprimée. Il ne lui resta donc que sa pension de retraite comme lieutenant, laquelle s'élevait à six cents francs ; et en y joignant les cent vingt-cinq francs du traitement de chevalier de la Légion-d'Honneur, on arrive au modeste total de sept cent vingt-cinq francs.

Mon père supporta l'adversité avec la noble résignation qui convient à un brave. Mais en présence de ressources aussi minimes, il fut forcé, autant pour vivre lui-même que pour élever sa famille, de demander au travail les moyens d'existence dont le pays l'avait privé.

En 1820, il quitta Crémieu pour aller établir un café dans la petite ville de Villefranche, chef-lieu de la sous-préfecture du département du Rhône. Son caractère et sa réputation lui eurent bientôt acquis la considération et les sympathies des principaux habitants de cette ville.

Désirant profiter du bénéfice de l'ordonnance royale du 22 mai 1816, en vertu de laquelle Louis XVIII accordait une allocation aux donataires privés de leur dotation, le baron Raverat s'adressa à M. le marquis de la Maisonfort, intendant du domaine extraordinaire. Voici la réponse de M. le marquis : « Le roi réserve ses faveurs pour ceux » qui se sont montrés les fermes soutiens du trône. » Mon père comprit que sa demande avait été repoussée, et que, « par sa conduite, il n'avait pas su conserver des » droits aux bienfaits que Sa Majesté se plaisait à répandre » sur ses sujets fidèles. »

Quelque temps après, il fut pris une mesure générale, du bénéfice de laquelle il ne put être privé. La loi du 26 juillet 1821 lui rendit le quart de sa dotation primitive, en une inscription au Grand-Livre de la dette publique, mais avec cette différence, que la pension créée par cette nouvelle loi ne devait plus être perpétuelle, comme l'était le majorat ; elle devait s'éteindre avec la première génération de sa famille.

CHAPITRE XVIII.

Dans le courant de l'année 1821, le baron reçut un nouveau brevet de l'ordre de la Légion-d'Honneur, devenu ordre royal. En vertu de ce brevet, signé de la main de Louis XVIII, et daté de la 26° année de son règne, il toucha intégralement son traitement de chevalier.

En 1824, mon père vendit son établissement de Villefranche pour venir se fixer à Lyon, où il exploita également un café sur le quai des Augustins. Mais cette position ne convenait ni à ses goûts, ni à son caractère ; il s'efforçait depuis long-temps de trouver un emploi dans quelque administration publique ou particulière, lorsqu'après la révolution de 1830, il obtint, par la protection du préfet du Rhône, M. Paulze d'Ivoy, gendre du général Lapoype (1), une petite place dans l'administration de l'octroi municipal de la ville de Lyon. A cette place était attaché un traitement de huit cents francs.

On sait qu'après l'insurrection qui éclata à Lyon, en

---

(1) Le général marquis de La Poype, ancien député du Rhône sous la Restauration, habitait à cette époque le château de Serrières, près de Crémieu. Toutes les fois qu'il venait à Lyon, il ne manquait jamais d'aller presser la main à mon père, auquel l'unissaient des liens d'amitié. Vers 1840, le général vint habiter sa petite propriété de *Fantaisie*, située à Dessine, village aux portes de Lyon.

Il était depuis long-temps le doyen des généraux français, puisqu'il était âgé de quatre-vingt-treize ans, lorsqu'il s'est éteint le 27 janvier 1851, quatre jours seulement avant le baron Raverat. Ils reposent tous deux au cimetière de Loyasse, à quelques pas l'un de l'autre.

novembre 1831, le duc d'Orléans, fils aîné du roi Louis-Philippe, vint, accompagné du maréchal Soult, alors ministre de la guerre, réinstaller dans cette ville les autorités civiles et militaires, que l'émeute en avait chassées. Mon père se présenta au maréchal pour lui faire une visite de politesse. Celui-ci l'accueillit avec une bienveillance marquée, s'informa avec sollicitude de sa position de fortune, et lui promit de s'y intéresser; il l'invita même à déjeuner pour le lendemain. J'eus l'honneur d'y accompagner mon père, et de prendre place à la table du maréchal. Quatre personnes seulement s'y trouvaient réunies. Le maréchal amena la conversation sur les guerres de l'Empire, et j'entendis raconter par cet homme illustre, avec les détails les plus circonstanciés, quelques-uns des épisodes militaires que j'ai décrits dans cet ouvrage.

A peine deux ou trois semaines s'étaient-elles écoulées depuis le passage à Lyon du prince et du maréchal, que mon père obtint du duc d'Orléans, sur sa cassette particulière, une petite pension de trois cents francs. Il fut redevable de cette faveur à la sollicitude du maréchal Soult qui, pour attirer l'attention du prince, avait mis sous ses yeux le volume des *Fastes de la Gloire*, et celui des *Victoires et Conquêtes*, dans lesquels sont rapportées quelques-unes des actions d'éclat du baron Raverat. Le maréchal avait chaudement recommandé son protégé, et fait valoir la position précaire à laquelle la Restauration l'avait réduit.

La mort du duc d'Orléans vint priver mon père de cette faible ressource ; mais plus tard, son traitement de membre de la Légion-d'Honneur fut augmenté de cent francs, par suite d'une décision du gouvernement, qui allouait une pareille somme à tous les légionnaires, pour les indemniser des retenues faites sur leur traitement, de 1815 à 1821.

Lorsque le prince de Joinville ramena de Sainte-Hélène en France les cendres de Napoléon, il fut question d'envoyer de chaque département à Paris une députation choisie parmi les anciens militaires, pour assister à la cérémonie qui devait avoir lieu. Un grand nombre de Dauphinois avaient jeté les yeux sur le baron Raverat, pour le charger de représenter le département de l'Isère à cette solennité. Mais le projet n'eut pas de suite ; le gouvernement n'appela à Paris aucune députation.

En 1847, le mauvais état de la santé de mon père le contraignit à demander à la direction de l'octroi sa mise à la retraite. Il sentait s'appesantir sur lui le poids des ans, et sa constitution, si robuste autrefois, était devenue tellement faible que les moindres variations de la température l'affectaient péniblement ; enfin, il commençait à sentir les atteintes de la vieillesse et des infirmités, qui en sont les compagnes ordinaires. Ses anciennes blessures lui faisaient éprouver de vives souffrances ; celle, entre autres, qu'il avait reçue dans le comté de Nice, — où il avait eu le cou traversé par une balle, — lui causait des douleurs très aiguës et des étourdisssements fréquents. Aussi, sortait-il peu ; son état de faiblesse le consignait très souvent dans sa chambre, et ses excursions se bornaient à peu près à la promenade des tilleuls de Bellecour, voisine de sa demeure. Dans ses dernières années, il se complaisait dans les souvenirs de sa carrière militaire ; c'était un bonheur pour lui d'en raconter les divers épisodes ; mais il apportait toujours la plus grande modestie dans les faits qui le concernaient personnellement.

La révolution de février 1848 surprit mon père sans l'effrayer ; mais le résultat de l'élection du 10 décembre, qui appelait le prince Louis-Napoléon Bonaparte à la présidence de la République française, le combla de joie et de bonheur.

« Je puis mourir heureux maintenant, — dit-il en ap-
» prenant cet événement !... — Je remercie la Providence
» d'avoir assez prolongé mes jours pour voir l'image de
» l'Empereur replacée sur son piédestal de bronze, ses
» cendres rendues à la patrie, et sa famille rappelée !... »

Une seule satisfaction a manqué à ce vétéran de la Grande Armée : il ne lui a pas été donné de voir le rétablissement de l'Empire, objet de tous ses vœux.

Vers le milieu de l'année 1849, des Lyonnais, poussés par un sentiment de reconnaissance nationale, organisèrent une commission pour élever dans leur ville une statue équestre à la mémoire de Napoléon I*er*. Le baron Raverat fut appelé à faire partie de cette commission ; mais son état de souffrance l'empêcha d'assister à ses assemblées aussi souvent qu'il l'aurait voulu.

Cependant, sa santé s'affaiblissait de plus en plus, malgré les soins assidus et intelligents de M. le docteur Giraud, son médecin et son ami, et vers la fin de 1850, il ne pouvait plus quitter la chambre.

Pendant les derniers jours de sa maladie, et dans les moments où la fièvre produisait sur son cerveau une forte surexcitation, ses souvenirs le reportaient toujours aux diverses scènes de sa vie militaire, à ses campagnes dans le comté de Nice ou dans les plaines de la Pologne. Il se croyait alors aux prises, tantôt avec les Barbets, tantôt avec les Cosaques; il lui semblait les voir rôder autour de lui. Les personnes placées au chevet de son lit, apercevant l'émotion et la fatigue que lui causaient ces hallucinations, ne parvenaient à les faire cesser qu'en recourant au moyen suivant : c'était d'élever la voix, en ordonnant à ces Barbets ou à ces Cosaques imaginaires de se retirer. Persuadé que la menace avait produit son effet, le vieux brave se sentait comme soulagé; il retrouvait pour quelques instants un peu de repos et de bien-être.

Mais l'heure de sa mort avait sonné, et bientôt il ne fut plus permis à sa famille de se faire illusion sur la gravité de son mal. Il fallut se résigner à une cruelle séparation. Le vendredi 31 janvier 1851, à onze heures du matin, il s'éteignit presque sans agonie, dans les bras de ma vertueuse mère et dans les miens, soixante-quinze ans et huit mois après sa naissance. Les mains pieuses d'une dame, amie de ma famille, nous aidèrent à lui fermer les yeux et à le placer dans son linceul.

Ses funérailles eurent lieu le 2 février. La majeure partie des Dauphinois établis à Lyon, beaucoup de militaires retraités et un cortége nombreux, composé de citoyens de toutes les classes, accompagnèrent sa dépouille mortelle. Arrivé au champ du repos éternel, un bataillon des troupes de la garnison lui rendit les honneurs militaires. Après les prières du prêtre et les décharges de mousqueterie, M. Girier, volontaire de la légion de la Tour-du-Pin, en 1815, depuis agent de change à Lyon, et plus tard maire de la commune de la Verpillière, prononça, au milieu du recueillement général, un discours dans lequel étaient résumés les principaux faits d'armes qui avaient rempli la brillante carrière du baron Ravérat.

CONCLUSION.

Sommaire. — Lettres patentes. — Extrait du registre des délibérations du Conseil municipal de la ville de la Tour-du-Pin.

Bien que mon enfance ait été bercée pour ainsi dire des récits émouvants de ces grandes batailles de la République et de l'Empire, jamais je n'ai pu les entendre raconter par mon père, sans que mon cœur n'ait tressailli d'un sentiment d'orgueil. Cette impression, toujours renaissante, toujours aussi vive, me donna la première idée de l'écrit que je livre aujourd'hui à la publicité. Que de fois, en retraçant les pages que l'on vient de lire, n'ai-je pas regretté de n'avoir pu en faire hommage à ce père dont la mémoire m'est si chère!... Ce faible tribut de la tendresse filiale, malgré ses nombreuses imperfections, aurait sans doute charmé les dernières années de sa vie, en le reportant aux jours de sa jeunesse, en évoquant enfin devant son imagination de nobles et glorieux souvenirs.

J'ai pensé ne pouvoir terminer plus dignement cette notice biographique qu'en donnant la copie des lettres patentes signées de la main de Napoléon, conférant à mon père le titre de baron.

Dans les papiers laissés après sa mort, j'ai trouvé un grand nombre de lettres qui lui ont été adressées par des personnages occupant pour la plupart de hautes positions dans l'armée et la magistrature; je me proposais de les publier à la fin de cet ouvrage, en forme de pièces justificatives; mais j'ai supposé que les éloges et les félicitations qu'elles prodiguent à mon père étaient maintenant inutiles pour former la conviction du lecteur, aux yeux duquel elles pourraient paraître une répétition inutile. Cependant, j'ai cru ne pouvoir me dispenser de leur faire connaître le texte de la délibération du Conseil municipal de la Tour-du-Pin, dans laquelle sont consignés les remerciments que les délégués de cette commune adressaient à mon père pour son honorable conduite pendant les événements désastreux de 1814.

LETTRES PATENTES.

NAPOLÉON, PAR LA GRACE DE DIEU, EMPEREUR DES FRANÇAIS, ROI D'ITALIE, PROTECTEUR DE LA CONFÉDÉRATION DU RHIN, à tous présents et à venir, salut.

Par l'article treize du premier statut du premier mars mil huit cent huit, nous nous sommes réservé la faculté d'accorder les titres que nous jugerions convenables à ceux de nos sujets qui se seront distingués par des services rendus à l'État et à Nous. La connaissance que nous avons du zèle et de la fidélité que notre cher et amé le sieur Raverat a manifestés pour notre service, nous a déterminé à faire usage en sa faveur de cette disposition. Dans cette vue, nous avons, par notre décret du quinze août mil huit cent neuf, nommé notre cher et amé le sieur Raverat, baron de notre Empire.

En conséquence, et en vertu de ce décret, ledit sieur Raverat s'étant retiré par-devant notre cousin, le prince archi-chancelier de l'Empire, à l'effet d'obtenir de notre Grâce les lettres patentes qui lui sont nécessaires pour jouir de son titre; nous avons, par ces présentes signées de notre main, conféré et conférons à notre cher et amé le sieur Raverat (Réné-Claude-Jean), lieutenant au cinquante-septième régiment d'infanterie de ligne, membre de la Légion-d'Honneur, né à Crémieu, département de l'Isère, le vingt-trois janvier mil sept cent soixante-seize, le titre de baron de notre Empire. Ledit titre sera transmissible à sa descendance directe, légitime, naturelle ou adoptive, de mâle en mâle, par ordre de primogéniture, après qu'il se sera conformé aux dispositions contenues en l'article six de notre premier statut, du premier mars mil huit cent huit.

Permettons audit sieur Raverat de se dire et qualifier baron de notre Empire dans tous actes et contrats, tant en jugement que dehors; voulons qu'il soit reconnu partout en ladite qualité; qu'il jouisse des honneurs attachés à ce titre, après qu'il aura prêté le serment prescrit en l'article trente-sept de notre second statut, devant celui ou ceux par nous délégués à cet effet; qu'il puisse porter en tous lieux les armoiries telles qu'elles sont figurées aux présentes : *d'argent, à la bande d'azur, chargée d'une épée du champ ; franc quartier des barons tirés de l'armée ;* et pour livrées : *blanc, bleu et rouge.*

Chargeons notre cousin le prince archi-chancelier de l'Empire, de donner communication des présentes au Sénat, et de les faire transcrire sur ses registres ; car tel est notre bon plaisir ; et afin que ce soit chose ferme et stable à toujours, notre cousin le prince archi-chancelier de l'Empire y a fait apposer, par nos ordres, notre grand sceau, en présence du conseil du sceau des titres.

Donné en notre palais de Compiègne, le vingt-cinq du mois de mars de l'an de grâce mil huit cent dix.

NAPOLÉON.

Scellé le vingt-neuf mars mil huit cent dix.
  Le prince Archi-Chancelier de l'Empire,
    CAMBACÉRÈS.

      Enregistré au Conseil du sceau des titres.
      B. P. M. T. 2. P. 110.
         Le baron DUDON.

Transcrit sur les registres du Sénat, le treize avril mil huit cent dix.
  Le Chancelier du Sénat,
    Baron LAPLACE.

EXTRAIT DU REGISTRE DES DÉLIBÉRATATIONS

Du Conseil municipal de la ville de la Tour-du-Pin ;

Du 25 février 1814.

Le Conseil municipal de la commune de la Tour-du-Pin, assemblé au lieu ordinaire de ses séances, présents : MM. Lhoste, maire ; Arnoux, adjoint ; Faulcon ; Picot-la-Beaume ; Picot, médecin ; Chevallier; David; Chalon; Ollivier; Clict; Perrichon, membres du Conseil municipal, dûment convoqués;.

Un membre a dit :

« MESSIEURS,

» Il y a peu de jours que nous étions en proie aux plus vives alarmes, et que les nuages les plus effrayants s'offraient à nos regards étonnés : un ennemi féroce, que vingt années de défaites excitaient à la vengeance, menaçait nos personnes des traitements les plus barbares, et nos propriétés du pillage et de la dévastation ; mais, depuis qu'il s'est éloigné de nos contrées, des jours plus sereins ont succédé au deuil universel dans lequel nous étions plongés.

» Espérons, Messieurs, que notre situation s'améliorera de plus en plus, et que bientôt la paix et le bonheur deviendront le prix de notre courage et de nos sacrifices.

Déjà les plus heureux présages nous montrent dans l'avenir le terme de nos maux; de nouveaux triomphes viennent de couronner nos armes. D'ailleurs, le vaste génie de notre Souverain, l'infatigable activité qu'il déploie dans l'exécution des plans qu'il a conçus, la valeur de ses soldats, l'amour et la fidélité de ses sujets, ne sont-ils pas des gages certains de la victoire ? Oui, Messieurs, j'aime à le croire, et je me plais à le dire, bientôt nos ennemis, assaillis de toutes parts, vaincus sur tous les points, seront forcés d'abandonner notre territoire, et ne trouveront de salut que dans une prompte fuite !...

» Si, dans les circonstances critiques où se trouve la patrie, l'union et le dévouement des citoyens deviennent un devoir rigoureux, nous pouvons dire avec satisfaction que ce devoir n'a pas été un seul instant méconnu. A la voix de notre sous-préfet, magistrat aussi distingué par la bonté de son cœur que par ses talents et son patriotisme, n'avons-nous pas vu s'agrandir le zèle et le courage de ses administrés, et simultanément n'ont-ils pas couru aux armes?

» Parmi les actes de dévouement qui ont signalé tous les citoyens, vous avez particulièrement remarqué celui dont M. le baron de Raverat a offert le modèle : ce brave militaire, que ses connaissances dans l'art de la guerre et la confiance publique avaient appelé à la tête de ses compatriotes, pour défendre la rive gauche du Rhône des incursions de l'ennemi, posté sur la rive opposée, et qui, par son courage et son activité, avait empêché le passage de ce fleuve, ne fut pas plutôt informé de l'entrée de l'ennemi dans cette cité, et appelé par notre sous-préfet à notre défense, que, n'écoutant d'autre intérêt que le nôtre, d'autre langage que celui du devoir et de la gloire, il accourut aussitôt avec une partie des forces qu'il commandait, auxquelles se réunirent les gardes nationales de divers cantons et les habitants de cette ville. C'est parmi vous, Messieurs, c'est sous vos yeux que M. le baron de Raverat a organisé une force armée, avec laquelle il a contenu l'ennemi et l'a chassé du Pont-de-Beauvoisin; c'est donc principalement à lui que nous devons l'inappréciable avantage d'avoir été garantis de l'invasion dont nous étions menacés.

» J'aime à croire, Messieurs, que vous n'oublierez jamais les services qu'il nous a rendus. Les remerciments que vous lui fites dans la réunion qui précéda son retour dans ses foyers m'en sont de sûrs garants. Je ne retracerai point à votre pensée les expressions que vous dicta alors la reconnaissance, je craindrais de les affaiblir; mais comme la parole est trop fugitive pour perpétuer le souvenir de vos sentiments, je vous propose de les consigner dans le registre de vos délibérations, où, par un acte solennel, vous voterez des remerciments à M. le baron de Raverat, et de charger M. le Maire de lui en transmettre un extrait. »

Le Conseil, considérant que l'exposé qui vient de lui être fait contient la vérité et l'expression de ses sentiments,

Arrête à l'unanimité qu'il vote des remerciments à M. le baron de Raverat, et charge M. le Maire de lui transmettre copie de la présente délibération.

Fait et délibéré le jour, mois et an susdits.

Signé : FAULCON, OLLIVIER, CHALON, PERRICHON, DAVID, JEAN B PICOT, CHEVALLIER, CLIET, PICOT-LA-BEAUME, LHOSTE, maire, ARNOUX, adjoint.

Pour expédition conforme.

Le Maire, LHOSTE.

FIN.

TABLE DES CHAPITRES.

CHAPITRE I . . . . de page 9 à page 34.

SOMMAIRE : Origine et naissance de Raverat. — Ses premières années. — Les brûleurs de château et le pigeonnier de Saint-Jullin. — Les dix bataillons de volontaires de l'Isère. — Raverat s'enrôle à l'âge de quinze ans. — Ses premières garnisons. — Son bataillon entre en campagne. — Le bivouac de Sospello. — Les Barbets. — Raverat est fait prisonnier et tente de s'évader. — La sentinelle perdue. — Le baptême du feu. — Raverat reçoit sa première blessure. — Il est nommé caporal. — Un dîner d'avant-poste.

CHAPITRE II . . . . . . de page 35 à page 58.

SOMMAIRE. — Combats entre l'armée française et les troupes Austro-Sardes. — Raverat est blessé pour la deuxième fois. — Les maraudeurs et le repas de noces. — Raverat, cassé de son grade de caporal, y est réintégré. — Etat pitoyable des soldats de l'armée d'Italie. — Le général Bonaparte. — Prise de Saorgio. — Le deuxième bataillon des volontaires de l'Isère sert à former la quatre-vingt-troisième demi-brigade. — Raverat passe dans une des compagnies de grenadiers. — Combat naval entre les escadres française et anglaise. — Une émeute à Toulon. — Les ducs de Beaujolais et de Penthièvre au fort St-Jean, à Marseille. — La famille Bonaparte et le colonel de la 83me.

CHAPITRE III. . . . . . de page 59 à page 88.

SOMMAIRE. — Coup-d'œil sur les premières opérations de l'armée d'Italie. — Les bataillons de grenadiers-réunis. — Prise de Bassano. — Un triste épisode. — Combat de Saint-Georges. — Raverat met hors de service une pièce de canon. — Bataille d'Arcole. — Les *Sans-Culottes* — Formation de la 57ᵉ demi-brigade. — Le tailleur en plein vent. — Bonaparte, après la bataille de la Favorite, donne à la 57ᵉ demi-brigade l'épithète de *terrible*. — Reddition de Mantoue.

Chapitre IV . . . . . . de page 89 à page 114.

Sommaire. — L'armée française s'avance contre les Etats-Romains. — Les soldats du Pape. — Raverat est envoyé en députation auprès du général Bonaparte. — La Casa-Santa. — Rencontre extraordinaire; souvenirs d'enfance. — Une famille de braves. — Mort de Baptiste et de François Raverat. — Le sac du soldat, la malle du capitaine et le fourgon du général. — La compagnie de Raverat refuse d'obéir. — Les Pâques véronaises. — L'armée de Sambre-et-Meuse et l'armée d'Italie. — Le caporal Raverat et le général Provera. — Un bon conseil. — Le drapeau de la 57ᵉ.

Chapitre V . . . . . . de page 115 à page 140.

Sommaire. — La 57ᵉ rentre en France. — Une avalanche sur le Mont-Cenis. — Joie des Dauphinois en revoyant leur pays. — Séjour de Raverat à Crémieu. — M. de Fleury. — Le *muscadin* aux bottes peintes. — Raverat à Moustier-St-Jean. — Les coups de sabre; le *bourreau des crânes*. — Le sous-lieutenant Dufresne; sa mort. — Bataille de Zurich. — Trois chevaux échangés contre une montre en cuivre doré. — Raverat est blessé trois fois dans l'espace de deux jours; l'armée russe lui passe sur le ventre. — La pêche aux roubles.

Chapitre VI . . . . . . de page 141 à page 162.

Sommaire. — Le 18 brumaire. — Passage du Rhin. — Raverat aux prises avec un grenadier hongrois. — Moreau et la 57ᵉ; son allocution à la *Terrible*. — Le capitaine Latour-d'Auvergne et le caporal Raverat. — L'armée française devant Ulm; elle accuse Moreau de lenteur. — Raverat fait partie d'une petite expédition chargée de traverser le Danube à la nage. — Mort et funérailles de Latour-d'Auvergne. — Raverat et son frère Antoine. — Bataille de Hohenlinden. — Rencontre entre des émigrés français et les grenadiers de la 57ᵉ. — Paix de Lunéville.

Chapitre VII . . . . . . de page 163 à page 186.

Sommaire. — L'armée française rentre en France. — Raverat s'adonne à l'étude; ses progrès. — Il est nommé sergent. — La flottille; combats maritimes. — Traité d'Amiens; expédition de Tabago. — Raverat est nommé sergent-major. — Relâche forcé en Angleterre; perfidie du cabinet britannique et loyauté d'un capitaine anglais. — Arrivée à Tabago : Raverat est nommé adjudant sous-officier. — Description de l'île; le scorpion. — Rupture du traité d'Amiens; défense et capitulation de Tabago. — Dévouement de Raverat; son jugement et sa condamnation; il est gracié. — Retour en France; duel à propos de *Fanchon-la-Vielleuse*. — L'homme noir.

Chapitre VIII. . . . de page 187 à page 210.

Sommaire. — Proclamation de l'Empire; changements dans la coiffure et l'habillement des troupes. — Levée du camp de Boulogne. — Un brûlot. — Raverat est attaché à l'état-major de la Grande Armée. — Une conférence diplomatique. — Le maréchal Soult charge Raverat d'une dépêche importante. — Le charbonnier et les hulans autrichiens. — Bataille d'Austerlitz; Raverat, blessé d'un coup de baïonnette, est sur le point d'être fait prisonnier par l'ennemi; ses camarades le délivrent. — La *Brigade de Fer*; les étangs gelés. — Raverat au château de Spielberg; il y reçoit son brevet de sous-lieutenant. — Traité de Presbourg.

Chapitre IX . . . . de page 211 à page 226.

Sommaire. — L'armée française tient ses cantonnements en Bavière. — Le colonel Marigny; une partie de chasse; la louve et les louveteaux. — Reprise des hostilités. — Raverat rentre en qualité de sous-lieutenant dans la première compagnie de grenadiers du 57e. — Bataille d'Iéna. — La brigade Férey endure la faim et le froid. — Raverat, blessé dans une escarmouche, est fait prisonnier. — La Franc-Maçonnerie dans les armées. — Reddition de la ville de Magdebourg. — Les Français en Silésie; ils retrouvent des compatriotes. — Le grognard Tougne et la mère Sarrazin, cantinière du 57e.

Chapitre X . . . . de page 227 à page 240.

Sommaire. — Passage de la Vistule. — L'armée française entre en Pologne et y prend ses cantonnements. — Raverat est logé chez un curé de village. — Surprise d'un poste par les Cosaques. — Raverat commande l'escorte d'un convoi chargé d'effets de chaussure et d'habillement; divers incidents de cette petite expédition. — Une gasconnade de troupier. — La bataille d'Eylau. — Le sous-lieutenant Raverat et le sergent-major de sa compagnie. — La rencontre des deux cousins.

Chapitre XI. . . . . de page 241 à page 260.

Sommaire. — Après la bataille d'Eylau l'armée française rétrograde pour reprendre ses cantonnements d'hiver. — Les soldats remplacent par du gibier les rations de l'ordinaire. — Le poste du château; la comtesse polonaise et son intendant. — Escarmouche où notre sous-lieutenant enlève des chevaux aux Cosaques. — Attaque du château; marque de confiance donnée à Raverat par la comtesse polonaise. — Raverat et ses grenadiers établissent un pont sur la Passarge; récompenses qui leur sont accordées.

Chapitre XII . . . . de page 261 à page 276.

Sommaire. — Le château de Lomitten; travaux de défense. — Raverat tombe malade; il entre bientôt en convalescence. — Hardi coup de main; notre sous-lieutenant enlève un poste de Cosaques et enclone deux pièces de canon. — Il est mis aux arrêts pour avoir agi sans ordres. — Une ruse de guerre. — Napoléon envoie à ses grenadiers des bouteilles de vin de Bordeaux. — Raverat, accompagné de Tougne, délivre un soldat français enlevé par les Cosaques. — Le prince Murat vient visiter le poste commandé par Raverat. — Repic et capot; le dîner interrompu; les hussards par circonstance.

Chapitre XIII. . . . de page 277 à page 302.

Sommaire. — Combat de Lomitten; Raverat reçoit une balle dans la cuisse; il est nommé lieutenant par le maréchal Soult. — Bizarres incidents. — Le convoi de blessés. — Encore l'intendant et la comtesse. — Le chirurgien Larrey. — Mort du capitaine Joly. — Le lieutenant Dupont. — Les suites d'un coup de cravache. — L'Empereur à l'hôpital de Marienbourg; il reconnaît Raverat. — Traité de paix de Tilsit. — Le czar Alexandre. — Le banquet de Stargard. — Le général Lasalle. — Le général Férey et le colonel Rey font leurs adieux au 57e.

Chapitre XIV. . . . de page 303 à page 322.

Sommaire. — L'Autriche rompt le traité de paix de Presbourg. — Savante disposition du corps d'armée du maréchal Davoust. — Tengen. — La division Saint-Hilaire. — Bataille de Thann; Raverat est encore une fois blessé; glorieux fait d'armes. — Une redoute pour titre de noblesse. — Le colonel prisonnier. — Appréciations historiques. — L'ambulance; récapitulation des blessures de Raverat. — Paroles de Napoléon. — Un brave entre tous. — La grande revue à Ratisbonne. — Le baron de l'Empire.

Chapitre XV. . . . . de page 323 à page 342.

Sommaire. — Bataille d'Essling. — L'Empereur au bivouac. — Les biftecks de cheval. — L'armée française dans l'île de Lobau. — Second passage du Danube. — La plaine de Wagram. — Trait de dévouement de Raverat. — Prise de Wagram. — Traité de Vienne. — Rapprochement historique. — Raverat est admis à la retraite. — Les adieux de l'Empereur.

CHAPITRE XVI . . . . de page 243 à page 370.

SOMMAIRE. — Raverat en arrivant à Strasbourg apprend la mort de sa mère. — Son retour au pays natal. — Mariage du baron Raverat. — Coup-d'œil sur la situation de l'Empire français. — Le 4e bataillon des gardes nationales mobiles de l'Isère. — Levée en masse. — Les volontaires. — Raverat est nommé commandant supérieur.—Affaire du Gaz. — Le Pont-de-Beauvoisin. — Le baron Raverat et le comte de Saint-Vallier. — Le conseil municipal de la Tour-du-Pin vote des remercîments au baron Raverat. — Première capitulation de Lyon. — Licenciement des gardes nationales mobiles de l'Isère.

CHAPITRE XVII. . . . de page 371 à page 398.

SOMMAIRE. — Première Restauration. — Napoléon revient de l'île d'Elbe; son entretien avec Raverat. — Le Bataillon Sacré. — Les Cent-Jours. — La légion de la Tour-du-Pin. — Le maréchal Suchet. — Le général Dessaix. — Bataille de Waterloo. — Raverat ramène à Lyon un convoi d'artillerie. — Le défilé de Neyrolles. — Combats à Maillat et à Montluel. — Le général Mouton-Duvernet. — Présence d'esprit de Raverat. — Licenciement de l'armée française. — Adieux de Raverat à sa légion.

CHAPITRE XVIII. . . . de page 399 à page 424.

SOMMAIRE. — Seconde Restauration. — Insulte faite à la maison de mon père. — Agitation politique dans le département de l'Isère. — Mon père est arrêté comme *suspect*, et placé sous la surveillance de la haute police. — Conspiration de Didier. — Cour prévôtale; condamnations capitales et exécutions. — Mon père est traduit devant une commission militaire; il est acquitté. — Position précaire à laquelle il est réduit par suite des événements politiques. — Révolution de 1830. — M. Paulze-d'Ivoy; le général de Lapoype. — Le duc d'Orléans; le maréchal Soult. — Mon père commence à ressentir les atteintes de la vieillesse ; ses maladies ; ses souvenir de jeunesse ; sa mort et ses funérailles.

CONCLUSION. . . . . . de page 423 à page 429.

SOMMAIRE. — Lettres patentes. — Extrait du registre des délibérations du Conseil municipal de la ville de la Tour-du-Pin.

FIN DE LA TABLE.

www.ingramcontent.com/pod-product-compliance
Lightning Source LLC
Chambersburg PA
CBHW051827230426
43671CB00008B/862